Gesellschaftsrechtliche Aspekte des regulären Delistings

Schriftenreihe zum Gesellschafts- und Kapitalmarktrecht

Herausgegeben von Lutz Michalski,
Axel Jäger und Klaus-Rudolf Wagner

Band 9

PETER LANG
Frankfurt am Main · Berlin · Bern · Bruxelles · New York · Oxford · Wien

Gunter Reiff

Gesellschaftsrechtliche Aspekte des regulären Delistings

PETER LANG
Europäischer Verlag der Wissenschaften

Bibliografische Information Der Deutschen Bibliothek
Die Deutsche Bibliothek verzeichnet diese Publikation in der Deutschen Nationalbibliografie; detaillierte bibliografische Daten sind im Internet über <http://dnb.ddb.de> abrufbar.

Zugl.: Bayreuth, Univ., Diss., 2003

D 703
ISSN 1619-117X
ISBN 3-631-52412-9

www.peterlang.de

Meinen lieben Eltern

Ursel und Fritz Reiff

Vorwort

Diese Arbeit wurde im Wintersemester 2003/2004 bei der Rechts- und Wirtschaftswissenschaftlichen Fakultät der Universität Bayreuth als Dissertation eingereicht. Literatur und Rechtsprechung befinden sich auf dem Stand vom September 2003.

Mein Dank gilt zunächst meinem Doktorvater, Herrn Prof. Dr. Peter W. Heermann, der mir beim Verfassen der Dissertationen alle wissenschaftlichen Freiheiten gelassen hat und mich dadurch ermutigte, von den gängigen Lehrmeinungen abweichende Ideen zu entwickeln und zu vertreten. Großen Dank schulde ich ferner Herrn Prof. Dr. Lutz Michalski für die schnelle Erstellung des Zweitgutachtens sowie seine freundliche Einladung, meine Arbeit in die von ihm betreute „Schriftenreihe zum Gesellschafts- und Kapitalmarktrecht" aufzunehmen, der ich gerne gefolgt bin.

Dank sagen möchte ich auch allen Freunden und Bekannten, die mir mit Rat und Hilfe zur Seite gestanden haben.

Ein besonders großer Dank gilt schließlich meinen Eltern, die mich während meines Studiums und meiner Promotion in jeder Hinsicht stets großzügig unterstützt und gefördert haben. Ihnen sei diese Arbeit gewidmet.

München, im Februar 2004 Gunter Reiff

Inhaltsübersicht

Inhaltsverzeichnis

Einleitung

Die vorliegende Arbeit untersucht gesellschaftsrechtliche Aspekte des regulären Delistings. Damit widmet sie sich einem Modethema der letzten Jahre. Die Problematik des regulären Delistings wurde in zahlreichen Aufsätzen, auf Tagungen[1] und allein im Jahre 2002 in drei Monographien[2] beleuchtet. Nach Urteilen des LG München[3] und des OLG München[4] hat im November 2002 nun auch der BGH[5] über das reguläre Delisting entschieden. Doch „dürfte damit die Diskussion in der Literatur zu diesem Thema ein Ende finden“[6]? Und wäre dies beim derzeitigen Stand dieser Diskussion überhaupt wünschenswert?

Beide Fragen sind zu verneinen. Denn das reguläre Delisting weist die Besonderheit auf, dass es gesellschaftsrechtlich ausdrücklich (noch) nicht geregelt ist[7]. Dieser Umstand kann dazu verleiten, auf dogmatisch mehr oder weniger überzeugende Art und Weise solche gesellschaftsrechtlichen Rahmenbedingungen für ein reguläres Delisting zu postulieren, die dem jeweiligen Rechtsempfinden als gerecht und billig erscheinen. Entsprechend existieren zahlreiche unterschiedliche Konzepte, wie das reguläre Delisting gesellschaftsrechtlich einzuordnen sein soll. Der BGH hat sich mit diesen verschiedenen Ansätzen in seiner Entscheidung nicht allzu vertieft auseinander gesetzt. Statt dessen hat er einen weiteren neuen, durchaus „unerwarteten“[8] und „überraschenden“[9] Weg für seine Argumentation gewählt, der so weder von den Untergerichten noch von der Literatur vorgezeichnet gewesen ist.

Für die Praxis mögen durch die Entscheidung des BGH daher viele Fragen, wie ein reguläres Delisting konkret durchzuführen ist, beantwortet sein. Die

---

1 So wurde im Januar 2001 auf dem ZHR-Symposium über Kapitalmarkt- und Gesellschaftsrecht in Königstein im Taunus ausführlich über das reguläre Delisting gesprochen; ZHR 2001, 103ff mit Referaten und Zusammenfassung der Diskussion.

2 *de Vries*, Delisting, 2002; *Kleppe*, Anlegerschutz beim Rückzug eines Unternehmens von der Börse, 2002; *Henze*, Delisting, 2002.

3 NZG 2000, 273 ff.

4 ZIP 2001, 700 ff.

5 BGH, NZG 2003, 280 ff.

6 So die Einschätzung von *Geyrhalter/Gänßler*, NZG 2003, 313, zur Frage der Hauptversammlungskompetenz beim Delisting.

7 *Bürgers*, NJW 2003, 1642 (1644) hofft, dass der Gesetzgeber demnächst aktiv wird.

8 So die Bewertung von *Bürgers*, NJW 2003, 1642.

9 So *Adolff/Tieves*, BB 2003, 797 (798).

dogmatische Diskussion sollte jedoch gerade aufgrund der unterschiedlichen Argumentationslinien weiterhin geführt werden. Die vorliegende Arbeit möchte einen Betrag dazu leisten, indem sie für die verschiedenen gesellschaftsrechtlichen Aspekte des regulären Delistings zunächst die bisherigen Meinungen vorstellt und analysiert. Vor allem aber soll ein eigenständiger Ansatz für eine rechtliche Würdigung des Delistings erarbeitet werden, der sowohl durch Beachtung der juristischen Methodik als auch durch sein Ergebnis zu überzeugen versucht.

Dabei wird nur das reguläre vollständige Delisting analysiert werden. Nicht behandelt werden Fälle des teilweisen Delistings, in denen sich eine Aktiengesellschaft also nur vom amtlichen Markt einiger Börsen zurückziehen möchte und weiterhin an anderen in- oder ausländischen Börsen notiert bleiben will oder in denen die Gesellschaft lediglich die Herabstufung in ein niedrigeres Marktsegment anstrebt. Auch das sogenannte „kalte Delisting", also ein Delisting als Folge von umwandlungsrechtlichen Vorgängen, wird nicht näher untersucht werden[10].

Die Arbeit gliedert sich in zwei unterschiedlich große Teile. Im ersten Teil werden die Grundlagen des regulären Delistings kurz dargestellt. Dieser Teil besteht aus einem Überblick über die börsenrechtlichen Regelungen des regulären Delistings, einer wirtschaftlichen Analyse der Interessen der Beteiligten bei einem regulären Delisting sowie einer Untersuchung, in welchem Verhältnis das Kapitalmarktrecht und das Gesellschaftsrecht beim regulären Delisting stehen. Im anschließenden zweiten Teil der Arbeit werden dann die verschiedenen gesellschaftsrechtlichen Problemfelder des regulären Delistings ausführlich dargelegt und erörtert werden.

10 Ausführlich dazu etwa *de Vries,* S. 125 ff.

1. Teil

§ 1 Börsenrechtliche Grundlagen des regulären Delistings

Gegenstand der Untersuchung ist das vollständige reguläre Delisting einer Aktiengesellschaft. Unter dem regulären Delisting wird der Widerruf der Zulassung zum amtlichen Markt auf Antrag der Gesellschaft gemäß § 38 IV BörsG verstanden[11]. Da es in Deutschland mehrere Börsen mit einem geregelten Markt gibt, liegt ein *vollständiges* reguläres Delisting erst dann vor, wenn Aktien der Gesellschaft an keiner dieser Börsen mehr zum amtlichen Markt zugelassen sind. Nachfolgend sollen die börsenrechtlichen Grundlagen der soeben kurz skizzierten Vorgänge dargestellt werden.

A) Die rechtliche Struktur der Börsen in Deutschland

Der Begriff der „Börse" ist gesetzlich nicht geregelt. Früher wurden unter Börsen Einrichtungen für die regelmäßige Zusammenkunft von Kaufleuten zum Massenumsatz von Waren, Wertpapieren und Devisen durch standardisierte Verträge verstanden. Diese Definition berücksichtigt jedoch nicht die technischen Entwicklungen durch Computer und Telekommunikation. Heute wird eine „Börse" daher als eine Einrichtung definiert, in der Aufträge über den Kauf und Verkauf von Wertpapieren konzentriert zusammengeführt werden und die Kaufabschlüsse zu einem Preis erfolgen, dessen Feststellung geregelt und überwacht wird[12].

Das Börsengesetz regelt nun, wie eine derartige Börse organisiert sein muss und unter welchen Bedingungen die Preise festgestellt werden müssen. Dabei muss zunächst zwischen der Börse, also dem Marktplatz mit den soeben definierten Eigenschaften, und dem Börsenträger differenziert werden. Der Börsenträger stellt die personellen und finanziellen Mitttel sowie die Räumlichkeiten für die Durchführung der Börse zur Verfügung. Früher waren häufig privatrechtliche Vereine Träger der Börsen. Inzwischen sind die meisten Börsenträger jedoch

11 BGH, NZG 2003, 280 (282).

12 So die Definitionsvorschläge bei *Groß*, Kapitalmarktrecht, Vorbemerkungen BörsG, Rn 9 mwN.

Kapitalgesellschaften[13]. Während die Träger der Börse also privatrechlich organisiert sein können, ist die Börse selbst nach herrschender Auffassung eine nichtrechtsfähige Anstalt des öffentlichen Rechts[14], die durch ihre im Börsengesetz geregelten Organe[15] nach außen tätig wird. Entsprechend dem öffentlichrechtlichen Charakter der Börse sind Handlungen der Börsenorgane dem öffentlichen Recht zuzuordnen und sind grundsätzlich Verwaltungsakte[16].

Das Ziel des Gesetzgebers ist es, die Börsen als möglichst vollkommenen und transparenten Markt zu gestalten. Diese Transparenz kann nur erreicht werden, wenn Informationen sowohl über die gehandelten Wertpapiere als auch die jeweilige Marktsituation allen Marktteilnehmern in gleicher Weise bekannt sind. Das Börsengesetz sowie das Wertpapierhandelsgesetz enthalten daher Vorschriften sowohl über die Preisfeststellung als auch darüber, welche Informationen die Emittenten der gehandelten Wertpapiere bekanntgeben müssen. Danach können an einer Börse unterschiedliche Segmente eingerichtet werden, die sich vor allem darin unterscheiden, welche Informationen über die gehandelten Wertpapiere zu veröffentlichen sind. Die höchsten Publizitätsvorschriften bestehen grundsätzlich im sogenannten „amtlichen Markt". Weniger strenge Regelungen gelten für den „geregelten Markt", während bei Wertpapieren, die im Freiverkehr gehandelt werden, überhaupt keine Publizitätsvorschriften eingreifen.

Im Rahmen der vorliegenden Untersuchung sollen ausschließlich Aktien, die im amtlichen Markt notiert sind, betrachtet werden, da dieses Marktsegment den Marktteilnehmern die höchste Markttransparenz bietet und daher auch die größten Mitwirkungspflichten vom Emittenten fordert.

B) Zulassung und Einführung von Aktien in den amtlichen Markt

Damit Aktien im amtlichen Markt einer Börse gehandelt werden können, ist es notwendig, dass sie zum Handel im amtlichen Markt zugelassen und danach in den amtlichen Markt eingeführt werden. Unter der Zulassung versteht das Börsengesetz eine besonders ausgestaltete, öffentlich-rechtliche Erlaubnis, für Geschäfte in den zugelassenen Wertpapieren die Börseneinrichtung benutzen zu

---

13 Träger der Frankfurter Wertpapierbörse ist die Deutsche Börse AG, Träger der Börsen in Hannover und Hamburg die BÖGA Börsen AG und Träger der Stuttgarter Börse die boerse-stuttgart AG.

14 OLG Frankfurt, ZIP 2001, 730; *Groß*, Kapitalmarktrecht, Vorbemerkungen BörsG, Rn 17; *Schwark*, § 1 Rn 14 ff; aA *Claussen*, Bank- und Börsenrecht, § 9 Rn 18.

15 Z.B. Börsengeschäftsführung, Börsenrat, Zulassungsstelle, Handelsüberwachungsstelle.

16 *Schwark*, § 1 Rn 15.

dürfen[17]. Die Zulassung wird von der Zulassungsstelle erteilt und ist ein Verwaltungsakt[18]. Sie ist zu erteilen, sobald das in §§ 30 ff BörsG sowie in der Börsenzulassungsverordnung geregelte Zulassungsverfahren abgeschlossen worden ist. Der Sinn des Zulassungsverfahrens besteht darin, den Marktteilnehmern ein möglichst genaues Bild über die jeweilige Aktiengesellschaft zu vermitteln. Dies wird etwa dadurch erreicht, dass der Emittent nach § 30 III Nr. 2 BörsG verpflichtet ist, einen Prospekt mit gesetzlich vorgeschriebenem Inhalt zu veröffentlichen.

Erst wenn die Aktien zum amtlichen Markt zugelassen worden sind, können sie in diesen gemäß § 37 BörsG eingeführt werden. Unter der Einführung wird nach der Legaldefinition des § 37 I BörsG die Aufnahme der Notierung im amtlichen Markt der Börse zum Einführungskurs verstanden. Wie die Zulassung ist auch die Einführung ein Verwaltungsakt[19]. Während die Zulassung jedoch ein auf Dauer angelegtes öffentlichrechtlich strukturiertes Leistungsverhältnis zwischen der Börse und dem Emittenten begründet[20], entfaltet die Einführung als Verwaltungsakt keine dauerhafte Wirkung. Zwar ist die Einführung Voraussetzung für den Handel im amtlichen Markt; die nach der Einführung unter Beachtung der gesetzlichen Vorschriften festgestellten Börsenpreise sind jedoch von der Einführung unabhängig und bilden lediglich einen Bestandteil der durch die Börse vermittelten zivilrechtlichen Kaufverträge über die jeweiligen Aktien.

C) Reguläres Delisting als Widerruf der Zulassung auf Antrag des Emittenten

Da die Zulassung die rechtliche Grundlage für den Handel der Aktien im amtlichen Markt bildet, bewirkt der Wegfall der Zulassung auch das Delisting der Aktien aus dem amtlichen Markt. Denn ohne Zulassung können die Aktien nicht mehr gehandelt werden. Das Börsengesetz kennt verschiedene Gründe, die zum Widerruf der Zulassung durch die Börsenzulassungsstelle führen können. So kann die Zulassung nach § 43 BörsG etwa widerrufen werden, wenn der Emittent die Pflichten, die aus der Zulassung entspringen (§§ 39 ff BörsG), nicht befolgt. Außerdem kann die Zulassung nach § 38 III BörsG dann widerrufen werden, wenn die Geschäftsführung der Börse den Handel nach § 38 I BörsG eingestellt hat.

---

17 *Schwark*, § 36 Rn 1.
18 *Groß*, §§ 36-19 BörsG, Rn 2.
19 H.M, siehe nur *Schwark*, § 43 Rn 12.
20 *Groß*, §§ 36-39 BörsG, Rn 2.

Schließlich kann die Zulassungsstelle gemäß § 38 IV BörsG die Zulassung auch auf Antrag des Emittenten widerrufen. Es handelt sich hierbei um eine Ermessensentscheidung der Zulassungsstelle, die nach § 38 IV 2 BörsG dem Schutz der Anleger nicht widersprechen darf[21]. Die Entscheidung über das reguläre Delisting ist also eine Abwägungsentscheidung zwischen den Interessen des Emittenten am Delisting und den Interessen der Anleger. Unter welchen Voraussetzungen der Widerruf der Zulassung dem Schutz der Anleger nicht widerspricht, ist gemäß der Ermächtigungsnorm in § 38 IV 5 BörsG in den einzelnen Börsenordnungen näher konkretisiert[22].

Die Vorschrift über das Delisting auf Antrag des Emittenten wurde im Rahmen des Dritten Finanzmarktfördergesetzes[23] erstmals als § 43 IV BörsG aF in das Börsengesetz eingeführt. Bis dahin war umstritten, ob und in welcher Form ein Delisting auf Wunsch des Emittenten überhaupt zulässig gewesen war[24]. Dieser Streit hat sich durch die Einführung des § 43 IV BörsG aF erledigt[25]. Ein Delisting ist nunmehr auf Antrag des Emittenten gemäß den Vorschriften des § 38 IV BörsG grundsätzlich zulässig und möglich, sofern die Interessen der Anleger ausreichend berücksichtigt werden.

---

21 *Groß,* §§ 42, 43 BörsG, Rn 16.

22 So beispielsweise in § 54 a BörsO der Frankfurter Wertpapierbörse, wobei umstritten ist, ob diese Vorschrift den Anlegerschutz ausreichend berücksichtigt, näher dazu *Wilsing/Kruse,* NZG 2002, 807 ff.

23 BGBl I 1998, 529.

24 Ein Überblick zu den damals vertretenen Meinungen findet sich bei *Henze,* S. 43 mwN.

25 So *Groß,* §§ 42, 43 BörsG, Rn 23.

§ 2 Ökonomische Analyse des regulären Delistings

Eine rechtlich stimmige Einordnung des regulären Delistings kann nur erfolgen, wenn die ökonomischen Hintergründe des Vorgangs ausreichend beachtet werden. Daher sollen zunächst die wirtschaftlichen Gründe des regulären Delistings sowie die Interessenlage der Beteiligten dargestellt werden[26]. Dabei ist zu berücksichtigen, dass das Delisting sowohl auf der Ebene der Gesellschaft als auch auf der Ebene der Aktionäre Wirkungen entfaltet.

A) Das reguläre Delisting aus der Sicht der Gesellschaft

Unabhängig von der Frage, welches Organ innerhalb der Aktiengesellschaft die Entscheidung über das reguläre Delisting trifft, kann festgestellt werden, dass diese Entscheidung nur dann wirtschaftlich sinnvoll ist, wenn für die Gesellschaft die Vorteile des Verbleibs an der Börse geringer zu bewerten sind als die damit verbundenen Nachteile oder Verpflichtungen. Somit muss zunächst analysiert werden, welche Vor- und Nachteile mit einer Börsennotiz verbunden sind.

I.) Die Vorteile der Börsennotiz

Aus Sicht der Gesellschaft hat die Börse hauptsächlich eine Finanzierungshilfefunktion[27]. Wie später noch ausführlich dargestellt wird[28], kann eine Barkapitalerhöhung, die zu einer Stärkung der Eigenkapital- und Liquiditätsbasis der Gesellschaft führt, sehr leicht durchgeführt werden, wenn die Aktie an der Börse notiert ist. Durch die Börsennotiz wird es möglich, außer den vorhandenen Altaktionären auch neue Anleger als Kapitalgeber zu gewinnen. Ferner kann eine an der Börse notierte Gesellschaft weitere Finanzierungsinstrumente wie Options- oder Wandelanleihen begeben, die an den Börsenkurs der Gesellschaft anknüpfen.

---

26 Ausführlich dazu auch bei *Kleppe*, S. 13 ff oder *Henze*, S. 34 ff.

27 Zu den Vorteilen der Börsennotiz ausführlich *Schanz*, Börseneinführung, § 2 Rn 4 ff.

28 Siehe unter § 4 H) III) 1) c).

Die Börsennotiz ermöglicht aber nicht nur die leichte Aufnahme von neuem Bar-Eigenkapital, sondern erleichtert auch den Unternehmenskauf. Denn die Gesellschaft kann Aktien aus einer Sachkapitalerhöhung als Akquisitionswährung einsetzen. Durch diese Finanzierungmethode wird die Liquidität der Gesellschaft geschont und die Finanzierungskosten werden bei einer hohen Bewertung der Aktien relativ gering gehalten. Für den Verkäufer stellen die Aktien aufgrund der jederzeitigen Veräußerbarkeit über die Börse eine liquide und daher willkommene Gegenleistung für sein Unternehmen dar.

Die Finanzierungshilfefunktion der Börse besteht weitgehend unabhängig von den jeweiligen Börsentrends. So konnte die Allianz AG im April 2003 trotz des schlechten Börsenumfelds eine Barkapitalerhöhung erfolgreich durchführen, an der sich ein wesentlicher Hauptaktionär nicht beteiligte. Es konnten über die Börse also genügend neue Investoren für die jungen Allianz-Aktien gefunden werden. Andere in der Literatur genannte Vorteile der Börsennotiz dürften dagegen hauptsächlich in den Zeiten des Börsenbooms relevant gewesen sein. So erscheint es zweifelhaft, ob auch heute noch börsennotierten Unternehmen grundsätzlich ein Image von Solidität anhaftet und sie damit einen gewissen Vertrauensvorschuss bei Abnehmern und Lieferanten genießen[29]. Auch die Bedeutung von Stock-Options-Plänen als Bestandteil der Vergütung von besonders qualifizierten Mitarbeiten dürfte abgenommen haben, nachdem viele dieser Optionen aufgrund des Kursverfalls der jeweiligen Aktien wertlos geworden sind[30].

II.) Nachteile der Börsennotiz

Die Notierung an der Börse verursacht für die Gesellschaft direkte und indirekte Kosten. Zu den direkten Kosten zählen die jährlichen Notierungsgebühren, die von der jeweiligen Börse gemäß § 14 I Nr. 5 BörsG festgelegt werden können. Da die Höhe der Notierungsgebühren in einem angemessenen Verhältnis zum Verwaltungsaufwand stehen muss[31], ist sie jedoch überschaubar und beträgt etwa an der Frankfurter Wertpapierbörse nach § 2 der dortigen Gebührenordnung bis zu Euro 6.000,- im Jahr.

Wesentlich höhere Kosten verursachen vor allem Maßnahmen, die unter dem Stichwort „Investor Relations“ zusammengefasst werden können[32]. Dazu zählen zum einen die Kosten für die Erfüllung der gesetzlich vorgeschriebenen Publizi-

29 So aber *Schanz,* § 2 Rn 10.
30 Zu Stock-Options ausführlich: *Ettinger,* Stock-Options, 1999.
31 *Schwark,* § 5 Rn 5.
32 Ausführlich zum Thema Investor Relations etwa *Jäger,* NZG 2000, 186 ff.

tätspflichten. So muss die Gesellschaft nach § 40 BörsG einen Zwischenbericht erstellen, es müssen Ad-Hoc-Mitteilungen veröffentlicht (§ 15 WpHG) oder Beteiligungsveränderungen mitgeteilt werden (§ 21 I WpHG). Neben diesen gesetzlichen Publizitätspflichten muss eine börsennotierte Gesellschaft häufig jedoch weitere, freiwillige Maßnahmen ergreifen, um Anleger auf die Chancen der Aktie aufmerksam zu machen und langfristig an sich zu binden. So sind unter Umständen Gespräche und Pressekonferenzen mit Analysten notwendig, es müssen kostspielige Imagebroschüren gedruckt oder Roadshows organisiert werden.

Die Tatsache, dass eine börsennotierte Gesellschaft sehr viele Informationen über sich veröffentlichen muss bzw. soll, führt jedoch nicht nur zu hohen Kosten, sondern kann der Gesellschaft auch Nachteile im Wettbewerb bringen. Denn durch die hohe Transparenz können Konkurrenten einen unerwünschten Einblick in die eigene Unternehmenspolitik erhalten. Dies kann vor allem dann nachteilig sein, wenn diese Konkurrenten selbst nicht an der Börse notiert werden und daher weniger Informationen über ihren Geschäftsverlauf und ihre Entwicklung offen legen müssen[33].

III.) Die Entscheidung über das Delisting als Abwägungsprozess

Da mit der Börsennotiz Vor- und Nachteile verbunden sind, stellt die Entscheidung über das reguläre Delisting stets einen Abwägungsvorgang dar. Die Nachteile der Börsennotiz sind bereits beim Börsengang bekannt und wurden damals als notwendige Konsequenz des „Being Public" akzeptiert. Da die Nachteile der Börsennotiz im Zeitablauf auch qualitativ und quantitativ mehr oder weniger konstant bleiben, wird ein reguläres Delisting in der Regel nicht beantragt, um diese bekannten und beim Börsengang gebilligten Nachteile zu beseitigen, sondern weil die Vorteile der Börsennotiz diese Nachteile nicht mehr ausgleichen[34]. Ein Delisting wird daher nur dann erwogen werden, wenn die Finanzierungshilfefunktion der Börse für die Gesellschaft nicht mehr bedeutsam ist. Dafür kann es unterschiedliche Gründe geben:

Eher unwahrscheinlich ist es, dass die Gesellschaft davon ausgehen kann, auf absehbare Zeit keinen von außen zu deckenden Kapitalbedarf mehr zu haben[35]. Häufiger dürften Konstellationen sein, in denen eine Kapitalaufnahme über der Börse entweder nicht mehr notwendig oder aber nicht mehr durchführbar ist.

---

33 *Land/Hasselbach*, DB 2000, 557.

34 Zu eindimensional ist daher die Darstellung von *de Vries*, S. 13 ff, der als Gründe für ein Delisting allein die Beseitigung von mit der Börsennotiz verbundenen Nachteilen anführt.

35 *Richard/Weinheimer*, BB 1999, 1613 (1619).

Die Börse als Finanzierungshilfe wird dann entbehrlich, wenn ein Großaktionär vorhanden ist, der bereit ist, zukünftigen Kapitalbedarf zu decken. In diesem Fall ist es nicht mehr erforderlich, neue Investoren für die Gesellschaft über die Börse zu gewinnen.

Andererseits ist es auch möglich, dass eine Kapitalerhöhung über die Börse auf längere Sicht nicht durchführbar ist. Dies kann insbesondere bei Unternehmen der Fall sein, die in einer Branche tätig sind, die nicht im Mittelpunkt des Anlegerinteresses steht. Dadurch kommt es zu Unterbewertungen der jeweiligen Aktien, so dass bei einer Kapitalerhöhung nur ein unangemessener Preis für die jungen Aktien erzielbar wäre. Unter Umständen besteht sogar die Gefahr, dass die Kapitalerhöhung scheitert, weil weder die Altaktionäre noch neue Investoren zu einem weiteren oder neuen Engagement in der jeweiligen Gesellschaft bereit sind[36]. Bei derartigen Gesellschaften erscheint es sinnvoller, sich zunächst von der Börse zurück zu ziehen und dann Investoren zu suchen, die ihre Investitionsentscheidung aufgrund eigener Unternehmensbewertungen und nicht an Hand des viel zu niedrigen Börsenkurses treffen.

Zusammenfassend ist also festzustellen, dass ein reguläres Delisting immer dann für die Gesellschaft sinnvoll ist, wenn die Börsennotiz ihre Finanzierungshilfefunktion verloren hat. Denn in diesem Falle sind die mit dem Listing verbundenen Kosten und sonstigen Nachteile unnötig und daher vermeidbar.

B) Das reguläre Delisting und die Interessen der Aktionäre

Grundsätzlich haben die Aktionäre ein Interesse daran, dass die Gesellschaft keine unnötigen Ausgaben und sonstige Nachteile hat. Sofern ein Delisting aus Sicht der Gesellschaft daher sinnvoll ist, kommt dies grundsätzlich auch sämtlichen Aktionären zu Gute. Trotzdem können einzelne Aktionäre oder Aktionärsgruppen bezüglich der Frage, ob die Gesellschaft weiter an der Börse notiert sein soll, eigene Sonderinteressen verfolgen. Diese Interessen der Aktionäre und ihre Bedeutung bei der Entscheidung über das reguläre Delisting sollen nachfolgend dargestellt werden.

I.) Das reguläre Delisting als Mittel zur Einflussgewinnung

Besonders Großaktionäre können ein Interesse an einem Delisting der Gesellschaft haben, um auf diese Weise ihren Einfluss auf die Gesellschaft auszubauen.

---

36 *Kleppe*, S. 29 f.

Das Delisting kann dann ein Mittel sein, um die Minderheitsaktionäre aus der Gesellschaft hinaus zu drängen und so beispielsweise langwierige und kostspielige Aktionärsklagen zu vermeiden[37]. Nach dem Delisting haben die Minderheitsaktionären nicht mehr die Möglichkeit, ihre Aktien jederzeit an der Börse zu verkaufen. Es wird daher schwieriger für sie einen Käufer ihrer Aktien zu finden. Der Großaktionär kann die Situation noch verschärfen, indem er durch eine restriktive Dividendenpolitik die Beteiligung der Kleinaktionäre wirtschaftlich entwertet. In diesem Fall werden die Kleinaktionäre früher oder später bereit sein, ein Kaufangebot des Großaktionärs anzunehmen.

Dieser Aspekt des Delistings dürfte durch die Einführung der „Squeeze-out"-Regelung in §§ 327 a ff AktG sowie mit dem Erlass des Wertpapiererwerbs- und Übernahmegesetzes[38] zwar an Relevanz verloren haben. Trotzdem stellt das Delisting gerade für Mehrheitsaktionäre, die noch nicht über 95 % des Grundkapitals verfügen, eine Möglichkeit dar ihren Einfluss zu steigern. Allerdings erscheint es unwahrscheinlich, dass ein Großaktionär allein zum Zwecke des Hinausdrängens der Minderheitsaktionäre das Delisting betreiben wird. Denn gerade der Mehrheitsaktionär muss sich fragen, wie der zukünftige Kapitalbedarf der Gesellschaft gedeckt werden kann. Nur wenn feststeht, dass der Großaktionär auf die Finanzierungshilfefunktion der Börse verzichten kann, wird ein Delisting in seinem Interesse liegen, das dann eben auch noch den für ihn erwünschten Nebeneffekt des Verdrängens der Minderheitsaktionäre hat.

II.) Die Interessen der Kleinaktionäre beim regulären Delisting

Obwohl sämtliche Aktionäre von einem für die Gesellschaft wirtschaftlich sinnvollen Delisting mittelbar profitieren, haben vor allem Kleinaktionäre nicht zwangsläufig ein Interesse an der Durchführung dieser Maßnahme. Kleinaktionäre verfolgen nicht immer eine langfristige Anlagestrategie mit ihrem Aktieninvestment. Vielmehr entscheiden sie sich häufig gerade deshalb für Aktien, weil sie diese jederzeit problemlos über die Börse verkaufen können. Mit dem Delisting wird den Kleinaktionären jedoch der transparente, staatlich überwachte und organisierte Markt der Börse und damit die Möglichkeit der problemlosen Desinvestition genommen. Da Kleinaktionäre im Gegensatz zu Groß- und Mehrheitsaktionären ihre Aktien nicht leicht und unter Umständen sogar mit „Paketzu-

---

37 *de Vries*, S. 17; *Kleppe*, S. 24 ff.
38 BGBl I, 2001, 3822.

schlägen“ außerhalb des Börsenhandels platzieren können, sind sie vom Börsenrückzug besonders stark betroffen[39].

Daher wird ein Delisting nur im Interesse von sehr langfristig und unternehmerisch denkenden Kleinaktionären sein, die bereit sind, ihre Aktien sehr lange zu halten. Kurzfristig orientierte Aktionäre werden dagegen ein Delisting trotz der damit verbundenen Vorteile für die Gesellschaft nur selten gut heißen.

C) Ergebnis

Es wurde gezeigt, dass ein reguläres Delisting für die Gesellschaft wirtschaftlich sinnvoll sein kann, wenn sie nicht mehr auf die Börse als Finanzierungshelfer angewiesen ist. Ob ein solches wirtschaftlich sinnvolles Delisting auch im Interesse der Aktionäre liegt, kann nicht einheitlich beantwortet werden. Während langfristig orientierte Groß- und Mehrheitsaktionäre mit dem Delisting zusätzlich noch beteiligungspolitische Ziele verfolgen können, werden Kleinaktionäre eher gegen das Delisting sein. Die Entscheidung über das Delisting birgt also die Gefahr eines Konflikts zwischen unterschiedlichen Aktionärsgruppen untereinander und gegenüber der Gesellschaft. Insbesondere können die Finanzierungsinteressen der Gesellschaft den Individualinteressen einzelner Aktionäre entgegen stehen. Es wird sich im Verlauf der Arbeit zeigen, dass dieses Ergebnis der ökonomischen Analyse wesentlich für die gesellschaftsrechtliche Einordnung des regulären Delistings sein wird.

39 *Vollmer/Grupp*, ZGR 1995, 459 (474); *de Vries*, S. 20.

§ 3 Die Bedeutung von Kapitalmarktrecht und Gesellschaftsrecht beim regulären Delisting

Aufgabe der Rechtsordnung ist es, die soeben dargestellten Interessenkonflikte zwischen den Aktionären untereinander und im Verhältnis zur Gesellschaft bezüglich des regulären Delistings auszugleichen. Fraglich ist, ob dieser Interessenausgleich über kapitalmarktrechtliche Vorschriften oder gesellschaftsrechtliche Regelungen zu erfolgen hat. Auf welche Art und Weise Kapitalmarktrecht und Gesellschaftsrecht beim regulären Delisting zusammen wirken, soll nachfolgend dargestellt werden.

A) Das reguläre Delisting als ausschließliches Problem des Kapitalmarktrechts

Wie bereits erläutert wurde, darf die Zulassungsstelle nach § 38 IV 2 BörsG die Zulassung zum amtlichen Markt nur dann widerrufen, wenn der Widerruf dem Schutz der Anleger nicht widerspricht. Der Gesetzgeber des Börsengesetzes hat also erkannt, dass beim regulären Delisting ein Konflikt zwischen den Interessen der Gesellschaft und den Interessen einzelner Aktionäre entstehen kann. Aufgabe der Zulassungsstelle ist es nun, zu überprüfen, ob dieser Konflikt im jeweiligen Delistingverfahren interessengerecht gelöst ist. Eine derartige Lösung kann beispielsweise ein Abfindungsangebot des Großaktionärs oder der Gesellschaft sein (§54a I 2 Nr. 2 BörsO aF der Frankfurter Wertpapierbörse). Ob die Zulassungsstelle bei ihrer Entscheidung den Anlegerschutz ausreichend berücksichtigt hat, können die betroffenen Anleger durch das Verwaltungsgericht nachprüfen lassen[40].

Teilweise wird die Ansicht vertreten, die kapitalmarktrechtliche Regelung in § 38 IV 2 BörsG sei abschließend[41]. Der Schutz der Anleger sei durch die Ermessensentscheidung der Zulassungsstelle hinreichend gewährleistet, so dass kein Bedürfnis nach zusätzlichem gesellschaftsrechtlichem Schutz bestehe[42]. Um festzustellen, ob § 38 IV BörsG und die in seiner Ausführung ergangenen Vor-

40 VG Frankfurt am Main, WM 2002, 1658 ff.

41 *Wirth/Arnold,* ZIP 2000, 111 (113f); *Bungert,* BB 2000, 53 (54f); *Martinius/Schiffer,* DB 1999, 2460 (2461).

42 *Wirth/Arnold,* ZIP 2000, 111 (116).

schriften der jeweiligen Börsenordnungen tatsächlich leges speciales gegenüber dem Gesellschaftsrecht darstellen, muss zunächst untersucht werden, welche Ziele das Kapitalmarktrecht, zu dem das Börsengesetz gehört, und das Gesellschaftsrecht verfolgen.

B) Die unterschiedlichen Zielrichtungen von Kapitalmarkt- und Gesellschaftsrecht

Aufgabe des Kapitalmarktrechts ist es, einen funktionierenden und effizienten Markt zu gewährleisten, auf dem Anleger ihr Kapital investieren und kapitalsuchende Unternehmen sich finanzieren können. Um diese Aufgabe zu erfüllen, verfolgt das Kapitalmarktrecht zwei vorrangige Regelungsziele: den Funktionsschutz der Kapitalmärkte und den Individualschutz der Anleger[43]. Häufig verwirklichen Normen beide Ziele gleichzeitig. Denn nur ein transparenter und vertrauenswürdiger Kapitalmarkt, der die Interessen der Anleger ausreichend berücksichtigt und schützt, wird auf Dauer funktionsfähig bleiben können. Auch anlegerschützende Normen fördern damit letztendlich die Funktionsfähigkeit des Kapitalmarkts[44].

Anlegerschützende Vorschriften lassen sich in Vorschriften, die den Schutz der Gesamtheit der Anleger bezwecken, und individualschützende Vorschriften aufteilen. Ob eine Norm individualschützend ist, kann nur durch Auslegung der jeweiligen Norm anhand ihrer Ausgestaltung und ihres Zwecks entschieden werden[45]. Allen anlegerschützenden Normen ist jedoch gemeinsam, dass sie das Verhältnis der Anleger zum Kapitalmarkt berühren. Sie dienen also dem Ausgleich von möglichen Interessenkonflikten, die zwischen den jeweiligen Anlegern und dem Markt entstehen können. So sollen die Vorschriften über den Insiderhandel (§§ 12ff WpHG) etwa sicher stellen, dass keine Marktunregelmäßigkeiten aufgrund ungleich verteilter Informationen entstehen. Aus Sicht der Anleger ist es dabei irrelevant, wer die Insiderinformation nutzt und wie er sie erlangt hat. Sie sehen durch Insiderhandel nur ihr Vertrauen in die Markttransparenz gefährdet und haben daher ein Interesse daran, dass derartiges Verhalten möglichst nicht auftritt.

Das Kapitalmarktrecht regelt also das Verhältnis der Anleger, seien es Aktionäre oder Anleiheinhaber, zum Kapitalmarkt. Damit unterscheidet sich sein Regelungsbereich grundlegend vom Gesellschaftsrecht.

---

43 *Hopt,* ZHR 141 (1977), 389 (429ff).
44 *Kümpel* in Kümpel/Hammen/Ekkenga, Kapitalmarktrecht, Kennziffer 050 S. 7.
45 *Kümpel* in Kümpel/Hammen/Ekkenga, Kapitalmarktrecht, Kennziffer 050 S. 16.

Das Gesellschaftsrecht ist das Verbandsrecht privater Vereinigungen[46]. Diese Vereinigungen zeichnen sich dadurch aus, dass sie Zusammenschlüsse von mehreren (juristischen oder natürlichen) Personen sind, die mit dem Zusammenschluss einen gemeinsamen Zweck verfolgen. Allerdings können trotz des gemeinsamen Zwecks zwischen den einzelnen Mitgliedern der Vereinigung sehr unterschiedliche Interessen im Hinblick auf einzelne Maßnahmen der Vereinigung bestehen. Denn die Gesellschafter verfolgen mit ihren Beteiligungen jeweils auch ihre eigenen Interessen, die nicht immer deckungsgleich sein müssen. Das Gesellschaftsrecht muss nun durch die Entwicklung von ausgewogenen und zweckmäßigen Verhaltensregeln einen Interessenausgleich zwischen den einzelnen in der Vereinigung zusammengeschlossenen Personen ermöglichen[47]. Durch Struktur- und Organisationsregeln muss das Gesellschaftsrecht also dafür sorgen, dass ein gerechter Ausgleich der unterschiedlichen Einzelinteressen stattfindet und dass der gemeinsame Zweck weiterhin erreicht werden kann. Das Gesellschaftsrecht ist somit überwiegend Innenrecht des Verbandes zur Koordinierung der unterschiedlichen Mitgliederinteressen[48].

C) Der Aktionär als Gesellschafter und Anleger beim regulären Delisting

Entsprechend den unterscheidlichen Zielrichtungen von Kapitalmarkt- und Gesellschaftsrecht kommt den beiden Rechtskreisen in unterschiedlichen Stadien des regulären Delistings Bedeutung zu. Es muss zwischen dem Entscheidungsprozess über das reguläre Delisting und seiner anschließenden Durchführung unterschieden werden.

Wie bereits dargelegt wurde, kann es bei der Frage, ob eine Gesellschaft ein für sie wirtschaftlich sinnvolles reguläres Delisting beantragen soll, zu Interessenkonflikten zwischen den einzelnen Aktionären kommen, die dabei teilweise das Wohl der Gesellschaft, teilweise aber auch mehr ihre eigenen Interessen verfolgen können. Die Lösung dieses Interessenkonflikts ist Aufgabe des Gesellschaftsrechts. Das Gesellschaftsrecht muss also für das Innenverhältnis der Aktiengesellschaft Verfahrensvorschriften vorsehen, wie ein Konflikt zwischen den Aktionären über eine Frage, die letztlich die weitere Finanzierung der Gesellschaft betrifft, zu lösen ist. Dabei muss das Gesellschaftsrecht nicht nur festlegen, welches Organ der Aktiengesellschaft gerechterweise die Entscheidung zu treffen hat, es muss unter Umständen auch Regelungen für Kompensationen für diejeni-

46 *K.Schmidt*, Gesellschaftsrecht, § 1 I 1 a).
47 *Schwark*, FS Stimpel, S. 1087 (1090).
48 *Assmann* in GroßkommAktG, Einl. Rn 352.

gen Aktionäre aufweisen, die mit der Entscheidung über das Delisting nicht einverstanden sind.

Sofern die Entscheidung über das reguläre Delisting von der Gesellschaft getroffen worden ist, sind bei der Durchführung des Delisting-Verfahrens die Aktionäre als Anleger zu sehen. Denn nach der getroffenen Entscheidung hat der Interessenkonflikt zwischen den Aktionären untereinander keine Bedeutung mehr. Relevanz erlangt nun jedoch das Problem, dass die Aktionäre die Aktien unter Umständen im Vertrauen darauf gekauft haben, sie zukünftig an der Börse auch wieder verkaufen zu können. Ob und wie die Enttäuschung dieses Vertrauens in die langfristige Existenz eines geregelten und überwachten Kapitalmarktes für die jeweilige Aktie zu kompensieren ist, ist ein kapitalmarktrechtliches Problem, da hierbei das Verhältnis der einzelnen Aktien-Anleger zum Kapitalmarkt berührt wird. Das Kapitalmarktrecht muss also Vorschriften bereitstellen, die geeignet sind, die Anleger auch dann in Aktien investieren zu lassen, selbst wenn sie nicht mit einer ewigen Notiz dieser Aktie an der Börse rechnen können. Dies ist durch § 38 IV 2 BörsG sowie die Vorschriften der jeweiligen Börsenordnungen geschehen, die gewährleisten, dass ein reguläres Delisting nur dann durchgeführt werden kann, wenn durch geeignete Maßnahmen der Schutz der Anleger gewährleistet ist.

D) Schlussfolgerungen

Die Stellung des Akionäres ist als „hybrid" bezeichnet worden[49]. Er ist sowohl Verbandsmitglied als auch Kapitalanleger. Diese Doppelrolle des Aktionärs zeigt sich besonders beim regulären Delisting, von dem er sowohl als Gesellschafter als auch als Anleger betroffen ist. Daher unterliegt der Delisting-Prozess sowohl gesellschaftsrechtlichen als auch kapitalmarktrechtlichen Vorgaben. § 38 IV BörsG ist also nicht abschließend in dem Sinne, dass das Gesellschaftsrecht beim Delisting keine Bedeutung entfalten würde.

Fraglich ist jedoch, in welcher Weise Kapitalmarktrecht und Gesellschaftsrecht beim regulären Delisting zusammen wirken. Denn es wäre denkbar, dass kapitalmarktrechtliche Vorschriften für den Anlegerschutz und gesellschaftsrechtliche Normen für den Minderheitenschutz ähnliche Rechtsfolgen, beispielsweise Kompensationszahlungen, haben. Dies könnte zur Folge haben, dass sich der jeweils höhere Schutzstandard durchsetzt und sich die Anleger-Aktionäre entsprechend einer „Rosinentheorie"[50] auf das jeweils günstigere Schutzinstru-

49 Vor allem von *Mülbert,* S. 88 ff, S. 101 ff, 152.

50 So *Mülbert,* ZHR 165 (2001), 104 (118); *Kleppe,* S. 86.

ment berufen würden. Daher wird gefordert, kaptialmarktrechtliche und gesellschaftsrechtliche Schutzinstrumente zu harmonisieren[51]. Unklar bleibt jedoch, wie eine Harmonisierung aussehen soll. Eine Bevorzugung des niedrigeren Schutzniveaus würde auf eine Benachteiligung der zu Schützenden hinauslaufen, die nur schwer begründbar wäre. Wenn jedoch stets die günstigere Regelung aufgrund der Harmonisierung von Gesellschaftsrecht und Kapitalmarktrecht Anwendung finden sollte, so würde dies gerade wieder zu der angeblich unerwünschten „Rosinentheorie" führen.

Sinnvoller erscheint es daher, sich zunächst über die kapitalmarktrechtlichen und gesellschaftsrechtlichen Bedingungen des Delistings zu vergewissern und dann dem Anleger-Aktionär die Entscheidung zu überlassen, auf welche Art und Weise er sich vor einem regulären Delisting schützen will. Diese Vorgehensweise wurde auch in dem bislang einzigen gerichtsanhängigen Delisting-Verfahren gewählt, in dem die gesellschaftsrechtlichen Aspekte von den Zivilgerichten[52] und die kapitalmarktrechtlichen Aspekte von den Verwaltungsgerichten[53] geprüft worden sind.

Die gesellschaftsrechtlichen Aspekte des regulären Delistings werden nun dargestellt und analysiert.

---

51 *Kleppe*, S. 86 .
52 Zuletzt der BGH, NZG 2003, 280 ff.
53 VG Fankfurt am Main, WM 2002, 1658 ff.

2. Teil

§ 4 Entscheidungskompetenz über das reguläre Delisting

A) Einleitung

Im ersten Abschnitt der gesellschaftsrechtlichen Analyse soll untersucht werden, welches Organ innerhalb der Aktiengesellschaft befugt ist, die Entscheidung über das reguläre Delisting zu treffen. Während die Vertretungsmacht nach § 82 I AktG alleine beim Vorstand liegt, ist die interne Entscheidungskompetenz über Angelegenheiten der Aktiengesellschaft geteilt. Sie kann entweder beim Vorstand oder bei der Hauptversammlung liegen. Dabei ist zu berücksichtigen, dass die Hauptversammlung nach § 119 I AktG nur in den im Gesetz und in der Satzung bestimmten Fällen entscheiden darf. Sofern eine derartige Regelung nicht existiert, kann der Vorstand in seiner Funktion als Leitungsorgan der Gesellschaft (§ 76 AktG) frei über die jeweiligen Maßnahmen entscheiden.

Ausdrücklich ist der Hauptversammlung die Entscheidungsbefugnis über das reguläre Delisting im Gesetz nicht zugewiesen. Es wäre jedoch denkbar, dass sich durch Auslegung der positivrechtlich normierten Kompetenzen eine Zuständigkeit der Hauptversammlung ableiten ließe.

Gegen eine derartige Suche nach einer Kompetenznorm für die Hauptversammlung kann nicht eingewandt werden, dass ein Hauptversammlungsbeschluss den Aktionären keinen besonderen Schutz bieten kann, weil die Entscheidung über das Delisting in der Regel nur dann getroffen wird, wenn bereits ein Großaktionär mit einer beträchtlichen Stimmrechtsmehrheit vorhanden ist[54]. Mit dieser Argumentation könnten auch sämtliche gesetzlich normierten Hauptversammlungskompetenzen als „überflüssige Förmelei"[55] abgelehnt werden, sofern ein Großaktionär über ausreichend Stimmrechte verfügt. Ein qualitativer Unterschied zwischen niedergeschriebenen und durch Auslegung ermittelten Hauptversammlungskompetenzen besteht nämlich nicht. Allerdings verkennt diese Ansicht die Bedeutung von Entscheidungsbefugnissen der Hauptversammlung sowohl für den Mehrheitsaktionär als auch für die Minderheitsaktionäre.

Denn selbst wenn die Mehrheitsverhältnisse innerhalb einer Gesellschaft eindeutig sind, können die Minderheitsaktionäre jeden Beschluss der Hauptver-

---

54 So aber *Kort* in GroßkommAktG, § 76 Rn 85; *Wirth/Arnold*, ZIP 2000, 111 (116).

55 So *Bungert*, BB 2000, 53 (54) über einen evtl. erforderlichen Hauptversammlungsbeschluss.

sammlung nach § 243 I AktG anfechten und gerichtlich überprüfen lassen. So können Beschlüsse, durch die die Mehrheitsaktionäre ihre Macht zu Lasten der Minderheit missbrauchen, verhindert werden. Daneben sind Hauptversammlungskompetenzen für die Mehrheitsaktionäre die einzige rechtliche Möglichkeit, dem Vorstand verbindliche Anweisungen zu erteilen[56]. Denn grundsätzlich ist der Vorstand nicht an Weisungen von Aktionären gebunden[57]. Lediglich ein Beschluss, den die Hauptversammlung im Rahmen ihrer Zuständigkeit beschlossen hat, ist nach § 83 II AktG für den Vorstand bindend. Er ist dann zur Umsetzung dieser Entscheidung verpflichtet. Eine Entscheidungsbefugnis der Hauptversammlung über das reguläre Delisting dient somit nicht nur dem Schutz der Minderheitsaktionäre, sondern ermöglicht auch dem Mehrheitsaktionär, seinen Willen innerhalb der Gesellschaft zu verwirklichen.

Im Folgenden sollen daher zunächst die Begründungsansätze von Rechtsprechung und Literatur für eine Kompetenz der Hauptversammlung für die Entscheidung über das reguläre Delisting dargestellt und überprüft werden. Im Anschluss daran soll ein neuer Begründungsansatz entwickelt werden.

B) Zuständigkeit der Hauptversammlung nach § 119 II AktG entsprechend der „Holzmüller"-Entscheidung

Gemäß § 119 II AktG kann die Hauptversammlung über Fragen der Geschäftsführung nur entscheiden, wenn der Vorstand dies verlangt. Nach dem Wortlaut der Vorschrift liegt es also im Ermessen des Vorstands, ob er der Hauptversammlung die Entscheidung über eine Geschäftsführungsmaßnahme vorlegt oder nicht. Dieses Ermessen des Vorstands kann sich nach dem „Holzmüller"-Urteil des BGH[58] jedoch auf Null reduzieren, wenn durch die beabsichtigte Maßnahme „so tief in die Mitgliedsrechte der Aktionäre und deren im Anteilseigentum verkörpertes Vermögensinteresse" eingegriffen wird, dass „der Vorstand vernünftigerweise nicht annehmen kann, er dürfe über sie ausschließlich in eigener Verantwortung entscheiden, ohne die Hauptversammlung zu beteiligen"[59]. Bei derartigen Maßnahmen ist der Vorstand nach Ansicht des BGH nicht nur berechtigt, sondern sogar verpflichtet, einen Hauptversammlungsbeschluss nach § 119 II AktG herbeizuführen.

---

56 Ob der Großaktionär faktische Einflussmöglichkeiten hat, hängt von der jeweiligen Machtkonstellation innerhalb der Gesellschaft ab.

57 *Hüffer*, § 76 Rn 10.

58 BGHZ 83, 122 ff.

59 BGHZ 83, 122 (131).

Aufbauend auf der „Holzmüller“-Entscheidung haben Literatur und Rechtsprechung weitreichende Konsequenzen für die Entscheidungskompetenzen der Hauptversammlung gezogen, die später erläutert werden[60]. Zunächst soll nur überprüft werden, ob ein vollständiges Delisting nach dem Verständnis des BGH im „Holzmüller“-Urteil“ zustimmungspflichtig wäre. Dies geschieht durch eine genaue Analyse, auf welche Art und Weise im „Holzmüller“-Fall in die Mitgliedsrechte der Aktionäre und ihre im Anteilseigentum verkörperten Vermögensinteressen eingegriffen wurde, und dem anschließenden Vergleich zur Situation beim Delisting.

Zuvor muss jedoch geklärt werden, auf welche Aktionärsrechte der BGH sich bezieht, wenn er von den „Mitgliedsrechten der Aktionäre“ einerseits und den „im Anteilseigentum verkörperten Vermögensinteressen“ andererseits spricht.

Unter dem Oberbegriff „Mitgliedsrechte der Aktionäre“ werden in der Literatur sämtliche Rechte der Aktionäre zusammengefasst. Die Mitgliedsrechte werden in Verwaltungs- und Vermögensrechte unterteilt[61]. Zu den Verwaltungsrechten gehören alle Rechte der Aktionäre, die es ihnen ermöglichen, Einfluss auf die Willensbildung der Gesellschaft zu nehmen oder unrechtmäßigen Einfluss anderer abzuwehren. Verwaltungsrechte der Aktionäre sind daher insbesondere das Recht auf Teilnahme an der Hauptversammlung (§ 118 I AktG), das Auskunftsrecht (§ 131 AktG), das Stimmrecht (§ 133 ff AktG) und das Recht auf Erhebung der Anfechtungsklage (§ 245 I AktG). Die Vermögensrechte der Aktionäre betreffen die finanzielle Seite ihrer Beteiligung an der Aktiengesellschaft. Sie umfassen vor allem den Anspruch auf den Bilanzgewinn (§ 58 IV AktG), das Bezugsrecht bei Kapitalerhöhungen (§ 186 I AktG) und den Anspruch auf den Liquidationserlös (§ 271 AktG).

Der BGH verwendet in der Holzmüller-Entscheidung den Begriff „Mitgliedsrechte“ nicht als Oberbegriff für alle Rechte der Aktionäre. Stattdessen werden den „Mitgliedsrechten“ die „im Anteilseigentum verkörperten Vermögensinteressen“ der Aktionäre gegenübergestellt oder aber es wird von den „Mitgliedschafts- und Vermögensrechten der Aktionäre“ gesprochen[62]. Allein diese Wortwahl zeigt bereits, dass der BGH die finanziellen Aspekte der Akionärsstellung nicht von den „Mitglied(schaft)srechten“ umfasst sieht. Ein weiterer Beleg für die Sichtweise des BGH findet sich in der Aussage, dass die Mitgliedsrechte der Aktionäre verletzt seien, wenn die Aktionäre „bei einer Entscheidung von der nach der Sachlage gebotenen Mitwirkung“ ausgeschlossen werden[63]. Auch hier werden die

60 Siehe D).
61 Siehe nur *Raiser*, Kapitalgesellschaften, § 12 Rn 10.
62 BGHZ 83, 122 (139).
63 BGHZ 83, 122 (133).

Mitgliedsrechte mit den Mitwirkungsrechten an der Willensbildung der Gesellschaft gleichgesetzt. Somit kann davon ausgegangen werden, dass der BGH unter den Mitgliedsrechten lediglich die Verwaltungsrechte der Aktionäre versteht. Auf die Vermögensrechte der Aktionäre bezieht sich der BGH dagegen, wenn er von den „im Anteilseigentum verkörperten Vermögensinteressen der Aktionäre“ spricht[64].

Diese Terminologie soll auch dem folgenden Abschnitt zugrunde gelegt werden. Mit dem BGH und entgegen der üblichen Bezeichnung werden unter Mitgliedsrechten also nur die Verwaltungsrechte der Aktionäre verstanden. Daher wird nun zunächst untersucht, ob und wie durch den Holzmüller-Sachverhalt bzw. durch ein Delisting die Verwaltungsrechte der Aktionäre berührt werden, bevor anschließend die Auswirkungen beider Sachverhalte auf die Vermögensrechte der Aktionäre dargestellt werden.

I.) Der tiefe Eingriff in die „Mitgliedsrechte der Aktionäre“

1.) Die Situation im Fall „Holzmüller“

In der Entscheidung des BGH geht es um eine Aktiengesellschaft, die ihren Seehafenbetrieb, der 80 % der Aktiva der Gesellschaft ausmacht, auf eine ihr mittelbar und unmittelbar allein gehörende KGaA ausgliedert. Dadurch wird die Aktiengesellschaft Gesellschafterin der KGaA. Die Gesellschafterrechte an der Tochtergesellschaft übt der Vorstand der Muttergesellschaft im Rahmen seiner Leitungsfunktion nach § 76 I AktG unter eigener Verantwortung aus. Der Vorstand kann daher in der Hauptversammlung der KGaA frei über die Wahl und Entlastung des Aufsichtsrates, die Entlastung der persönlich haftenden Gesellschafter, die Feststellung des Jahresabschlusses oder auch Kapitalerhöhungen entscheiden. Die Aktionäre der Muttergesellschaft haben dagegen keine Möglichkeit mehr, den Einsatz des in die Tochtergesellschaft übertragenen Betriebskapitals, das Risiko seines Verlusts und die Verwendung der durch seinen Einsatz erzielten Erträge unmittelbar zu beeinflussen[65]. Sie haben damit hinsichtlich des Großteils des Gesellschaftsvermögens ihre gemäß § 119 I AktG der Hauptversammlung vorbehaltenen Befugnisse verloren. Die Stellung der Aktionäre der Muttergesellschaft hat sich durch die Ausgliederung somit zwar rechtlich nicht verändert. Faktisch sind Ihre Mitbestimmungsrechte jedoch verkürzt worden, weil durch die

64 So wohl auch *Renner*, NZG 2002, 1091 (1092).
65 BGHZ 83, 122 (136).

Gründung der Tochtergesellschaft wesentliche Entscheidungskompetenzen über das Unternehmen auf den Vorstand verschoben wurden.

Auch das Auskunftsrecht der Aktionäre gemäß § 131 AktG wird durch die Ausgliederung berührt. Zwar bezieht sich das Auskunftsrecht auch auf die rechtlichen und tatsächlichen Beziehungen der Gesellschaft zu ihren Tochtergesellschaften (§ 131 I 2 AktG). Damit werden die Angelegenheiten der Tochtergesellschaft jedoch nicht im selben Umfang zum Gegenstand des Auskunftsrechts wie die Angelegenheiten der Muttergesellschaft. Sie müssen vielmehr von einiger Bedeutung für die Muttergesellschaft sein und eine gewisse Erheblichkeitsschwelle überschreiten, um in der Hauptversammlung der Muttergesellschaft angesprochen werden zu können[66]. Das Auskunftsverlangen der Aktionäre über Vorgänge der Tochtergesellschaft ist daher weniger effektiv. Obwohl das Auskunftsrecht der Aktionäre nach der Ausgliederung unverändert fortbesteht, können sie somit weniger Informationen zu ihrem Gesamtunternehmen erfragen als zuvor[67].

Kennzeichnend für einen Eingriff in die Mitgliedsrechte der Aktionäre im Sinne der „Holzmüller"-Entscheidung ist also, dass durch eine bestimmte Maßnahme Verwaltungsrechte der Aktionäre formell zwar nicht beschnitten werden, als unvermeidbare Folge der Maßnahme jedoch der mit der Gewährung der Rechte beabsichtigte Zweck entgegen dem Willen des Gesetzgebers weitgehend vereitelt wird. Die Mitgliedsrechte der Aktionäre werden – bildlich gesprochen – „ausgehöhlt"[68].

2.) Die Lage beim Delisting

Das Delisting würde strukturell der „Holzmüller"-Situtation entsprechen, wenn durch den Wegfall der Börsennotiz ebenfalls Mitgliedsrechte der Aktionäre ausgehöhlt würden. Um dies zu untersuchen, wird zunächst dargestellt, welche Veränderungen ein Delisting für die Aktiengesellschaft und die Aktionäre bewirkt. Da in diesem Abschnitt nur Eingriffe in die Verwaltungsrechte der Aktionäre behandelt werden, wird nicht auf Veränderungen, welche die Vermögensrechte der Aktionäre und damit die finanzielle Situation der Gesellschaft oder der Aktionäre betreffen können, eingegangen. Anschließend wird diskutiert, welche Konsequenzen diese Veränderungen auf die Mitgliedsrechte der Aktionäre haben.

---

66 *Hüffer*, § 131 Rn 13 und 16.

67 *Joost*, ZHR 163 (1999), 164 (168).

68 So BGHZ 83, 122 (137); *Mülbert*, Aktiengesellschaft, Unternehmensgruppe und Kaptialmarkt, 2. Aufl., München 1996, S. 363 f.

a) Die Folgen des Delistings

Ein Delisting führt sowohl zu faktischen als auch rechtlichen Veränderungen für die Aktiengesellschaft und die Aktionäre.

aa) Faktische Veränderungen durch ein Delisting

Aufgrund des Delistings ist es den Aktionären nicht mehr möglich, ihre Aktien schnell und unkompliziert über die Börse zu verkaufen. Es kann dadurch insbesondere für Kleinaktionäre schwieriger, langwieriger und kostenintensiver werden ihre Aktien zu verkaufen[69]. Das vom LG München[70] erwähnte Brokerage von Aktien über Internetplattformen kann weiterhin noch nicht als Alternative angesehen werden, da es sich erst im „embryonalen Stadium" befindet und die rechtlichen Rahmenbedingungen auch nicht abschließend geklärt sind[71].

bb) Rechtliche Veränderungen durch ein Delisting

Zahlreiche Vorschriften im Aktiengesetz und anderen Gesetzen knüpfen an die Börsennotiz an. Wenn die Gesellschaft nicht mehr an der Börse notiert wird, verändern sich daher einige gesetzliche Vorgaben für sie.

(1.) Regelungen im Aktiengesetz, die an die Börsennotiz anknüpfen

Das Aktiengesetz enthält in § 3 II AktG eine Legaldefinition der börsennotierten Gesellschaft. Börsennotiert sind danach Aktiengesellschaften, deren Aktien entweder zum amtlichen Handel oder geregelten Markt zugelassen sind. Am Freiverkehr notierte Aktien sind dagegen nicht börsennotiert im Sinne von § 3 II AktG[72]. Die Vorschrift dient der sprachlichen Entlastung der Regelungen im Aktiengesetz, die an die Börsennotiz anknüpfen. Solche Regelungen sind über das ganze Aktiengesetz mit sehr unterschiedlichem Inhalt verstreut, so dass ein Delisting Veränderungen in zahlreichen Bereichen bewirkt.

So führt der Wegfall der Börsennotiz zu Änderungen bei der Organisation und Durchführung der Hauptversammlung. Nach § 121 V 2 AktG kann die Hauptversammlung bei einer Gesellschaft, deren Aktien zum amtlichen Handel zugelassen sind, auch am Sitz der jeweiligen Börse stattfinden. Aufgrund des De-

69 *Schwark/Geiser,* ZHR 161 (1997), 739 (761).
70 DB 1999, 2458 (2460).
71 *Zetzsche,* NZG 2000, 1065 (1068).
72 *Hüffer,* § 3 Rn 6 mwN.

listings entfällt diese Möglichkeit und die Hauptversammlung soll gemäß § 121 V AktG nur am Sitz der Gesellschaft stattfinden. Das Protokoll der Hauptversammlung muss bei einer Gesellschaft, die nicht an der Börse notiert ist, gemäß § 130 I 3 AktG nicht von einem Notar aufgenommen werden, sofern auf der Versammlung keine Beschlüsse gefasst werden, für die das Gesetz eine Dreiviertel- oder größere Mehrheit bestimmt. Es reicht vielmehr eine privatschriftliche Niederschrift aus, die vom Vorsitzenden des Aufsichtsrats unterzeichnet werden muss. Das Delisting führt beim Protokoll der Hauptversammlung also zu einer Verfahrenserleichterung und zu einer Kosteneinsparung bei der Gesellschaft, da das Protokoll nun nicht mehr stets von einem Notar aufgenommen werden muss.

Zahlreiche Veränderungen ergeben sich durch ein Delisting im Zusammenhang mit dem Aufsichtsrat. Dies beginnt bereits bei den Vorschlägen der Verwaltung, wer zum Mitglied des Aufsichtsrates gewählt werden soll. Denn nach § 125 I 3 AktG müssen bei börsennotierten Gesellschaften bei einem Vorschlag zur Wahl von Aufsichtsratsmitgliedern deren Mitgliedschaften in anderen gesetzlich zu bildenden Aufsichtsräten mitgeteilt werden. Ferner sollen auch ihre Mitgliedschaften in vergleichbaren in- und ausländischen Kontrollgremien von Wirtschaftsunternehmen angeführt werden. Durch diese Vorschrift sollen personelle Verflechtungen innerhalb von Aufsichtsräten transparent gemacht werden[73]. Bei einer nicht börsennotierten Gesellschaft müssen diese Angaben dagegen nicht (mehr) gemacht werden.

Auch bei der Wahl der Aufsichtsratsmitglieder gibt es Unterschiede zwischen bösennotierten und nichtbörsennotierten Gesellschaften. § 328 III AktG enthält eine Stimmrechtsausübungsbeschränkung bei börsennotierten Gesellschaften. Unternehmen, die Aktionäre sind und zwischen denen und der Aktiengesellschaft eine wechselseitige Beteiligung gemäß § 328 I AktG besteht, dürfen bei der Aufsichtsratswahl ihr Stimmrecht nicht ausüben. Nach einem Delisting entfällt die Stimmrechtsbeschränkung, so dass auch alle Unternehmens-Aktionäre wieder an den Wahlen der Aufsichtsratsmitglieder teilnehmen können.

Die Arbeit des Aufsichtsrats wird durch das Delisting ebenfalls beeinflusst. So muss der Aufsichtsrat bei einer börsennotierten Gesellschaft gemäß § 110 III AktG zweimal im Kalenderhalbjahr zusammentreffen. Der Gesetzgeber geht davon aus, dass in einer börsennotierten Publikumsgesellschaft die Überwachung der Geschäftsführung nicht nur rechtlich, sondern auch tatsächlich beim Aufsichtsrat liegt. Im Interesse der Aktionäre soll der Aufsichtsrat daher häufiger zusammentreffen als bei einer nicht börsennotierten Gesellschaft[74]. Bei dieser kann der Aufsichtsrat beschließen, nur einmal innerhalb von sechs Monaten zu tagen.

---

73 *Hüffer*, § 125 Rn 4 mwN.
74 Regierungsbegründung BT-Drucks 13/9712 S. 16.

Schließlich ist auch der Umfang des Berichts des Aufsichtsrats gegenüber der Hauptversammlung von der Börsennotiz abhängig. Der Aufsichtsrat muss gegenüber der Hauptversammlung einen Bericht vorlegen, in dem er mitzuteilen hat, in welcher Art und in welchem Umfang er die Geschäftsführung der Gesellschaft während des Geschäftsjahres geprüft hat (§ 171 II 2 1. HS AktG). Bei einer börsennotierten Gesellschaft wird der Inhalt des Berichts nach § 171 II 2 2. HS dahingehend konkretisiert, dass angegeben werden muss, welche Ausschüsse der Aufsichtsrat gebildet hat und wie oft diese Ausschüsse bzw. das Aufsichtsrat-Plenum getagt haben. Dadurch soll bei börsennotierten Gesellschaften ein aussagefähigerer Aufsichtsratbericht erreicht werden, um so eine bessere Kontrolle des Aufsichtsrats zu ermöglichen[75]. Bei einer nichtbörsennotierten Gesellschaft können diese Angaben entfallen.

Der Wegfall der Börsennotiz bringt den Aktionären ferner größere Freiheit bei der Gestaltung der Satzung der Aktiengesellschaft. Gemäß § 134 I 2 AktG kann die Satzung einer nicht börsennotierten Gesellschaft eine Stimmrechtsbeschränkung für den Fall vorsehen, dass ein einzelner Aktionär eine gewisse Anzahl von Aktien hält. Ein solches Höchststimmrecht kann auch nachträglich – unter Umständen nach einem Delisting – und ohne Zustimmung der betroffenen Aktionäre durch eine Satzungsänderung eingeführt werden[76].

Ein weiterer Unterschied zwischen börsennotierten und nicht börsennotierten Aktiengesellschaften wurde mit der Einführung des § 161 AktG durch das Transparenz- und Publizitätsgesetz vom 19. Juli 2002[77] geschaffen. Danach müssen Vorstand und Aufsichtsrat jährlich erklären, ob und in welchem Umfang den Empfehlungen des Corporate Governance Kodex entsprochen worden ist. § 161 AktG stellt es dem Management frei, die Empfehlungen und Anregungen des Kodex zu befolgen[78]. Es wird lediglich eine Mitteilung über das Verhalten der Gesellschaft verlangt. Sofern die Empfehlungen nicht befolgt werden, sind keine Angaben zu den Gründen der Nichtbefolgung erforderlich[79]. Mit dem Wegfall der Börsennotiz entfällt die Pflicht zur Abgabe der Erklärung nach § 161 AktG. Diese bedeutet jedoch nicht, dass der Corporate Governance Kodex damit seine Bedeutung verliert. Der Aufsichtsrat kann weiterhin den Vorstand dazu drängen, den Kodex zu befolgen.

---

75 Regierungsbegründung BT-Drucks 13/9712 S. 22.

76 *Hüffer*, § 134 Rn 8 mwN.

77 BGBl. I 2681.

78 Näher dazu z.B. *Lutter*, ZHR 166 (2002), 523 ff, *Ihrig/Wagner*, BB 2002, 2509 ff jeweils mwN.

79 *Lutter*, ZHR 166 (2002), 523 (530), der darauf hinweist, dass eine Erklärung zu den Abweichungen vom Kodex im Interesse der Gesellschaft wohl auch ohne gesetzliche Verpflichtung häufig freiwillig gegeben werden wird.

(2.) Handelsrechtliche Vorschriften, die an die Börsennotiz anknüpfen

Zahlreiche Regelungen über die Erstellung des Jahresabschlusses und seine Prüfung im 3. Buch des HGB knüpfen an die Börsennotiz an. So gelten gem. § 267 III 2 HGB Aktiengesellschaften, deren Aktien an einem organisierten Markt im Sinne von § 2 I 1 WpHG gehandelt werden oder zugelassen sind, als große Kapitalgesellschaften. Wenn eine Aktiengesellschaft also im amtlichen oder geregelten Markt notiert wird, kann sie nicht die Erleichterungen für kleine und mittelgroße Kaptialgesellschaften in Anspruch nehmen (z.B. § 266 I 3; 276; 288; 325 I, II; 326; 327 HGB), selbst wenn sie die in § 267 I, II HGB festgelegten sonstigen Kriterien für eine kleine oder mittelgroße Kapitalgesellschaft erfüllt[80]. Ebenso sind diese börsennotierten Aktiengesellschaften unabhängig von ihrer Größe gemäß § 293 V HGB von der Pflicht zur Aufstellung eines Konzernabschlusses und eines Konzernlageberichts nicht befreit. Außerdem ist nach § 297 I 2 HGB bei einer börsennotierten Aktiengesellschaft im Sinne des § 3 II AktG der Konzernanhang um eine Kapitalflussrechnung und eine Segmentberichtserstattung zu erweitern.

Während die Vorschriften über die Erstellung des Jahres- und Konzernabschlusses Aktiengesellschaften, deren Aktien im amtlichen oder geregelten Markt gehandelt werden, gleich behandeln, gelten bei den Bestimmungen über die Prüfung des Jahresabschlusses Sonderregelungen nur für Aktiengesellschaften, deren Aktien im amtlichen Markt notiert sind. Nur bei diesen Gesellschaften muss nach § 317 IV HGB das gemäß § 91 II AktG einzurichtende Überwachungssystem geprüft werden. Die Prüfung ist nach § 321 IV HGB in einem besonderen Teil des Prüfungsberichts darzustellen. Schließlich wird durch § 319 III Nr. 6 HGB sichergestellt, dass bei Aktiengesellschaften mit amtlicher Notierung ein häufiger Wechsel der Prüfpersonen stattfindet.

Zusammenfassend lässt sich sagen, dass ein Delisting vor allem für Aktiengesellschaften, die nicht die Kriterien einer großen Kapitalgesellschaft nach § 267 III 1 HGB erfüllen oder deren Kennzahlen zumindest unter den Grenzen von § 293 I HGB liegen, große Erleichterungen bei der Aufstellung, Prüfung und Offenlegung des Jahresabschlusses mit sich bringt. Der Jahresabschluss dieser Gesellschaften muss nach dem Delisting erheblich weniger detaillierte Informationen enthalten und unterliegt auch geringeren Publizitätsvorschriften als zuvor.

---

80 *Hopt*, HGB 30. Aufl., 2000, § 267 Rn 9.

(3.) Kapitalmarktrecht

Da aufgrund des Delistings die Aktien der Gesellschaft nicht mehr an einer Börse notiert werden, entfallen auch alle kapitalmarktrechtlichen Verhaltens- und Publizitätspflichten.

So ist eine Aktiengesellschaft, deren Aktien zum amtlichen Handel zugelassen sind, nach § 40 BörsG verpflichtet, innerhalb ihres Geschäftsjahrs regelmäßig mindestens einen Zwischenbericht zu veröffentlichen. Der Inhalt des Zwischenberichts ist aufgrund der Ermächtigung in § 40 II BörsG in §§ 53-62 BörsZulV genau geregelt. Der Zwischenbericht enthält danach sowohl Angaben zum bisherigen Geschäftsverlauf im Geschäftsjahr als auch die Einschätzung der Gesellschaft über die Aussichten für den weiteren Verlauf (§ 55 IV BörsZulV). Er dient der umfassenden, kurzfristigen Information zwischen zwei Jahresabschlüssen[81]. Diese Informationen müssen nach einem Delisting von der Gesellschaft nicht mehr mitgeteilt werden.

Eine weitere wichtige Informationsquelle für die Aktionäre stellen Ad-Hoc-Mitteilungen gemäß § 15 I WpHG dar. Indem Aktiengesellschaften, deren Aktien zum Handel an einer inländischen Börse zugelassen sind, gezwungen werden, kursrelevante Tatsachen unverzüglich zu veröffentlichen, sollen Transparenz und Funktionsfähigkeit der Finanzmärkte verbessert werden[82]. Außerdem soll die Ad-Hoc-Publizität Präventivwirkung im Hinblick auf die Bekämpfung des Insiderhandels entfalten: Durch die Veröffentlichung einer Insidertatsache wird diese allgemein bekannt, so dass Insiderhandel aufgrund eines Wissensvorsprungs nicht mehr möglich ist[83]. Auch die Verpflichtung zu Ad-Hoc-Mitteilungen entfällt mit dem Delisting.

b) Analyse der Veränderungen der Mitgliedsrechte der Aktionäre durch ein Delisting

Es wurde gezeigt, dass ein Delisting zahlreiche faktischen und rechtlichen Veränderungen innerhalb der Aktiengesellschaft bewirkt. Nun soll untersucht werden, ob diese Veränderungen zu einer Aushöhlung der Mitgliedsrechte der Aktionäre führen, die strukturell der Aushöhlung von Aktionärsrechten im „Holzmüller"-Sachverhalt entspricht. Es wird also geprüft, ob durch das Delisting die Aktionärsrechte formell zwar nicht beschnitten werden, als unvermeidbare Folge des

81 Schäfer-*Haman,* Wertpapierhandelsgesetz, Börsengesetz mit BörsZulV, Verkaufsprospektgesetz mit VerkProspV,1999, § 44b BörsG Rn 3.
82 BT-Drucks 12/6676 S. 48.
83 Schäfer-*Geibel,* § 15 WpHG Rn 1.

Delistings jedoch der mit der Gewährung der Rechte beabsichtigte Zweck entgegen dem Willen des Gesetzgebers weitgehend vereitelt wird.

aa) Die faktischen Veränderungen

Die Tatsache, dass die Aktionäre ihre Aktien nach dem Delisting nicht mehr schnell und unkompliziert über die Börse verkaufen können, führt zu keiner Aushöhlung von Mitgliedsrechten der Aktionäre. Die „klassischen" Verwaltungsrechte der Aktionäre[84] werden durch diese Veränderung der Handelsmöglichkeiten offensichtlich nicht berührt[85].

Denkbar wäre jedoch, im Delisting eine Aushöhlung des Rechts auf Verbriefung zu sehen. Obwohl das AktG bis zur Einfügung des § 10 V AktG im Jahre 1994 keine ausdrückliche Bestimmung zum Recht der Aktionäre auf Verbriefung ihrer Mitgliedschaft enthielt, entsprach es schon immer allgemeiner Meinung, dass den Aktionären ein solcher Anspruch gegen die Gesellschaft zusteht[86]. Die Aktionäre haben also das Recht, dass die Aktiengesellschaft ihnen Aktienurkunden ausstellt oder zumindest eine Globalurkunde nach Maßgabe des Depotgesetzes hinterlegt[87]. Zweck der Verbriefung ist es, die Verkehrsfähigkeit der Mitgliedsrechte zu steigern. Nach der Verbriefung können die Aktien nach wertpapierrechtlichen Grundsätzen übertragen werden. Dies hat den Vorteil, dass dadurch im Gegensatz zur Abtretung der Mitgliedsrechte nach §§ 398, 413 BGB der gute Glaube des Erwerbers nach § 932 BGB geschützt wird[88].

Allerdings wird durch die Einschränkung der Handelsmöglichkeiten der Aktien nicht der Zweck des mitgliedschaftlichen Rechts auf Verbriefung berührt. Die Verbriefung soll die Verkehrsfähigkeit der Aktien erhöhen. Diese bleibt auch nach dem Delisting in gleicher Weise erhalten, da die rechtlichen Möglichkeiten, die Aktien als Wertpapier zu handeln und zu übertragen, nicht verändert werden, sondern den Aktionären lediglich ein spezieller Marktplatz nicht mehr zur Verfügung steht.[89].

Ein über das Recht auf Verbriefung hinausgehender mitgliedschaftlicher Anspruch der Aktionäre gegen die Gesellschaft auf Börsennotierung besteht dage-

---

84 Also das Recht auf Teilnahme an der Hauptversammlung und Stimmrecht, Informationsrechte, Anfechtungsrecht von Beschlüssen.

85 So auch OLG München, ZIP 2001, 700 (703).

86 *Heider* in Münchener Kommentar zum Aktiengesetz, 2000, § 10 Rn 10; *Hüffer*, § 10 Rn 3 mwN.

87 *Hüffer* § 10 Rn. 3.

88 Ausführlich *Heider* in MünchKomm, § 10 Rn 8.

89 *Bungert*, BB 2000, 53 (55).

gen nicht[90]. Denn wie die Möglichkeit eines Delistings von Amts wegen nach § 38 III BörsG zeigt, kann die Aktiengesellschaft die Beibehaltung der Börsennotiz gar nicht beeinflussen. Vielmehr müssen Aktionär und Gesellschaft die Einstellung der Börsennotiz durch die Zulassungsstelle hinnehmen, etwa wenn sich bei entsprechender Veränderung der Aktionärsstruktur der free float derart verringert hat, dass ein ordnungsgemäßiger Handel nicht mehr gewährleistet ist[91].

bb) Die rechtlichen Veränderungen

Auch die durch den Wegfall der Börsennotiz bewirkten rechtlichen Veränderungen führen zu keiner Aushöhlung der Mitgliedsrechte der Aktionäre, die mit der Aushöhlung beim „Holzmüller"-Sachverhalt vergleichbar wäre. Zum einen finden die rechtlichen Veränderungen gerade mit der Billigung des Gesetzgebers statt und nicht etwa ohne oder gegen seinen Willen. Zum anderen werden durch die rechtlichen Veränderungen für die Aktiengesellschaft die Verwaltungsrechte der Aktionäre nicht berührt.

(1.) Handelsrecht

Die handelsrechtlichen Regelungen, die an die Aktiennotiz anknüpfen, verfolgen nicht den Zweck, den Aktionären individuelle Rechte zu gewähren. Denn die Vorschriften des 3. Buches des HGB dienen gleichermaßen dem Gesellschafterschutz wie dem Gläubigerschutz[92]. Der Gesetzgeber geht davon aus, dass die Angaben zum Jahresabschluss und Lagebericht nicht bei jeder Kapitalgesellschaft gleich umfangreich sein müssen, um den gewünschten Schutz zu erreichen. Vielmehr hat er für kleine, mittelgroße und große Kapitalgesellschaften eine unterschiedliche Informationsdichte vorgeschrieben und die börsennotierten Gesellschaften den großen Kapitalgesellschaften gleichgestellt (§ 267 HGB). Diese unterschiedlichen Informationsdichten definieren jedoch nicht unterschiedliche Informationsrechte der Aktionäre gegenüber der Gesellschaft. Denn sonst wäre der Vorstand einer nicht börsennotierten Gesellschaft bei guter Geschäftsentwicklung unter Umständen verpflichtet, einen Ermächtigungsbeschluss der Hauptversammlung herbeizuführen, nach dem er berechtigt ist, die Geschäfte weiter so zu führen und dadurch die Kriterien für die mittelgroße oder große Kapitalgesellschaft

90 *Wirth/Arnold*, ZIP 2000, 111 (115); *Kleindiek* in FS Bezzenberger S. 653 (656).
91 LG Hamburg, WM 1989, 336 (337).
92 *Hopt*, Einl. vor § 238 Rn 15.

erstmals zu erfüllen. Die Notwendigkeit eines solchen Beschlusses wird auch, so weit ersichtlich, von niemandem vertreten[93].

(2.) Kapitalmarktrecht

Auch der Wegfall der kapitalmarktrechtlichen Vorschriften aufgrund des Rückzugs von der Börse berührt die Mitgliedsrechte der Aktionäre nicht. Denn der Zweck dieser Vorschriften ist der Anlegerschutz, nicht jedoch der Schutz der einzelnen Aktionäre[94].

So sollen durch den nach § 40 BörsG vorgeschriebenen Zwischenbericht nicht nur die Aktionäre, sondern auch potenzielle Investoren über die Entwicklung der Geschäftstätigkeit in den ersten sechs Monaten des Geschäftsjahres informiert werden. Ziel ist es, allen Anlegern zeitnah Vergleichsmöglichkeiten mit den Vorjahreszahlen zu bieten und so eine möglichst große Markttransparenz zu erzielen[95]. Adressat des Zwischenberichts ist also die interessierte Allgemeinheit und nicht nur der Kreis der Aktionäre. Dies zeigt sich bereits in § 61 I BörsZulV, wonach der Zwischenbericht entweder nur in einem Börsenpflichtblatt oder dem Bundesanzeiger veröffentlicht oder aber jedermann als Broschüre auf Verlangen kostenlos zur Verfügung gestellt werden muss. Entsprechend wird ein Schadensersatzanspruch aus § 823 II BGB bei Nichtveröffentlichung des Zwischenberichts abgelehnt, da § 44 BörsG keine individualschützende Richtung hat[96]. Wenn eine Norm aber nicht einmal Schutzgesetz im Sinne von § 823 II BGB ist, kann sie keine individuellen Ansprüche und Rechte Einzelner begründen. Folglich wird auch nicht in Informationsrechte der Aktionäre eingegriffen, wenn eine Aktiengesellschaft nach dem Delisting keinen Zwischenbericht mehr erstellt, und dadurch den Aktionären wichtige Informationen nicht mehr zugänglich gemacht werden[97].

§ 15 WpHG begründet ebenfalls keine Rechte der Aktionäre. Zwar haben Anleger bei unterlassenen oder falschen Ad-Hoc-Mitteilungen gemäß § 37 b und § 37 c WpHG einen Schadensersatzanspruch gegenüber der Gesellschaft. Dieser Anspruch ist jedoch von einer Anlageentscheidung – die auch im Verkauf der Aktien bestehen kann – aufgrund einer falschen oder unterlassenen Ad-Hoc-Mitteilung abhängig und gerade nicht von der Aktionärsstellung[98]. Die Vorschrift des § 15 WpHG dient daher auch nach Einführung der §§ 37 b, c WpHG aus-

93 So auch *Groß*, ZHR 165 (2001), 141 (165).
94 *Mülbert*, ZHR 165 (2001), 114 (131).
95 Schäfer-*Haman*, § 44b BörsG Rn 2; *Schwark*, Börsengesetz, 2. Aufl. 1994, § 44b Rn 2.
96 *Schwark*, § 44 Rn 14.
97 *Martinius/Schiffer*, DB 2001, 750.
98 Vgl. Regierungsbegründung zu § 37 b, § 37 c WpHG, zitiert in *Reuschle*, S. 183f.

schließlich der Sicherung der Funktionsfähigkeit des Kapitalmarkts und dem Schutz der Anleger. Die Information der Aktionäre ist lediglich ein Rechtsreflex von § 15 I WpHG. Wenn nach einem regulären Delisting die Verpflichtung zu Ad-Hoc-Mitteilungen entfällt, werden daher dadurch keine Informationsrechte der Aktionäre ausgehöhlt oder verletzt.

(3.) Aktienrecht

Somit könnten nur noch die aktienrechtlichen Regelungen eine Aushöhlung von Mitgliedsrechten der Aktionäre bewirken. Allerdings führt ein Delisting teilweise sogar zu einer Erweiterung der Rechte der Aktionäre. So können nach dem Delisting auch wieder diejenigen Aktionäre, deren Stimmrecht aufgrund einer wechselseitigen Beteiligung gemäß § 328 III AktG während der Zeit der Börsennotiz ausgeschlossen war, an der Wahl des Aufsichtsrates teilnehmen. Außerdem wird den Aktionären mit dem Wegfall der Börsennotiz eine größere Satzungsautonomie gewährt, da nun in die Satzung nach § 134 I 2 AktG eine Stimmrechtsbeschränkung aufgenommen werden kann.

Die übrigen Vorschriften, die an eine Börsennotiz anknüpfen, berühren die Verwaltungsrechte der Aktionäre dagegen nicht. Vielmehr handelt es sich teilweise um reine Verfahrensregeln[99], die zu keiner inhaltlichen Veränderung der Mitgliedsrechte der Aktionäre führen[100]. Durch andere Vorschriften wird der Umfang der Informationen, die den Aktionären vom Vorstand oder dem Aufsichtsrat unaufgefordert gegeben werden müssen, eingeschränkt[101]. Allerdings können die Aktionäre all diese Informationen auf der Hauptversammlung aufgrund ihres Fragerechtes gemäß § 131 AktG erfragen. Das Informationsrecht der Aktionäre wird also durch das Delisting nicht in vergleichbarer Weise wie beim „Holzmüller“-Sachverhalt ausgehöhlt, sondern nur leicht modifiziert.

Dieser Befund stimmt mit dem Willen des Gesetzgebers überein, der trotz der Definition der börsennotierten Gesellschaft in § 3 II AktG und der Einführung zahlreicher Vorschriften, die an die Börsennotiz anknüpfen, am Modell der Einheits-AG festgehalten und nicht etwa eine Aufspaltung der Aktiengesellschaft in unterschiedliche Typen vorgenommen hat, wie es beispielsweise das „Drei-

---

99 So z.B. die Vorschriften über den Ort (§ 121 V AktG) und die Protokollierung (§ 131 I AktG) der Hauptversammlung oder die Tagungsfrequenz des Aufsichtsrats (§ 110 III AktG).

100 So auch *Wirth/Arnold,* ZIP 111, (114f); *Mülbert,* ZHR 165 (2001), 114 (131); *de Vries,* S. 97f.

101 §§ 125 I S. 3; 161; 171 III S. 2 1 HS AktG.

Stufen-Modell" von *Albach/Lutter* vorsah[102]. Es wurden daher keine grundlegenden Unterschiede in der Vermögens-, Aufgaben- und Kompetenzordnung zwischen börsennotierten und nicht börsennotierten Aktiengesellschaften gesetzlich normiert[103]. Da aber das Kompetenzgefüge der Aktiengesellschaft durch den Rückzug von der Börse nicht verändert wird, wird durch ein Delisting auch nicht in die Mitgliedsrechte der Aktionäre eingegriffen[104].

3.) Ergebnis

Die Analyse hat gezeigt, dass ein Delisting keine vergleichbaren Auswirkungen auf die Mitgliedsrechte der Aktionäre hat wie die Ausgliederung des Seehafenbetriebs in der „Holzmüller"-Entscheidung. Zwar führt das Delisting sowohl zu faktischen als auch rechtlichen Veränderungen innerhalb der Aktiengesellschaft, diese Veränderungen bewirken jedoch keine Aushöhlung der Verwaltungsrechte der Aktionäre, sondern lassen diese vielmehr unberührt[105].

II.) Eingriff in die im Anteilseigentum verkörperten Vermögensinteressen der Aktionäre

Nun soll untersucht werden, ob bei einem Delisting ein Eingriff in die im Anteilseigentum verkörperten Vermögensinteressen der Aktionäre vorliegt, der mit dem Eingriff im „Holzmüller"-Sachverhalt strukturell vergleichbar ist. Die Vermögensrechte eines Aktionärs bestehen in seinem Dividendenanspruch (§§ 60 I; 58 IV; 174 AktG), seinem Anspruch auf einen Anteil am Liquidationserlös nach § 271 AktG sowie seinem Bezugsrecht bei Kapitalerhöhungen gemäß § 186 AktG[106].

1.) Vermögensverwässerung im „Holzmüller"-Fall

Nach der Ausgliederung des Seehafenbetriebs auf die Tochtergesellschaft kann der Vorstand der Muttergesellschaft auf der Hauptversammlung der Tochtergesellschaft im Falle einer Kapitalerhöhung darüber entscheiden, ob die Kapitaler-

---

102 Nämlich private, offene und große AG, näher dazu: *Albach/Corte/Friedewald/Lutter/Richter*, Deregulierung, S. 36 ff.
103 *Kleindiek*, FS Bezzenberger, S. 653 (663).
104 *Mülbert*, ZHR 165 (2001), 114 (130); *Groß*, ZHR 165 (2001), 141 (164).
105 So im Ergebnis auch OLG München, ZIP 2001, 700 (703); *de Vries*, S. 97f; *Mülbert*, ZHR 165 (2001), 114 (130); *Groß*, ZHR 165 (2001), 141 (164).
106 Statt anderer *K. Schmidt*, Gesellschaftsrecht, 3. Aufl., 1997, S. 558.

höhungsmittel von der Muttergesellschaft aufgebracht oder ob neue Gesellschafter in die Gesellschaft aufgenommen werden. Sofern in einem solchen Fall der Vorstand der Muttergesellschaft beschließt, bei der Kapitalerhöhung auf das Bezugsrecht der Muttergesellschaft zu verzichten und neue Gesellschafter in die Gesellschaft aufzunehmen, kann es zu einer Gefährdung des Anteilvermögens der Muttergesellschaft kommen. Denn wenn der Ausgabepreis der neuen Aktien unter dem Liquidationswert der alten Aktien liegt, etwa weil die in der Gesellschaft vorhandenen stillen Reserven nicht ausreichend berücksichtigt werden[107], wird dadurch der Anteil der Muttergesellschaft bei einer Liquidation der Tochtergesellschaft verringert und somit der Wert der Beteiligung geschmälert. Unabhängig vom Ausgabepreis der neuen Aktien kann die auf die Muttergesellschaft entfallende Dividende kleiner werden, wenn es der Gesellschaft nicht gelingt, mit dem neuen Eigenkapital die bisherige Eigenkapitalrendite zu erzielen.

Im „Holzmüller"-Fall besteht also die Gefahr, dass das Vermögen der Muttergesellschaft durch gesellschaftsrechtliche Maßnahmen des Vorstands im Rahmen einer Kapitalerhöhung bei der Tochtergesellschaft geschmälert wird. Dies führt zu einer Verwässerung der Vermögensrechte der Aktionäre der Muttergesellschaft, da ihre Liquidations- und Dividendenansprüche verringert werden, ohne dass sie auf die entsprechenden Maßnahmen Einfluss nehmen können.

2.) Die Situation beim Delisting

a) Die Auswirkungen des Delistings

Ein Delisting hat sowohl rechtliche als auch faktische Auswirkungen auf die finanzielle und vermögensrechtliche Situation der Aktiengesellschaft und der Aktionäre.

In rechtlicher Hinsicht bewirkt ein Delisting, dass der Ausschluss des Bezugsrechts nicht mehr nach § 186 III 4 AktG gerechtfertigt werden kann. Nach dieser Vorschrift ist der Ausschluss des Bezugsrechts für die Altaktionäre zulässig, wenn bei einer Kapitalerhöhung um höchstens 10 % des Grundkapitals der Bezugspreis der neuen Aktien den Börsenpreis nicht wesentlich unterschreitet. Da es nach einem Delisting keinen Referenzbörsenkurs mehr gibt, kann auch keine Kapitalerhöhung gemäß § 186 III 4 AktG mehr durchgeführt werden.

Faktisch führt ein Delisting auf der Ebene der Gesellschaft zu Kosteneinsparungen[108]. So entfallen die Kosten für die Börsennotiz (§ 5 Nr. 4a BörsG) sowie

---

107 BGHZ 83, 122 (137).

108 *Richard/Weinheimer*, BB 1999, 1613 (1620).

die Aufwendungen für Ad-Hoc-Mitteilungen und sonstige Maßnahmen zur Pflege der Investors Relations[109].

Die größten faktischen Auswirkungen hat ein Delisting jedoch auf die finanzielle Situation der Aktionäre, die sich mit dem Wegfall der Börsennotiz wesentlich verschlechtert. Es wurde bereits dargelegt, dass der Verkauf von Aktien nach einem Delisting schwieriger wird. Aber auch der Preis, zu dem die Aktien verkauft werden können, wird außerbörslich geringer sein als bei einer Börsennotiz. Die Bewertung von Aktien, die an keiner Börse gehandelt werden, ist nämlich zumeist erheblich niedriger als von börsennotierten Werten. Denn eine größere Fungibilität wird vom Kapitalmarkt mit höheren Kursen belohnt. Hinzu kommen noch erhöhte Transaktionskosten, da es unter Umständen einer Zeitungsannonce oder ähnlichem bedarf, um einen Käufer für die Aktien zu finden. Solange daher funktionierende außerbörsliche Handelssysteme noch nicht etabliert sind[110], müssen Aktionäre bei einem Delisting damit rechnen, dass sie Ihre Aktien nur noch zu einem Kurs verkaufen können, der erheblich unter den Börsennotierungen liegt.[111]

b) Der Einfluss des Delistings auf die Vermögensrechte der Aktionäre

Durch ein Delisting werden die Vermögensrechte der Aktionäre gegenüber der Gesellschaft nicht in einer mit der „Holzmüller"-Situation vergleichbaren Art und Weise der Gefahr einer Verwässerung ausgesetzt. So wird das Bezugsrecht der Aktionäre durch eine Börsenrückzug sogar eher gestärkt, da die Möglichkeit des erleichterten Bezugsrechtsausschlusses nach § 186 III 4 AktG entfällt.

Insbesondere stellt die Werteinbuße des Aktienvermögens der Aktionäre keine Vermögensverwässerung im Sinne der „Holzmüller"-Entscheidung dar. Denn wie oben dargelegt wurde, kam es bei der „Holzmüller"-Entscheidung allein auf die Gefährdung der Vermögensansprüche der Aktionäre gegenüber der Gesellschaft durch das Handeln des Vorstands an. Das Gesellschaftsvermögen verringert sich durch das Delisting jedoch nicht. Es sind im Gegenteil sogar gewisse Einsparungen zu erwarten. Somit wird das Gewinnbezugsrecht und der Liquidationsanspruch der Aktionäre durch den Wegfall der Börsennotiz in keiner Weise geschmälert[112].

---

109 Ausführlich dazu *Kleppe*, S. 16 ff.

110 Das vom LG München, DB 1999, 2458 (2460) erwähnte Brokerage über das Internet wird von *Zetzsche*, NZG 2000, 1065 (1068) derzeit noch als irrelevant bezeichnet.

111 *Hellwig*, ZGR 1999, 781 (799); *Schwark/Geiser*, ZHR 161 (1997), 739 (761).

112 Dies erkennen auch OLG München, ZIP 700 (703); *Wirth/Arnold*, ZIP 2000, 111 (115); *de Vries*, S. 98.

Außerdem wird der außerbörsliche Kurs nicht unter den Liquidationswert der Gesellschaft fallen, da sonst risikolose Arbitragegeschäfte möglich wären. Die Aktionäre erhalten daher auch bei krassen Bewertungsrückgängen mindestens den Betrag, der ihnen auch bei einer Liquidation der Gesellschaft zufallen würde. Ein Anspruch auf einen höheren Betrag gegen die Gesellschaft kann den Aktionären jedoch auch gar nicht zustehen.

III.) Ergebnis

Die rechtliche und tatsächliche Situation beim Delisting unterscheidet sich grundlegend von der Lage im „Holzmüller"-Fall. Das Delisting führt weder zu einem vergleichbaren Eingriff in die Mitgliedsrechte der Aktionäre noch zu einer ähnlicher Verwässerung ihrer im Anteilseigentum verkörperten Vermögensrechte. Mangels struktureller Vergleichbarkeit der Sachverhalte können daher die in der „Holzmüller"-Entscheidung entwickelten Grundsätze nicht direkt auf das Delisting übertragen werden. Eine Pflicht des Vorstands zur Vorlage der Entscheidung über ein Delisting an die Hauptversammlung nach § 119 II AktG lässt sich so nicht begründen[113].

C) Die Delisting-Entscheidung des BGH

Die vom BGH in der „Holzmüller"-Entscheidung aufgestellten Voraussetzungen für eine Ermessensreduktion des Vorstands sind sehr allgemein und generalisierend gehalten. Den Vorstand treffe eine Pflicht zur Entscheidungsvorlage, wenn er „vernünftigerweise nicht annehmen kann, er dürfe die Entscheidung in ausschließlich eigener Verantwortung treffen, ohne die Hauptversammlung zu beteiligen"[114]. Dies soll gemäß Leitsatz a) stets dann der Fall sein, wenn ein schwerwiegender Eingriff in die Rechte und Interessen der Aktionäre mit der Maßnahme verbunden ist. Die Ausgliederung des Seehafenbetriebes wird in diesem Leitsatz ausdrücklich nur als Beispiel für einen solchen Eingriff bezeichnet[115]. Es kann daher davon ausgegangen werden, dass nach Ansicht des BGH auch strukturell vollkommen anders gelagerte Sachverhalte zu einem Eingriff in die Rechte und Interessen der Aktionäre und damit zu einer Vorlagepflicht des Vorstands

113 So auch *Martinius/Schiffer*, DB 1999, 2460 (2461); *Wirth/Arnold*, ZIP 2000, 111 (115); *Bungert*, BB 2000, 53 (55).
114 BGHZ 83, 122 (131).
115 BGHZ 83, 122.

gemäß § 119 II AktG führen können[116]. Einen solchen Fall hat der BGH für das reguläre Delisting bejaht[117].

I.) Die Argumentation des BGH

Der BGH ist der Ansicht, dass die Entscheidung über das reguläre Delisting von der Hauptversammlung getroffen werden muss. Allerdings wird vom BGH keine gesetzliche Kompetenznorm für diese Zuständigkeit ausdrücklich genannt. Nur einzelne Passagen der Urteilsbegründung lassen andeutungsweise erkennen, dass der BGH im Fall des regulären Delistings wie in der „Holzmüller“-Entscheidung von einer Vorlagepflicht des Vorstands nach § 119 II AktG ausgeht[118]. So stellt er etwa fest, dass die Entscheidung über das Delisting auf Vorschlag des Vorstands von der Hauptversammlung zu treffen ist[119]. Diese Aufspaltung von Initiativ- und Entscheidungskompetenz ist Kennzeichen einer Entscheidung nach § 119 II AktG[120]. Ebenfalls auf § 119 II AktG verweist das vom BGH verlangte Mehrheitserfordernis. Er geht davon aus, dass der Hauptversammlungsbeschluss mit einfacher Mehrheit gefasst werden muss[121]. Der Grundsatz der einfachen Stimmenmehrheit gilt insbesondere aber für Beschlüsse nach § 119 II AktG[122].

Bei der Erörterung der Gründe, die zu einer Ermessensreduktion des Vorstands führen, stellt der BGH zunächst fest, dass ein reguläres Delisting weder in die Mitverwaltungsrechte der Aktionäre eingreift noch zu einer Verwässerung der Vermögensrechte der Aktionäre führt. Der BGH betont ausdrücklich, dass eine mit dem „Holzmüller“-Fall vergleichbare Situation beim regulären Delisting gerade nicht vorliegt[123].

Als Grund für die Vorlagepflicht des Vorstands sieht der BGH die mit dem regulären Delisting verbundene Beeinträchtigung des grundrechtlich geschützten Aktieneigentums der Aktionäre. Durch das reguläre Delisting entfalle für die Aktionäre die Möglichkeit, den Wert ihrer Aktien jederzeit durch Veräußerung an der Börse zu realisieren. Das Bundesverfassungsgericht habe jedoch der Möglichkeit, die Aktien jederzeit an der Börse verkaufen zu können, verfassungsrechtliche Bedeutung zugebilligt. Daraus folgert der BGH, dass „der Verkehrs-

116 *von Rechenberg*, in FS Bezzenberger, S. 358 (363)
117 BGH, NZG 2003, 280 ff.
118 So auch *Adolff/Tieves*, BB 2003, 797 (800).
119 BGH, NZG 2003, 280 (283).
120 Dazu ausführlich unten unter § 4 D) I) 1).
121 BGH, NZG 2003, 280 (282).
122 *Hüffer*, § 119 Rn 14.
123 BGH, NZG 2003, 280 (282).

wert und die jederzeitige Möglichkeit seiner Realisierungen Eigenschaften des Aktieneigentums sind, die wie das Eigentum selbst verfassungsrechtlichen Schutz genießen."[124] Zwar erstrecke sich der mitgliedschaftliche Vermögensschutz nach den gesetzlichen Regelungen unmittelbar lediglich auf die Gewährung des Gewinnbezugsrechtes, des Liquidationsanteils und des relativen Vermögenswertes der Beteiligung. Da der Verkehrswert einschließlich der Verkehrsfähigkeit des Aktienanteils aber Teil der Eigentumsgarantie des Art. 14 I GG sei, so müsse dieser grundrechtliche Schutz auch im Verhältnis der Gesellschaft zu den Aktionären beachtet werden. Der Verkehrswert einschließlich der Verkehrsfähigkeit der Aktien sei daher bei börsennotierten Gesellschaften unerlässlicher Bestandteil des Rechtsverhältnisses zwischen Aktiengesellschaft und Aktionär. Der Schutz des mitgliedschaftlichen Vermögenswertes liege jedoch nicht in den Händen der Geschäftsleitung, sondern bei der Hauptversammlung. Nur die Hauptversammlung habe daher darüber zu befinden, ob das reguläre Delisting als eine die Verkehrsfähigkeit der Aktie und damit den Verkehrswert des Anteils beeinträchtigende Maßnahme durchgeführt werden solle oder nicht.

II.) Das reguläre Delisting und Art. 14 GG

Die Entscheidung des BGH ist aus verschiedenen Gründen zu kritisieren. Zunächst soll nur untersucht werden, ob ein reguläres Delisting tatsächlich durch Art. 14 GG verfassungsrechtlich geschützte Positionen der Aktionäre beeinträchtigt. Die Frage, ob § 119 II AktG überhaupt eine taugliche Norm zu Begründung von Hauptversammlungskompetenzen ist, soll dagegen erst in einem folgenden Abschnitt behandelt werden.

1.) Die Börsennotiz als Teil des Anteilseigentums der Aktionäre

Der BGH schließt sich in seiner Entscheidung einer im Schrifttum verschiedentlich vertretenen Auffassung[125] an, dass die Börsennotiz eine verfassungsrechtlich geschützte Eigenschaft des Anteilseigentums der Aktionäre sei. Da die durch die Zulassung zum Börsenhandel erhöhte und erleichterte Fungibilität der Aktien einen wirtschaftlichen Wert darstelle, der sich in einem höheren Verkehrswert der Aktien manifestiere, soll durch ein Delisting, also durch den Widerruf der Zulas-

124 BGH, NZG 2003, 280 (282).

125 *Kruse,* NZG 2000, 1112 (1113); *Wilsing/Kruse,* NZG 2002, 807; *Zetzsche,* NZG 2000, 1065 (1066); *Hellwig/Bormann,* ZGR 2002, 465 (473ff); *Holzborn,* WM 2003, 1105 (1107).

sung, das in den Aktien verkörperte Eigentum der Aktionäre beeinträchtigt werden[126]. Die Vertreter dieser Ansicht berufen sich dabei – wie auch der BGH – auf die „DAT/Altana"-Entscheidung des Bundesverfassungsgerichts[127]. Sie legen die Entscheidung dahingehend aus, das Bundesverfassungsgericht habe festgestellt, dass die Börsennotiz durch Art. 14 GG geschützt sei. Zetzsche will dieser Entscheidung sogar die Aussage entnehmen, dass auch die Anleger- und Renditeinteressen der Minderheitsaktionäre unter den verfassungsrechtlichen Schutz des Art. 14 GG fallen[128].

2.) Stellungnahme

Die Ansicht, dass der Börsennotiz selbst bzw. der Zulassung zum Börsenhandel Eigentumsqualität zukommt, ist abzulehnen. Ihre Befürworter gehen von einem zu weiten Eigentumsbegriff aus, der sich aus Art. 14 GG nicht ableiten lässt. Dies zeigt sich bereits darin, dass sie auch die Renditeinteressen der Aktionäre dem Schutz des Art. 14 GG unterstellen wollen. Die Renditechancen der Aktionäre sind aber von der zukünftigen allgemeinen Börsenentwicklung sowie der wirtschaftlichen Entwicklung der jeweiligen Gesellschaft abhängig und daher vollkommen unsicher und ungewiss. Nach ständiger Rechtsprechung des Bundesverfassungsgerichts schützt Art. 14 GG jedoch nur vermögenswerte Rechtspositionen, die in der Vergangenheit erworben worden sind. Zukünftige ungewisse Chancen und Verdienstmöglichkeiten fallen dagegen gerade nicht in den Schutzbereich des Art. 14 GG[129].

Wie sogleich gezeigt werden wird, lässt sich jedoch weder aus der „DAT/Altana"-Entscheidung noch aus der allgemeinen Dogmatik des Art. 14 GG ein verfassungsrechtlicher Schutz der Zulassung zum Börsenhandel ableiten.

a) Die Bedeutung der Börsennotiz in der „DAT/Altana"-Entscheidung

aa) Die Argumentation des Bundesverfassungsgerichts

In der „DAT/Altana"-Entscheidung befasste sich das Bundesverfassungsgericht mit der Frage, nach welchen Kriterien die Abfindung für Aktionäre zu bestimmen ist, die nach §§ 305, 320b AktG aufgrund des Abschlusses eines Beherrschungs-

---

126 So *Kruse,* NZG 2000, 1112 (1113).
127 BVerfGE 100, 289 ff.
128 So *Zetzsche,* NZG 2000, 1065 (1066).
129 Z.B. BVerfGE 28, 119 (142); BVerfGE 68, 193 (222); BVerfGE 78, 205 (211).

und Gewinnabführungsvertrages oder aufgrund einer Eingliederung aus der Gesellschaft ausscheiden.

Die Vorschriften über Unternehmensverträge und. die Eingliederung stellen nach Ansicht des Bundesverfassungsgerichts Inhalts- und Schrankenbestimmungen des Eigentums an den Aktien dar. Unternehmensverträge führen dazu, dass die Herrschafts- und Vermögensrechte der Aktionäre weitgehend beschnitten werden. Zwar werden die Aktionäre beim Abschluss eines Unternehmensvertrages nicht aus der Gesellschaft gedrängt, sie müssen aber doch eine erhebliche Beeinträchtigung ihrer grundrechtlich geschützten Gesellschafterbeteiligung hinnehmen, die einem Verlust wirtschaftlich jedenfalls gleichkommt[130]. Diese Möglichkeit, durch Unternehmensverträge das Eigentum der Aktionäre weitgehend zu beschneiden, ist nur deshalb verfassungsrechtlich unbedenklich, weil die Aktionäre nach § 305 AktG das Recht haben, ihre Aktien an den beherrschenden Aktionär zu verkaufen. Dabei muss der Preis, zu dem die Aktionäre die Aktien an den beherrschenden Aktionär verkaufen, eine „volle" Entschädigung für den Eigentumsverlust der Aktionäre gewährleisten.

Das vom Bundesverfassungsgericht in dem „DAT/Altana"-Prozess zu entscheidende Problem ist nun, wie die volle Entschädigung zu berechnen ist. Es stellt hierzu fest:

„Charakteristikum des Aktieneigentums ist zum einen, dass es mitgliedschaftliche Herrschafts- und Vermögensrechte vermittelt. Dabei steht die Vermögenskomponente vielfach im Vordergrund. Dies trifft insbesondere für die Kleinaktionäre zu, die auf die Unternehmenspolitik regelmäßig keinen relevanten Einfluss nehmen können und die Aktie vorwiegend als Kapitalanlage betrachten. Zum anderen ermöglicht das Aktieneigentum eine Sphäre individueller Freiheit in finanzieller Hinsicht. Dieser Freiraum fußt auf der besonders ausgeprägten Verkehrsfähigkeit von Aktien. Darin unterschiedet sich die Beteiligung an einer Aktiengesellschaft von anderen Unternehmensbeteiligungen. Vor allem trifft das auf Beteiligungen an börsennotierten Gesellschaften zu, die es dem Gesellschafter (...) praktisch jederzeit erlauben, sein Kapital nach freiem Belieben zu investieren oder zu deinvestieren. Die Aktie ist aus Sicht des Kleinanlegers gerade deshalb so attraktiv, weil er sein Kapital nicht auf längere Sicht bindet, sondern sie fast ständig wieder veräußern kann. Die Verkehrsfähigkeit als Eigenschaft des Aktieneigentums darf bei der Wertbestimmung des Eigentumsobjekts nicht außer Betracht bleiben."[131]

Bei der Ermittlung der „vollen" Entschädigung ist also die Verkehrsfähigkeit insbesondere dann zu berücksichtigen, wenn die Aktie an der Börse gehandelt

130 BVerfGE 100, 289 (302ff).
131 BVerfGE 100, 289 (305).

wird. Denn die Aktie erfährt an der Börse aus dem Zusammenspiel von Angebot und Nachfage eine Wertbestimmung, an der sich die Aktionäre bei ihren Investitionsentscheidungen orientieren können. Die Abfindung muss daher so bemessen sein, dass die Minderheitsaktionäre jedenfalls nicht weniger erhalten, als sie bei einer freien Desinvestitionsentscheidung durch Verkauf an der Börse erlangt hätten[132]. Daher darf ein existierender Börsenkurs bei der Ermittlung des Abfindungspreises für die Aktien nicht unberücksichtigt bleiben.

bb) Analyse des Urteils

Der „DAT/Altana"-Entscheidung des Bundesverfassungsgerichts kann weder eine explizite noch eine mittelbare Aussage darüber entnommen werden, ob der Börsennotiz eine verfassungsrechtlich geschützte Eigentumsqualität zukommt[133].

Ausdrücklich bezeichnet das Bundesverfassungsgericht nur die Verkehrs*fähigkeit* der Aktie als Eigenschaft des Aktieneigentums, nicht jedoch den Handel mit der Aktie selbst, also die Verkehrs*möglichkeit* der Aktie. Die Verkehrsfähigkeit der Aktie besteht aber unabhängig davon, ob die Aktie an einer Börse notiert wird oder nicht. Entsprechend zeigen sich nach Ansicht des Bundesverfassungsgerichts die Vorteile der Verkehrsfähigkeit *„vor allem"* – aber eben nicht nur – bei börsennotierten Gesellschaften.

Aus der verfassungsrechtlich geschützten Verkehrsfähigkeit der Aktie folgert das Bundesverfassungsgericht daher nicht, dass es einen Handelsverkehr an der Börse geben muss oder dass ein solcher Handelsverkehr aufrecht erhalten bleiben muss. Art. 14 GG verlange nur, dass, wenn es einen Börsenhandel der Aktie gibt, der *existierende*[134] Börsenkurs bei der Berechnung des Abfindung berücksichtigt werden muss. Die Berücksichtigung des Börsenkurses bedeutet jedoch nicht, dass die Abfindung auch zu diesem Börsenkurs erfolgen muss. Denn wie das Bundesverfassungsgericht ausdrücklich betont, kann der Börsenkurs durch Manipulationen oder sonstige Handelsunregelmäßigkeiten höher oder niedriger als der volle Verkehrwert sein. In diesen Fällen muss sich die Höhe der Entschädigung nicht am Börsenkurs, sondern am wahren Wert der Aktie orientieren[135].

Trotz der klaren Festlegung des Bundesverfassungsgerichts auf die Verkehrsfähigkeit der Aktie als verfassungsrechtlich geschützte Eigenschaft wird die Entscheidung teilweise dahingehend ausgelegt, dass auch die Börsennotiz unter den

---

132 BVerfGE 100, 289 (306).

133 LG München, NZG 2000, 273 (275); OLG München, ZIP 2001, 700 (705); *Martinius/Schiffer*, DB 1999, 2460 (2461); *Holzborn/Schlößer*, BKR 2002, 486 (487); *Adolff/Tieves*, BB 2003, 797 (799).

134 BVerfGE 100, 289 (307).

135 Darauf verweist *Henze* in FS Ulmer, S. 211 (241).

Schutzbereich von Art. 14 I GG falle. Denn es ließe sich nicht begründen, weshalb der Börsenkurs der Aktie bei der Abfindungsberechnung berücksichtigt werden soll, wenn er selbst nicht vom Grundrechtsschutz erfasst wäre. Dies widerspräche nämlich dem Grundsatz, dass „auszugleichen ist, was dem Minderheitsaktionär an Eigentum im Sinne von Art. 14 I GG verloren geht“[136]. Auch der BGH ist der Ansicht, dass sich aus der „DAT/Altana“-Entscheidung ergebe, dass der Verkehrswert und die jederzeitige Möglichkeit seiner Realisierung Eigenschaften des verfassungsrechtlich geschützten Aktieneigentums seien[137].

Bei diesen Interpretationen der „DAT/Altana“-Entscheidung wird der verfassungsrechtliche Kontext der Entscheidung jedoch nicht ausreichend berücksichtigt[138]: Grundsätzlich schützt Art. 14 I 1 GG den jeweiligen Eigentumsbestand. Wie dieser Eigentumsbestand ausgestaltet ist, richtet sich gemäß Art. 14 I 2 GG nach den einfachgesetzlichen Regelungen. Neben der Bestandsgarantie enthält Art. 14 GG jedoch auch eine Eigentumswertgarantie[139]. Während der Eigentumsbestand nicht absolut geschützt ist[140], ist die Wertgarantie unbedingt und unentziehbar. Der Betroffene soll in die Lage versetzt werden, nach dem Verlust einer Eigentumsposition ein neues Vermögensobjekt zu erwerben, um eine neue „personenhafte Bezogenheit“ als Grundlage individueller Entfaltungsfreiheit zu diesem zu begründen[141]. Die Wertgarantie ist daher subsidiär zur Eigentumsbestandgarantie und kommt nur zum Zuge, wenn der Einzelne genötigt wird, seinen konkreten Rechtsbestand aufzugeben. Eine primäre und selbständige, also auch ohne vorausgehenden Rechtsbestandsverlust bestehende Wert- oder Vermögensgarantie wird abgelehnt[142].

Das Zusammenspiel von Eigentumsbestands- und Eigentumswertgarantie zeigt sich bei den aktienrechtlichen Vorschriften über den Abschluss von Unternehmensverträgen und ihrer Interpretation durch das Bundesverfassungsgericht. So wird das Eigentum an Aktien auch von den gesetzlichen Vorschriften über den Abschluss von Unternehmensverträgen geprägt. Diese Vorschriften stellen Inhalts- und Schrankenbestimmungen des Aktieneigentums dar. Allerdings haben die Vorschriften über Unternehmensverträge einen eigentümlichen Charakter.

---

136 So die Argumentation von *Hellwig/Bormann*, ZGR 2002, 465 (474) unter Berufung auf BVerfGE 100, 289 (305f).

137 BGH, NZG 2003, 280 (282).

138 Auch *Hüffer*, § 305 Rn 20c stellt fest, dass eine spezifisch verfassungsrechtliche Analyse der Entscheidung noch nicht stattgefunden hat.

139 *Papier* in Maunz/Dürig, Art. 14 Rn 8.

140 Er kann beispielsweise durch Enteignungen oder Inhalts- und Schrankenbestimmungen entzogen werden.

141 So *Papier* in Maunz/Dürig, Art. 14 Rn 163.

142 *Papier* in Maunz/Dürig, Art. 14 Rn 163 f.

Denn durch den Abschluss eines Unternehmensvertrages kommt es zu einer erheblichen Beeinträchtigung der grundrechtlich geschützten Gesellschafterstellung, die einem Verlust dieser Beteiligung wirtschaftlich gleichkommt[143]. Das Aktieneigentum trägt also bereits den Keim in sich, dass der Aktionär es durch den Abschluss eines Unternehmensvertrages weitgehend verliert. Diese Verlustmöglichkeit kann dadurch gerechtfertigt werden, dass es der Gesetzgeber aus Gründen des Gemeinwohls für angebracht hält, die Interessen der Minderheitsaktionäre an der Erhaltung ihres Aktieneigentums hinter die Interessen der Mehrheitsaktionäre an ihrer freien Entfaltung der unternehmerischen Initiative im Konzern zurücktreten zu lassen[144].

Allerdings muss der Gesetzgeber bei dieser Entscheidung zu Gunsten der unternehmerischen Freiheit eben auch berücksichtigen, dass Art. 14 GG nicht nur eine Bestandsgarantie, sondern auch eine Eigentumswertgarantie enthält. Daher sind die Vorschriften über den Abschluss von Unternehmensverträgen nur deshalb verfassungsgemäß, weil sie in §§ 305, 320b AktG vorsehen, dass der betroffene Aktionär die Möglichkeit hat, die Aktien an den Mehrheitsaktionär zu verkaufen. Der Kaufpreis muss jedoch dem vollen Wert des aufgegebenen Eigentums entsprechen. Es müssen daher alle Faktoren, die den Wert der Eigentumsposition bestimmen, berücksichtigt werden. Diese wertbildenden Faktoren stehen nicht zwangsläufig selbst unter eigentumsrechtlichem Schutz. So stellt etwa die Knappheit einer Sache den wichtigsten wertbildenden Faktor dar. Es ist aber offensichtlich, dass diese Eigenschaft nicht vom Schutz des Art. 14 GG umfasst werden kann.

Die Aussage des Bundesverfassungsgerichts, dass auszugleichen ist, was dem Minderheitsaktionär durch die Übertragung der Aktie an den Mehrheitsaktionär an Eigentum verloren geht, ist daher richtig. Richtig ist auch, dass dabei der Börsenkurs als wichtiges Indiz für den wahren oder vollen Wert der Aktie bei der Festlegung des Abfindungspreises berücksichtigt werden muss. Der Börsennotiz kommt dabei eine Doppelrolle zu: Zum einen stellt die Zulassung zum Börsenhandel selbst einen wertbildenden Faktor dar und zum anderen spiegelt der Börsenpreis die Bewertung der Aktie in den Augen des Marktes wider. Daraus kann jedoch kein Hinweis auf die Eigentumsqualität der Börsennotiz entnommen werden. Denn die Börsennotiz kann auch nur ein wertbildender Faktor sein, dem gerade keine Eigentumsqualität zukommt[145].

---

143 So BVerfGE 100, 289 (303).
144 BVerfGE 14, 263 (281f).
145 So *Mülbert*, ZHR 165 (2001), 104 (112ff).

Diesen Umstand verkennen Hellwig/Bormann[146]. Sie treffen keine Unterscheidung zwischen der Eigentumsposition und den Faktoren, die den Wert dieser Eigentumsposition bestimmen, und kommen daher zu dem Ergebnis, dass die Börsennotiz als wertbildender Faktor auch eigentumsrechtlich geschützt sei.

Auch die Argumentation des BGH berücksichtigt die Unterscheidung zwischen Eigentumsbestandschutz und Eigentumswertschutz nicht ausreichend. Der BGH geht davon aus, dass sich die Eigentumsqualität der Börsennotiz aus dem Umstand ableiten lässt, dass der Verkehrswert verfassungsrechtlich geschützt sei und dieser Verkehrswert durch ein Delisting verringert werde. Der Verkehrswert hat jedoch nur dann eine verfassungsrechtlich eigenständige Bedeutung, wenn zuvor eine Eigentumsposition entzogen worden ist. Andernfalls wären sehr viele Maßnahmen, die geeignet sind, den Verkehrswert der Aktien zu verringern, als verfassungsrechtlich relevant und womöglich zustimmungspflichtig einzustufen. Dies könnten auch Maßnahmen sein, die von der Gesellschaft überhaupt nicht beeinflußt werden können, wie etwa die Streichung der Aktie aus einem Index[147]. Der BGH hätte daher zunächst prüfen müssen, ob überhaupt eigentumsrechtliche Positionen durch das reguläre Delisting entzogen werden, bevor er auf die Eigentumswertgarantie des Art. 14 GG einging. Da der BGH diesen ersten Prüfungsschritt, nämlich ob eine grundgesetzlich geschützte Eigentumsposition durch das Delisting berührt wird, ausgelassen hat, kann seine Argumentation nicht überzeugen.

b) Die Dogmatik des Art. 14 GG und die Zulassung zum Börsenhandel

Es wurde gezeigt, dass aus der „DAT/Altana"-Entscheidung keine Rückschlüsse auf eine mögliche Eigentumsqualität der Börsennotiz gezogen werden können. Da jedoch in der „DAT/Altana"-Entscheidung die Eigentumsqualtät auch nicht explitzit verneint worden ist, soll nun untersucht werden, ob sich ein verfassungsrechtlicher Schutz der Börsennotiz aus der Dogmatik des Art. 14 GG herleiten lässt[148]. Wenn dies der Fall wäre, könnte der Entscheidung des BGH zum Delisting trotz der nicht überzeugenden Argumentationsweise im Ergebnis zuzustimmen sein.

Art. 14 GG schützt das „Eigentum" als die rechtliche Zuordnung eines vermögenswerten Rechts zu einem bestimmten Rechtsträger. Es existiert kein außerrechtlich vorgegebener oder absoluter Begriff des Eigentums. Vielmehr ergeben

---

146 *Hellwig/Bormann*, ZGR 2002, 465 (474); wie hier auch *Krämer/Theiß*, AG 2003, 225 (230).

147 *Adolff/Tieves*, BB 2003, 797 (799).

148 Eine derartige dogmatische Auseinandersetzung findet in der Literatur – soweit ersichtlich – nicht statt.

sich Umfang und Inhalt des Eigentums gemäß Art. 14 I 2 GG aus der Rechtsordnung. Eigentum setzt also voraus, dass dem Eigentümer aufgrund von Rechtsnormen ein subjektives, vermögenswertes Recht zusteht. Ob ein solches Recht besteht, muss durch Auslegung der jeweiligen Normen ermittelt werden. Dabei ist zu berücksichtigen, dass faktische Verhältnisse und tatsächliche Gegebenheiten keine grundrechtlich geschützten Positionen vermitteln können[149].

Daraus folgt, dass die Börsennotierung selbst nicht unter den Schutz von Art. 14 GG fallen kann[150]. Denn die Tatsache, dass ein Handel mit einer Aktie an der Börse stattfindet, ist lediglich ein faktisches Verhältnis ohne grundrechtliche Bedeutung. Eigentumsqualität könnte nur den Rechtsverhältnissen zukommen, die den Handel der Aktie an der Börse erst ermöglichen. Derartige Rechtsverhältnisse sind die Einführung der Aktien in den amtlichen Markt gemäß § 37 I BörsG sowie die Zulassung zum Börsenhandel nach § 30 BörsG, die Voraussetzung für die Einführung der Aktien ist. Unter der Einführung wird nach der Legaldefinition in § 37 I BörsG die Aufnahme der Notierung im amtlichen Markt verstanden. Es handelt sich hierbei um einen Verwaltungsakt[151], der jedoch nur punktuell bedeutsam ist und sich bei der zweiten Preisfeststellung bereits erledigt hat. Dauerhafte Basis für den Börsenhandel ist die Zulassung. Wenn sie entzogen wird, kann die Aktie nicht mehr an der Börse notiert werden. Daher könnte die Zulassung als rechtliche Grundlage für die Börsennotiz durch Art. 14 GG geschützt sein.

Die Zulassung zum Börsenhandel ist ein Verwaltungsakt, der den Emittenten der Aktien, also die Aktiengesellschaft selbst, begünstigt. Sie begründet ein öffentlich-rechtliches Leistungsverhältnis zwischen der Börse und dem Emittenten, indem sie ihm gestattet, die Börseneinrichtungen zu nutzen[152]. Öffentlich-rechtliche Erlaubnisse und Genehmigungen sind jedoch kein Eigentum im Sinne von Art. 14 GG, da bei ihnen regelmäßig wesentliche Eigenschaften fehlen, die durch Art. 14 GG geschützte Rechtspositionen aufweisen müssen[153]. Denn sie sind keine vermögenswerten Rechte, die einem Rechtsinhaber ausschließlich zugeordnet sind und auf eigenen vermögensrelevanten Leistungen dieses Rechtsinhabers oder seiner Rechtsvorgänger beruhen.

Der Zulassung zum Börsenhandel fehlen ebenfalls diese wesentlichen Eigenschaften. So stellt die Zulassung bereits kein vermögenswertes Recht dar. Zwar

149 Zur ganzen Dogmatik ausführlich Mitarbeiterkommentar-*Bergmann*, Art. 14 Rn 114 ff, 135 ff.

150 Insoweit ist die Überschrift „Die mangelnde Eigentumsqualität der Börsennotierung“ bei *Mülbert*, ZHR 165 (2001), 104 (113) dogmatisch nicht präzise.

151 *Groß*, Kapitalmarktrecht, §§ 42, 43 BörsG, Rn 1.

152 *Groß*, Kapitalmarktrecht, §§ 36-39 BörsG, Rn 2.

153 Mitarbeiterkommentar-*Bergmann*, Art. 14 Rn 471; Dreier-*Wieland*, Art. 14 Rn 56.

beeinflusst die Zulassung den Wert der Aktie, sie selbst hat aber keinen quantifizierbaren Wert. Ferner können weder der Emittent noch die Aktionäre über die Zulassung als solche rechtsgeschäftlich verfügen. Eine Übertragung der Zulassung auf andere ist beispielsweise nicht möglich[154]. Schließlich hat die Aktiengesellschaft die Zulassung sich nicht in dem Sinne „erarbeitet", dass die Gesellschaft sie durch eigene Arbeit und Leistung erworben hätte, die Zulassung also ein Äquivalent eigener Leistung darstellen würde und nicht überwiegend auf staatlicher Genehmigung beruhen würde[155]. Die Zulassung wird vielmehr bei Erfüllung der in § 30 BörsG genannten Voraussetzungen erteilt. Danach wird die Erteilung der Zulassung jedoch von keinen Geldzahlungen oder sonstigen eigentumsrelevanten Leistungen des Emittenten abhängig gemacht[156], sondern von der Erfüllung bestimmter Anforderungen zum Schutz der Anleger, die in keinem Zusammenhang mit Art. 14 GG stehen[157]. Öffentlich-rechtliche Rechtspositionen, die nicht auf eigenen materiellen Leistungen beruhen, sind jedoch nicht von Art. 14 GG umfasst[158]. Somit stellt die Zulassung zum Börsenhandel keine durch Art. 14 GG geschützte Rechtsposition dar. Die Frage, ob überhaupt die Aktionäre oder nicht die Gesellschaft selbst Grundrechtsträger dieser Position wären, braucht daher nicht weiter erörtert zu werden.

Wenn auch öffentlich-rechtliche Erlaubnisse selbst keine Eigentumsqualität besitzen, so stellen sie doch Inhalts- und Schrankenbestimmungen derjenigen Güter dar, auf die sie sich beziehen[159]. Da die Zulassung nach § 30 BörsG den Börsenhandel der jeweils zugelassenen Aktien erst ermöglicht, könnte sie daher eine inhaltliche Konkretisierung des Eigentums der Aktionäre an diesen Aktien darstellen.

Art 14 GG gewährleistet das in der Aktie verkörperte Anteilseigentum. Dieses Anteilseigentum umfasst ein Bündel inhaltlich verschiedener Rechte der Aktionäre: Neben den mitgliedschaftlichen Rechten stehen die vermögensrechtlichen An-

---

154 Auf die Verfügungsbefungis als wesentliches Kriterium stellt Dreier-*Wieland,* Art. 14 Rn 56 ab.

155 *Papier* in Maunz/Dürig, Art. 14 Rn 129.

156 Die Bezahlung der Gebühren für die Zulassung aufgrund der Gebührenordnung der Börse (vgl. § 5 BörsG) stellt keine Voraussetzung für die Erteilung der Zulassung dar, sondern diese fallen erst an, nachdem die Zulassung erteilt worden ist.

157 So z.B. das Erfordernis eines vollständigen Prospekts oder des Unbekannt-Seins von Umständen, die bei Zulassung der Aktien zu einer Übervorteilung der Anleger führen könnten.

158 Zur fehlenden „eigenen" Leistung bei öffentlich-rechtlichen Genehmigungen: BGHZ 108, 364 (371); *Jarass/Pieroth,* Art. 14 Rn 10.

159 Mitarbeiterkommentar-*Bergmann,* Art. 14 Rn 471.

sprüche[160]. Inhalt und Umfang der durch Art. 14 GG geschützten Aktionärsrechte ergeben sich aus den einfachgesetzlichen Regelungen. Die Zulassung zum Börsenhandel würde daher dann eine Inhaltsbestimmung des von Art. 14 GG geschützten Anteilseigentums darstellen, wenn den Aktionären subjektive, eigentümerartige Rechte bezüglich der Zulassung zustehen würden. Ob dies der Fall ist, muss durch Auslegung des Börsengesetzes festgestellt werden.

Es wurde bereits gezeigt, dass den Aktionären ein Recht auf Börsennotiz gegen die Aktiengesellschaft nicht zusteht. Die Aktionäre könnten jedoch einen Anspruch auf Zulassung der Aktien gegenüber der Zulassungsstelle haben. Aus dem Wortlaut des § 30 III BörsG, nach dem Wertpapiere „zuzulassen sind", wenn bestimmte Voraussetzungen erfüllt sind, ergibt sich, dass ein Anspruch auf Börsenzulassung besteht. Dieser Anspruch steht allerdings nicht den Aktionären zu, sondern dem Emittenten, also der Aktiengesellschaft. Denn nur diese, nicht aber die Aktionäre, können nach § 30 II BörsG die Zulassung zum Börsenhandel im amtlichen Markt beantragen[161]. Die gesetzlichen Vorschriften über die Zulassung von Aktien zum Börsenhandel begründen also keine subjektiven Rechte für die Aktionäre.

Auch wenn die Aktionäre keinen Anspruch auf Zulassung ihrer Aktien zum Börsenhandel haben, so könnte doch zumindest die erteilte Zulassung eine Position sein, die eigentumsartig vom Gesetzgeber ausgestaltet worden ist. Wenn dies der Fall wäre, so würde der Widerruf der Zulassung einen Eingriff in das Anteilseigentum der Aktionäre darstellen. Es muss also untersucht werden, ob aus den Vorschriften über den Widerruf der Zulassung erkennbar wird, dass der Fortbestand der Zulassung zum Börsenhandel unter grundrechtlichen Schutz fällt.

Gemäß § 38 IV BörsG kann die Zulassungsstelle die Zulassung zum amtlichen Markt auf Antrag des Emittenten widerrufen. Nach § 38 IV 2 BörsG darf der Widerruf nicht dem Schutz der Anleger widersprechen. Daraus folgt, dass die Zulassungsstelle bei ihrer Ermessensentscheidung die Interessen der Anleger berücksichtigen muss. Fraglich ist, ob und in welcher Weise § 38 IV 2 BörsG den Aktionären individuelle Rechte gewährt. Dies hängt davon ab, wer alles als Anleger im Sinne des § 38 IV 2 BörsG anzusehen ist. Sofern unter dem Begriff Anleger die interessierte Anlegerschaft insgesamt verstanden würde, würde § 38 IV 2 BörsG den einzelnen Aktionären keine Rechte einräumen[162]. Allerdings differenziert das Börsengesetz zwischen Anlegern und „dem Publikum". Schon nach der umgangssprachlichen Bedeutung ist der Begriff Publikum weiter und umfasst

---

160 Siehe nur BVerfGE 14, 263 (276) „Feldmühle"; BVerfG NZG 1117 (1118) „MotoMeter"; *Depenheuer* in von Mangold/Klein/Starck, Art. 14 Rn. 144 ff mwN.
161 *Kümpel*, Bank- und Kapitalmarktrecht, Rn 17.220; *Schwark*, BörsG, § 36 Rn 26.
162 *Groß*, ZHR 165 (2001), 141 (158).

die gesamte kaptialanlegende Öffentlichkeit. Der Begriff „Publikum" wird daher in Vorschriften verwendet, die hauptsächlich den Schutz der Allgemeinheit bezwecken[163]. Aber selbst solche Vorschriften, die sich ausdrücklich nur auf den Schutz des Publikums beziehen (nämlich § 38 I Nr. 1 BörsG), sollen nach vereinzelten Ansichten individualschützenden Charakter haben[164]. Dann müssen aber erst recht diejenigen Vorschriften, die gerade den „Schutz der Anleger" gewährleisten, den jeweiligen Aktionären als überschaubarer und individualisierbarer Kreis von Personen subjektive Rechte verleihen.

Die Auslegung von § 38 IV BörsG ergibt also, dass die Aktionäre bei einem Delisting auf Antrag des Emittenten ein Recht darauf haben, dass bei der Ermessensentscheidung der Zulassungsstelle, ob dem Antrag entsprochen werden soll, ihre Interessen als Anleger berücksichtigt werden. Sofern ihre Interessen nicht angemessen berücksichtigt werden, sind die Aktionäre nach § 42 II VwGO befugt, Anfechtungsklage gegen den Widerruf der Zulassung zu erheben[165].

§ 38 IV BörsG gewährt den Aktionären jedoch keinen Anspruch auf Beibehaltung der Börsennotiz. Er garantiert ihnen lediglich die Beachtung ihrer Interessen beim Widerruf der Börsenzulassung. Auf welche Art und Weise die Interessen der Anleger beachtet werden müssen, schreibt § 38 IV BörsG nicht vor. Insbesondere ist kein materieller Ausgleich für den Verlust der Zulassung zwingend vorgeschrieben. Wie bereits dargelegt worden ist, wäre eine solche Ausgleichspflicht als Ausfluss der subsidiären Wertgarantie des Art. 14 GG jedoch unerlässlich, wenn die Zulassung zum amtlichen Markt als eigentumsrechtlich geschützt anzusehen wäre[166]. Die Interessen der Aktionäre können vielmehr ausreichend gewahrt sein, wenn ihnen ein Kaufangebot vom Mehrheitsaktionär unterbreitet wird (§ 54 a BörsO FWB aF) oder aber genügend Zeit bleibt, die Aktien vor dem Delisting zu verkaufen (§ 54 a BörsO FWB[167]). Aus der derzeitigen

---

163 So z.B. in §§ 30 III Nr. 1, 41 II BörsG.

164 *Groß*, Kapitalmarktrecht, §§ 42, 43 BörsG, Rn 26 mwN.

165 VG Frankfurt a.M., WM 2002, 1658 ff; LG München, ZIP 1999, 2017 (2020); *Wirth/Arnold*, ZIP 2000, 111 (117); *Pluskat*, WM 2002, 833 (838), *de Vries*, S. 68 ff mwN.

166 *Hellwig/Bormann*, ZGR 2002, 465 ff bejahen die Eigentumsqualität der Börsennotiz und fordern de lege ferenda eine solche Abfindungsregel, da sonst § 38 IV BörsG verfassungswidrig sei. Richtig ist jedoch, dass gerade weil keine Abfindungsregel besteht nicht davon ausgegangen werden kann, dass der Gesetzgeber die Börsennotiz eigentumsartig ausgestalten wollte. Denn auch sonst finden sich im Gesetz ja keine Anhaltspunkte für die Eigentumsqualität der Börsennotiz. Entsprechend verweisen *Hellwig/Bormann* auch nur auf die „DAT/Altana"-Entscheidung als Beleg für den Grundrechtsschutz der Börsennotiz.

167 Umstritten ist allerdings, ob durch § 54 a BörsO FWB noch der Schutz der Anleger ausreichend gewahrt ist, näher dazu *Wilsing/Kruse*, NZG 2002, 807 ff.

Ausgestaltung des § 38 IV BörsG kann daher nicht geschlossen werden, dass es ein eigentumsgrundrechtlich geschütztes Recht auf Fortbestand der Börsenzulassung gibt.

Gegen die Existenz eines solchen im Anteilseigentum verkörperten Rechts spricht auch § 38 III BörsG. Danach kann die Zulassungsstelle die Zulassung zum amtlichen Markt widerrufen, wenn ein ordnungsgemäßer Börsenhandel der Aktien auf Dauer nicht mehr gewährleistet ist. Auch bei diesem Widerruf handelt es sich um eine Ermessensentscheidung. Allerdings knüpft die Entscheidung allein an die Tatsache an, ob und in welchem Umfang ein ordnungsgemäßer Börsenhandel noch stattfindet. Nach dem klaren Wortlaut der Vorschrift sind die Interessen der Aktionäre an einem Fortbestand des – freilich derzeit nicht mehr stattfindenden – Börsenhandels bei der Entscheidung nicht zu berücksichtigen. Entsprechend wird den Aktionären auch keine Klagebefugnis nach § 42 II VwGO gegen den Widerruf der Zulassung eingeräumt[168]. Aus § 38 III BörsG lässt sich also ebenfalls kein Recht der Aktionäre auf Fortbestand der Zulassung ableiten[169].

Zusammenfassend ist festzustellen, dass die Analyse sowohl der Vorschriften über die Erteilung der Zulassung zum amtlichen Markt als auch der Vorschriften über den Widerruf der Zulassung ergeben hat, dass den Aktionären keine Rechte bezüglich der Zulassung zustehen, die es rechtfertigen würden, die Zulassung als verfassungsrechtlich durch Art. 14 GG geschützt anzusehen. So ist die Erteilung der Zulassung kein drittbegünstigender Verwaltungsakt in dem Sinn, dass sie den einzelnen Aktionär begünstigen und ihm subjektive Rechte auf Erhaltung oder Fortbestand der Zulassung einräumen würde[170]. Die Vorteile, die den Aktionären durch die Zulassung zum amtlichen Markt erwachsen, sind vielmehr lediglich Rechtsreflexe und stellen keine subjektiven Rechte dar. Auch beim Widerruf der Zulassung ist die Stellung der Aktionäre nicht mit der eines Eigentümers vergleichbar. Teilweise müssen nicht einmal die Interessen der Aktionäre beim Widerruf der Zulassung berücksichtigt werden. Aufgrund dieser rechtlichen Ausgestaltung der Zulassung ist sie nur eine tatsächliche Eigenschaft der Aktie und keine durch Art. 14 GG grundrechtlich geschützte Position des Anteilseigentums[171].

---

168 Schäfer-*Hamann*, § 43 BörsG, Rn. 18; *Schwark*, BörsG, § 43 Rn 11; *Mülbert*, ZHR 165 (2001) 104 (115).

169 Ebenso *Mülbert*, ZHR 165 (2001) 104 (115).

170 *Groß*, Kapitalmarktrecht, §§ 36-39 BörsG, Rn 2; *Kleindiek*, FS Bezzenberger, 653 (656).

171 LG München, ZIP 1999, 2017 (2020); OLG München, ZIP 2001, 700 (705); *Holzborn/Schlößer*, BRK 2002, 486 (487) mwN.

III.) Ergebnis

Die Begründung des BGH für eine Hauptversammlungskompetenz für die Entscheidung über ein reguläres Delisting kann nicht überzeugen. Der BGH führt als alleinigen Grund für die Ermessensreduktion des Vorstands die grundrechtliche Dimension des regulären Delistings an. Eine solche grundrechtliche Dimension hat das reguläre Delisting jedoch gerade nicht. Durch das reguläre Delisting wird das Anteilseigentum der Aktionäre nicht beeinträchtigt. Der vom BGH angenommene Grund für eine Ermessensreduktion liegt also gar nicht vor.

D) Ermessensschrumpfung oder ungeschriebene Hauptversammlungskompetenzen?

Es wurde gezeigt, dass sich der Grund für eine Ermessensreduktion des Vorstands nach § 119 II AktG für die Entscheidung über das reguläre Delisting weder aus dem Vergleich mit der „Holzmüller“-Situation noch aus einem Eingriff in grundrechtlich geschützte Positionen der Aktionäre herleiten lässt. Es wäre allerdings denkbar, dass sich noch weitere Kriterien für eine Ermessenschrumpfung und somit für eine Vorlagepflicht des Vorstands nach § 119 II AktG finden lassen. Diese Überlegungen müssten jedoch nur dann weiter verfolgt werden, wenn der Ansatz des BGH, die Möglichkeit einer Ermessensschrumpfung des Vorstands bei § 119 II AktG anzunehmen, überhaupt tragfähig ist.

I.) Keine Ermessensschrumpfung in § 119 II AktG

1.) Die Ermessensschrumpfung im dualen System der aktienrechtlichen Zuständigkeitsordnung

Im Aktienrecht besteht ein duales System der Zuständigkeit für Maßnahmen der Gesellschaft. Die Hauptversammlung hat die ordentliche Zuständigkeit für diejenigen Maßnahmen, für die ihr die Kompetenz entweder in § 119 I AktG oder in einer Vielzahl von Einzelvorschriften (z.B. 293 AktG) ausdrücklich übertragen ist. Kennzeichnend für die ordentliche Zuständigkeit der Hauptversammlung ist, dass die Hauptversammlung diese Kompetenzen autonom ausüben kann und sodann Vorstand und Aufsichtsrat an den konkreten Entscheidungsbeschluss gebunden sind. Die Aktionäre können daher gemäß § 122 I, II AktG auf eigene Initiative einen entsprechenden Beschlussantrag in der Hauptversammlung stellen. Der Vorstand ist dann nach § 83 II AktG verpflichtet, „die von der Hauptversammlung im Rahmen ihrer Zuständigkeit beschlossenen Maßnahmen auszuführen". Die Aktionäre besitzen also innerhalb der Zuständigkeit der Hauptversammlung ein Initiativ- und ein an den Vorstand gerichtetes Weisungsrecht[172].

Über alle anderen Maßnahmen entscheidet grundsätzlich der Vorstand allein im Rahmen seiner Funktion als Leitorgan der Gesellschaft (§ 76 I AktG). Es steht in seinem Ermessen, ob die Hauptversammlung gemäß § 119 II AktG in den Entscheidungsprozess mit einbezogen werden soll. § 119 II AktG begründet also kein Initiativrecht der Hauptversammlung. Der Vorstand überträgt der Hauptversammlung lediglich seine eigene Entscheidungskompetenz. Sofern er jedoch eine Maßnahme der Hauptversammlung zur Abstimmung vorlegt, ist er an deren Votum auch gebunden[173].

Wenn es nun bei bestimmten Maßnahmen eine Reduktion des Vorstandsermessens auf Null geben sollte, so bedeutet dies, dass die Hauptversammlung über diese Maßnahmen stets entscheiden müsste. Aufgrund der Bindungswirkung eines Beschlusses nach § 119 II AktG hätte die Hauptversammlung dann die Entscheidungskompetenz über die Maßnahme. Allerdings hätte sie kein Initiativrecht und könnte daher von sich aus nicht die Maßnahme einleiten. Die Annahme einer Ermessenschrumpfung bei § 119 II AktG würde daher bei den entsprechenden Maßnahmen zu einer Spaltung von Initiativ- und Entscheidungskompetenz führen. Nur der Vorstand kann die Maßnahme vorschlagen und nur die Hauptversammlung darf über sie entscheiden[174]. Mit den Grundsätzen der herkömmlichen Zuständigkeitsordnung innerhalb der Aktiengesellschaft ist eine solche Kompetenzaufteilung kaum zu vereinbaren[175]. Bereits aus diesem Grund erscheint die Argumentation des BGH fragwürdig.

2.) Die Ermessensschrumpfung und die ratio legis des § 119 II AktG

Die Annahme, dass eine Ermessensredukton bei § 119 II AktG möglich ist, lässt sich auch nicht mit dem Sinn und Zweck dieser Vorschrift vereinbaren. § 119 II AktG ist als § 103 II AktG1937 bei der Neuschaffung des Aktiengesetzes erstmals in das Aktienrecht aufgenommen worden. Nach dem Willen des Gesetzgebers stand er in engem Zusammenhang mit § 84 AktG1937, dem heutigen § 93 AktG. Der Vorstand war nach § 84 I AktG1937 verpflichtet, bei der Geschäftsführung die Sorgfalt eines ordentlichen und gewissenhaften Geschäftsleiters anzuwenden. Sofern er diese Pflicht verletzte, war er der Gesellschaft zum Ersatz

172 *Martens,* ZHR 147 (1983), 377, 385

173 Allgemeine Meinung, statt anderer *Hüffer,* § 119 Rn 15.

174 So auch der BGH in der Delisting-Entscheidung.

175 *Mülbert,* S. 396; *Martens,* ZHR 147 (1983), 377, 384 ff.

des daraus entstehenden Schaden verpflichtet. Der Vorstand haftete jedoch gemäß § 84 IV 1 AktG1937 nicht, wenn er eine sorgfaltspflichtwidrige Handlung aufgrund eines Beschlusses der Hauptversammlung vornahm. § 103 II AktG1937 ermöglichte es nun dem Vorstand, die Hauptversammlung über Maßnahmen abstimmen zu lassen, die er selbst als zwar notwendig und sinnvoll und zugleich jedoch als möglicherweise pflichtwidrig, weil riskant, ansah. Durch einen Beschluss nach § 103 II AktG1937 konnte also die Haftung der Vorstandsmitglieder gegenüber der Gesellschaft ausgeschlossen werden[176]. § 103 II AktG1937 hatte daher ausschließlich eine haftungsrechtliche Funktion. An dieser Zielrichtung hat sich auch durch die Aktienrechtsreform 1965 nichts geändert. Es änderte sich bei § 103 II AktG1937 nur die Nummerierung. Der Wortlaut des neuen § 119 II AktG ist mit § 103 II AktG1937 identisch und ebenso sein inhaltlicher Bezug auf nunmehr § 93 AktG.

Demgegenüber wird eingewandt, § 119 II AktG diene nicht nur der Haftungsentlastung des Vorstands, sondern auch dazu, dass der Vorstand sich über eine verweigerte Zustimmung des Aufsichtsrats nach § 111 IV 2 AktG hinwegsetzen kann[177]. Diese Interpretation des § 119 II AktG berücksichtigt jedoch nicht, dass das entsprechende Anrufungsrecht des Vorstands durch die Aktienrechtsreform 1965 in § 111 IV 3 und 4 AktG eingefügt worden ist. Das Veto des Aufsichtsrats kann danach nur durch einen Hauptversammlungsbeschluss mit einer Mehrheit von 75 % der abgegebenen Stimmen überstimmt werden, während der Beschluss nach § 119 II AktG lediglich der einfachen Stimmenmehrheit bedarf (§ 133 I AktG). Eine teleologische Verbindung zwischen § 119 II AktG und § 111 IV AktG ist daher nicht begründbar.

Somit dient § 119 II AktG einzig den Interessen des Vorstands, indem ihm die Möglichkeit eröffnet wird, sich durch einen Beschluss nach § 119 II AktG von der Haftung aus § 93 IV 1 AktG zu befreien. Die Interessen der Aktionäre sollen nach der Entstehungsgeschichte und ratio legis des § 119 II bei der Entscheidung des Vorstands, über eine Maßnahme abstimmen zu lassen, dagegen unberücksichtigt bleiben[178]. Eine Ermessensreduktion kann es jedoch nur geben, wenn bei einer Entscheidung fremde Interessen zu beachten sind; eine Pflicht, die eigenen Interessen zu wahren, besteht dagegen nicht. Da der Vorstand bei der Entscheidung, über eine Maßnahme nach § 119 II AktG abstimmen zu lassen, aber nur seine eigenen Interessen berücksichtigen muss, kann § 119 II AktG in

---

176 *Schlegelberger/Quassowski*, § 103 Rn 5.

177 *Geßler*, FS Stimpel, 771 (774 f)'.

178 *Martens*, ZHR 147 (1983), 377 (383 f); *Mülbert* in Großkommentar zum Aktiengesetz, 4. Aufl., § 119 Rn 23.

Übereinstimmung mit seinem Wortlaut keine Vorlagepflicht des Vorstands – auch nicht ausnahmsweise – begründen[179].

3.) Ergebnis

Die Annahme des BGH, dass bei § 119 II AktG eine Ermessensreduktion und somit eine Vorlagepflicht des Vorstands möglich sei, lässt sich nicht nur schwer in das Kompetenzgefüge der Aktiengesellschaft eingliedern. Sie berücksichtigt auch nicht die ratio legis des § 119 II AktG. Daher ist die auf § 119 II AktG gestützte Begründung einer Vorlagepflicht „verfehlt und abzulehnen"[180]. Diese schwerwiegenden dogmatischen Einwände ließen Werner bereits 1990 vermuten, dass auch der BGH bei einer erneuten Entscheidung auf § 119 II AktG nicht mehr zurückgreifen würde[181]. Die Delisting-Entscheidung hat jedoch gezeigt, dass der BGH weiterhin an dieser Begründung festzuhalten scheint. Da der BGH sich in der Entscheidung jedoch nicht mit den Gegenargumenten der Literatur auseinander setzt und sie entkräftet, ist sein Ansatz weiterhin wenig überzeugend.

II.) Die Existenz ungeschriebener Hauptversammlungskompetenzen

Da sich also die Zuständigkeit der Hauptversammlung für die Entscheidung über das reguläre Delisting nicht aus einer Vorlagepflicht des Vorstands nach § 119 II AktG ableiten lässt, kann eine solche nur angenommen werden, wenn es neben den gesetzlich normierten noch ungeschriebene, durch Auslegung ermittelte Hauptversammlungskompetenzen gäbe.

1.) Enthält § 119 I AktG ein Analogieverbot?

Gegen die Möglichkeit ungeschriebener Hauptversammlungskompetenzen könnte der Wortlaut des § 119 I AktG sprechen, wonach die Hauptversammlung über „die im Gesetz und in der Satzung ausdrücklich bestimmten Fälle" beschließt. Dieser Passus könnte als Analogieverbot aufgefasst werden, das die Ableitung ungeschriebener Zuständigkeiten nicht zulässt[182]. Denn wenn der Gesetzgeber lediglich hätte klarstellen wollen, dass die Hauptversammlung nicht allzuständig,

---

179 *Joost*, ZHR 163 (1999), 164 (169); *Weißhaupt*, NZG 1999, 804 (807); *Werner*, ZHR 147 (1983), 429 (437 ff).

180 So *K. Schmidt*, Gesellschaftsrecht, S. 871 unter Verweis auf die Vorauflage; aA ohne nähere Begründung nur *Hüffer*, § 119 Rn 18.

181 *Werner*, AG 1990, 1 (16).

182 *Mülbert* (Fn 7) S. 396.

sondern nur in bestimmten Einzelfällen entscheidungsbefugt ist, hätte er das Wort „ausdrücklich“ nicht unbedingt verwenden müssen. Dies hätte er bereits mit einer Formulierung wie „Die Hauptversammlung beschließt in den im Gesetz und in der Satzung bestimmten Fällen“ erreicht[183]. Daher muss angenommen werden, dass der Begriff „ausdrücklich“ ganz bewusst in das Gesetz aufgenommen wurde. Ob der Gesetzgeber damit jedoch ein generelles Analogieverbot begründen wollte oder andere Ziele verfolgte, kann nur durch eine Untersuchung der Gesetzesgeschichte erforscht werden.

2.) Die Komptenzen der Generalversammlung bis zur Aktienrechtsreform 1937

Das Aktienrecht des HGB enthielt noch keine geschriebenen Bestimmungen über den Kompetenzbereich der Generalversammlung. Ihre Kompetenzen wurden daher aus ihrer Stellung innerhalb der Aktiengesellschaft abgeleitet: Die Generalversammlung wurde als das oberste Willensorgan der Aktiensgesellschaft[184], Vorstand und Aufsichtsrat wurden „als ein Stück unter ihr[185]“ stehend angesehen. Daher wurde der Generalversammlung in Anlehnung an § 32 I 1 BGB eine umfassende Allkompetenz zugesprochen, soweit Gesetz oder Satzung nicht die Zuständigkeit eines anderen Organs begründeten. Die Generalversammlung hielt also die Kompetenz-Kompetenz inne und konnte, wie durch den Wortlaut des § 250 HGB zum Ausdruck kam[186], insbesondere auch über gewöhnliche Geschäftsführungsmaßnahmen entscheiden[187].

Gelegentlich wird die Ansicht wiedergegeben, dass die Generalversammlung sogar Entscheidungsgegenstände, welche die Satzung eigentlich der Kompetenz eines anderen Organs zugewiesen habe, jederzeit wieder frei an sich ziehen konnte[188]. Diese Meinung, die als besonders krasses Beispiel für die Machtfülle der Generalversammlung aufgeführt wird[189], dürfte jedoch selbst zu Zeiten der Geltung des HGB eine Mindermeinung gewesen sein. So hat das Reichsgericht in einem derart gelagerten Fall entschieden, dass die Generalversammlung gerade nicht befugt ist, den satzungsgemäß vom Aufsichtsrat berufenen Vorstand ohne

---

183 *Hommelhoff,* Konzernleitungspflicht, S. 87 f.

184 *Goldschmidt,* § 250 / 4 mwN.

185 So *Brodmann,* § 250 / 1 aE.

186 § 250 HGB: Die Rechte, welche den Aktionären in den Angelegenheiten der Gesellschaft, insbesondere in Bezug auf die Führung der Geschäfte, zustehen, werden durch Beschlussfassung in der Generalversammlung ausgeübt.

187 *Mülbert* in GroßkommAktG, § 119 Rn 1.

188 *Hommelhoff,* Konzernleitungspflicht, S. 89.

189 So bei *Schlegelberger/Quassowski,* § 103 / 1.

vorherige Satzungsänderung mit einfacher Mehrheit abzusetzen[190]. Die grundsätzlich überragende Stellung der Generalversammlung in der Aktiengesellschaft hat das Reichsgericht aber auch in dieser Entscheidung ausdrücklich betont[191].

3.) Das Aktiengesetz von 1937

Durch das Aktiengesetz vom 30. Januar 1937[192] wurde das Kompetenzgefüge innerhalb der Aktiengesellschaft grundlegend verändert. Der neue § 103 AktG1937[193] machte aus der allzuständigen Generalversammlung nun die Hauptversammlung mit punktuell angelegten Einzelzuständigkeiten. Über Fragen der Geschäftsführung konnte sie nach § 103 II AktG1937 nur noch entscheiden, wenn der Vorstand es verlangte. Damit war die Hauptversammlung nicht mehr oberstes Organ der Aktiengesellschaft. Ihre Zuständigkeiten konnten daher fortan nicht mehr aus ihrer Stellung, die sie im Aufbau der Aktiengesellschaft einnimmt, abgeleitet werden. Sie konnten vielmehr nur noch durch Berufung auf ausdrückliche Bestimmungen in Gesetz und Satzung begründet werden[194].

Grund für diese maßgebliche Änderung der Stellung der Hauptversammlung war einerseits sicherlich das dem Ungeist der Zeit entsprechende Führerprinzip, das durch die Stärkung des Vorstands verwirklicht wurde[195]. Aber auch langjährige schlechte Erfahrungen trugen zur Entmachtung der Generalversammlung bei. Denn schon in der Weimarer Zeit wurde beklagt, dass die Generalversammlung, vor allem bei größeren Aktiengesellschaften, praktisch nicht in der Lage sei, die Aufgabe ständiger tätiger Mitverwaltung zu erfüllen[196]. Insofern diente das „ausdrücklich“ auch dazu, die Kompetenzverschiebung zum Vorstand hin nachdrücklich zu unterstreichen[197].

4.) Die Aktiengesetznovelle von 1965

Durch die Aktiengesetznovelle von 1965 wurde in § 119 I AktG der bisherige § 103 I AktG1937 wörtlich übernommen und um eine unvollständige („namentli-

---

190 RGZ 117, 203 ff; Zustimmung bei *Goldschmidt*, § 250 / 4.
191 RGZ 117, 203 (206).
192 RGBl. I, S. 107ff.
193 § 103 AktG Abs. 1: Die Hauptversammlung beschließt in den im Gesetz und in der Satzung ausdrücklich bestimmten Fällen. Abs. 2: Über Fragen der Geschäftsführung kann die Hauptversammlung nur entscheiden, wenn der Vorstand es verlangt.
194 *Schlegelberger Quassowski*, § 103 / 2.
195 Dazu näher *Kort* in GroßkommAktG, vor § 76 Rn 6 mwN.
196 Näher dazu *v. Rechenberg*, S. 25 f mwN.
197 *Hommelhoff*, Konzernleitungspflicht, S. 89.

che") Aufzählung gesetzlich zugewiesener Hauptversammlungskompetenzen erweitert. Dadurch sollte die von 1937 an geltende Rechtslage nach dem ausdrücklichen Willen des Gesetzgebers aber nicht verschärft, sondern lediglich fortgeschrieben werden[198].

5.) Folgerungen aus der Gesetzesgeschichte für ein Analogieverbot

Wie soeben dargelegt worden ist, war die bis 1937 der Generalversammlung zugesprochene Allkompetenz eine ungeschriebene, die aus der Stellung der Generalversammlung innerhalb der Aktiengesellschaft abgeleitet worden ist. Es erschien im Jahr 1937 nicht unwahrscheinlich, dass Lehre und Rechtsprechung auch nach der Einführung des neuen Aktiengesetzes diese jahrzehntelang übliche Interpretationsmethode zur Begründung von Hauptversammlungskompetenzen beibehalten hätten. Dadurch wäre das vom Gesetzgeber beabsichtigte Kompetenzgefüge innerhalb der Aktiengesellschaft aufgeweicht und die Entscheidungsbefugnisse entgegen seinem Willen wieder in Richtung Hauptversammlung verschoben worden. Vor diesem Hintergrund kann das Wort „ausdrücklich" als Aufforderung und Warnung an die Rechtsanwender verstanden werden, nicht in gewohnter Art und Weise Hauptversammlungszuständigkeiten mittelbar aus deren Stellung abzuleiten, sondern nur noch unmittelbar aus Gesetz und Satzung[199]. Hauptmotiv für die Einfügung des Begriffes „ausdrücklich" war also nicht etwa die Festschreibung eines Analogieverbotes, sondern die explizite Absage an überkommene Argumentationsmethoden.

Trotz dieser Entstehungsgeschichte könnte sich heute bei objektiver Auslegung[200] aus § 119 I AktG ein Analogieverbot ableiten lassen. Ein Grund für ein Analogieverbot könnte darin liegen, dass ungeschriebene Hauptversammlungskompetenzen Unklarheiten und Streitfragen fördern können, was weder im Hinblick auf den Schutz des anlagesuchenden Publikums in die Sicherheit der Investition noch im Hinblick auf die typische Funktion der Aktiengesellschaft als Trägerin von Großunternehmen wünschenswert wäre[201].

Ein solches Analogieverbot hätte jedoch zur Folge, dass die Frage über die Entscheidungskompetenz bei neuen Sachverhalten, die der historische Gesetzgeber naturgemäß nicht vorhersehen konnte, zu Lasten der Hauptversammlung und zu Gunsten des Vorstands beantwortet werden müsste. Für eine solche pauschale Kompetenzausweitung des Vorstands auf alle neuartigen Sachverhalte lassen sich

198 *Godin/Wilhelmi*, § 119 Anm. 1; *Mülbert*, S. 397.
199 *Schlegelberger/Quassowoski*, § 103 / 2; *Hommelhoff*, Konzernleitungspflicht, S. 90.
200 Näher zum Gegensatz Wille des Gesetzgebers – Objektive Auslegung: *Engisch*, S. 88 ff.
201 *Vollmer*, BB Beil. 4 / 1977, 4.

jedoch weder überzeugende objektive Gründe noch Hinweise in der Gesetzesgeschichte finden. Der Vorstand sollte durch das Wort „ausdrücklich“ lediglich vor Kompetenzschmälerungen geschützt werden, eine allmähliche Erweiterung der Kompetenzen war dagegen nicht vorgesehen[202]. Spätestens bei der Aktiengesetznovelle von 1965 wusste der Gesetzgeber auch, dass er unmöglich sämtliche überhaupt nur denkbaren Konfliktlagen vorausschauend lösen kann. Vielmehr kann er neuen wirtschaftlichen und rechtlichen Entwicklungen allenfalls mit einiger Verspätung „nachhinken“[203]. Denn die Aufgabe des Gesetzgebers ist nicht die einer „Gesetzes-Feuerwehr“, die auf alle neuen Rechtstatsachen hektisch mit neue Vorschriften reagiert, die sich unter Umständen schon nach kurzer Zeit als nicht ausreichend erweisen. Vom Gesetzgeber wird ein langfristiges und mit Bedacht geplantes Vorgehen erwartet. Es ist vielmehr Aufgabe von Rechtsprechung und Wissenschaft, neuartige Sachverhalte bis zum Erlass einer gesetzlichen Vorschrift auf der Grundlage des geltenden Rechts durch Rechtsfortbildung zu erfassen und (vorläufig) zu regeln.

6.) Ergebnis und Fortgang der Untersuchung

Aus § 119 I AktG kann weder eine Vorstandskompetenz für alle neuartigen Sachverhalte noch ein allgemeines Verbot von ungeschriebenen Hauptversammlungskompetenzen abgeleitet werden[204]. Vielmehr muss bei neuen rechtlichen und wirtschaftlichen Entwicklungen, wie es das reguläre Delisting durch die Einführung des § 38 IV BörsG darstellt, von einer Regelungslücke des Gesetzes ausgegangen werden. Diese kann entweder durch die Zuweisung des neuartigen Sachverhaltes in den Kompetenzbereich des Vorstands gemäß § 76 I AktG geschlossen werden oder aber durch die Annahme einer ungeschriebenen Hauptversammlungskompetenz. Im Folgenden sollen nun vier Möglichkeiten dargestellt und untersucht werden, wie eine solche Hauptversammlungskompetenz für das Delisting abgeleitet werden kann.

---

202 *Hommelhoff,* Konzernleitungspflicht, S. 88.

203 *Geßler,* FS Stimpel, S. 786

204 LG Frankfurt a. M., NZG 1998, 113 (114) mwN; *Mülbert* (Fn7) S. 397 mwN; *Geßler,* FS Stimpel, S. 786

E) Ungeschriebene Hauptversammlungskompetenzen für „Strukturentscheidungen"

Die inzwischen herrschende Meinung leitet eine ungeschriebene Hauptversammlungskompetenz für alle „Strukturentscheidungen" aus einer Gesamtanalogie zu §§ 179, 179a, 182ff, 293 II, 319 II AktG sowie §§ 125, 65 UmwG ab[205]. Zum Verständnis dieser Analogie ist ein Rückblick auf ihre von der „Holzmüller"-Entscheidung wesentlich beeinflusste Entstehungsgeschichte sinnvoll.

I.) Von der Hauptversammlung als Grundorgan des Konzerns zum ungeschriebenen § 119 I Nr. 9 AktG

1.) Lutters Konzept einer Binnenordnung des Konzerns

Bereits in den 70er Jahren entwickelte Lutter den Gedanken, dass über die gesetzlich normierten Hauptversammlungskompetenzen hinaus in Konzernsachverhalten die Entscheidungzuständigkeit ausnahmsweise bei der Hauptversammlung statt beim Vorstand liegen könne[206].

Ein Konzern besteht aus einer Mutter- und mindestens einer Tochtergesellschaft, die gemeinsam als ein Unternehmen vom Vorstand der Muttergesellschaft geleitet werden. Das Problem des Konzerns sieht Lutter nun darin, dass der Konzern von der Rechtsordnung trotz einheitlicher Leitung nicht auch als rechtliche Einheit begriffen und behandelt werde[207]. Der Konzern sei daher eine „Organisationsform eines Unternehmens, dem selbst Rechtsform und Rechtsfähigkeit fehlen, die je seinen Teilen zukommen"[208]. Ansonsten gleiche der Konzern jedoch anderen partnerschaftlichen Korporationen: Er entstehe, handle, wachse und verschwinde wie die anderen Organisationsformen, etwa eine Aktiengesellschaft oder eine GmbH. Daher müssten auch die gleichen Fragen, nämlich wer für die Gründung, Finanzierung, Leitung und Überwachung zuständig ist, gestellt werden[209]. Lutter sucht also die Organe des Konzerns, durch die er handlungsfähig wird.

---

205 *Raiser,* Kapitalgesellschaften, § 16 Rn 13; *Lutter* in FS Fleck, S. 169 (181); *Priester,* ZHR 163 (1999), 187 (195); *Weißhaupt,* NZG 1999, 804 (807) jeweils mwN.

206 *Lutter,* DB 1973 Beilage 21; *ders.* in FS Barz S. 199 ff; *ders.* in FS Westermann, S. 347 ff.

207 *Lutter* in FS Westermann, S. 347 (349).

208 *Lutter* in FS Stimpel, S. 825 (829).

209 *Lutter* in FS Stimpel, S. 825 (827).

Bei der unverbundenen Aktiengesellschaft fallen die gewöhnlichen Leitungsentscheidungen in den Bereich des Vorstands, während die Hauptversammlung für Grundentscheidungen wie Satzungsänderungen, Kapitalmaßnahmen, Gewinnfeststellung oder gar Liquidation zuständig ist. Im Konzern dagegen kann der Vorstand der Obergesellschaft nicht nur über die gewöhnlichen und alltäglichen Maßnahmen, sondern auch über alle konzernbildenden und konzernprägenden Maßnahmen wie beispielsweise die Gründung von Tochtergesellschaften allein entscheiden. Darin sieht Lutter einen Widerspruch zum allgemeinen korporationsrechtlichen Organisationsprinzip, dass zwischen Leitungsentscheidungen und Grundentscheidungen bei der Kompetenzzuweisung an bestimmte Organe zu differenzieren ist. Nach seiner Ansicht muss auch im Konzern diese kompetenzmäßige Unterscheidung berücksichtigt werden. Wie bei der unverbundenen Aktiengesellschaft müsse daher auch im Konzern ein Grundorgan für die Grundentscheidungen zuständig sein. Dieses Grundorgan des Konzerns könne jedoch nur das Grundorgan der Muttergesellschaft, also deren Hauptversammlung, sein[210].

Indem Lutter die Hauptversammlung der Muttergesellschaft als Grundorgan des Konzerns ansieht, überträgt er auf sie Zuständigkeiten, die so vom Gesetz nicht vorgesehen sind. Ungeschriebene Hauptversammlungszuständigkeiten bestehen danach insbesondere bei der Gründung und Finanzierung eines Konzerns, etwa wenn durch Ausgliederung oder Zukauf große Tochterunternehmen entstehen oder die Muttergesellschaft sich nicht an einer Kapitalerhöhung der Tochtergesellschaft beteiligen möchte und daher fremde Gesellschafter in die Tochtergesellschaft aufgenommen werden sollen[211]. Da Lutter in seinen frühen Schriften ungeschriebene Hauptversammlungszuständigkeiten nur im Konzern annimmt, kann dieser Ansatz für ein Delisting, das ja keine Frage der Konzernorganisation ist, keine Hauptversammlungskompetenzen begründen.

2.) Die Änderung der Perspektive durch die „Holzmüller"-Entscheidung

In der „Holzmüller-Entscheidung" postuliert der BGH eine Hauptversammlungszuständigkeit für die Ausgliederung wichtiger Unternehmensteile. Damit stimmt er im Ergebnis mit den Thesen Lutters überein. Seine Begründung unterscheidet sich jedoch vollkommen von Lutters Ansatz. Denn wie der BGH ausdrücklich betont, will er sich mit dessen Modell einer „konzernspezifischen Binnenordnung" nicht auseinandersetzen[212].

---

210 *Lutter* in FS Stimpel, S. 825 (833).
211 *Lutter* in FS Stimpel, S. 825 (854).
212 BGHZ 83, 122, 138.

Im Gegensatz zu Lutter argumentiert der BGH daher nicht unternehmensbezogen, sondern gesellschafts- bzw. rechtsträgerbezogen. Es geht ihm nicht um die Organisation des Konzern-Unternehmens, sondern um den Schutz der Aktionäre der Obergesellschaft vor Eingriffen in ihre mitgliedschaftlichen Rechte. Er möchte die Aktionäre bei einer Ausgliederung vor den daraus resultierenden Verlusten von Verwaltungsrechten zugunsten des Vorstands und der Gefährdung ihrer Vermögensrechte bewahren. Dazu gewährt er der Hauptversammlung ungeschriebene Kompetenzen als Kompensation für die faktische Verkürzung der Rechte der Aktionäre[213].

Der BGH ließ sich also in der „Holzmüller"-Entscheidung weniger vom Ordnungsanliegen im Konzern als vom Schutzanliegen der Aktionäre leiten. Durch diese Verlagerung des Blickwinkels in der Argumentation hat er den Weg zu weitgehenden ungeschriebenen Hauptversammlungszuständigkeiten gewiesen. Freilich dauerte es noch über 10 Jahre, bis dieser Weg von der herrschenden Meinung geebnet und asphaltiert war.

3.) Unmittelbare Reaktionen in der Literatur auf das „Holzmüller"-Urteil

In der Literatur wurde das „Holzmüller"-Urteil anfangs überwiegend ablehnend aufgenommen. Von anwaltlichen Praktikern wurde die Rechtsunsicherheit kritisiert, die sich aus dem allgemein gehaltenen Obersatz des Urteils ergebe. Es sei nicht eindeutig ersichtlich, wann im Einzelfall ein so schwerer Eingriff in die Rechte und Interessen der Aktionäre vorliege, dass für den Vorstand eine Vorlagepflicht gemäß § 119 II AktG entstehe[214]. Die Unsicherheit betreffe zum einen die Art der Maßnahme, da nach dem Leitsatz a) des Urteils die Vorlagepflicht gerade nicht nur bei Ausgliederungen entstehen soll[215], und zum anderen den Umfang der Maßnahme, weil der BGH keine Größenordnungen genannt habe, ab denen seine Grundsätze Anwendung finden müssen[216]. Mit den vom BGH entwickelten ungeschriebenen Mitwirkungsbefugnissen der Hauptversammlung könne die aktienrechtliche Praxis aufgrund deren Unbestimmtheit daher nicht leben[217].

Andere Stimmen verwiesen auf den „unverständigen Kleinaktionär"[218] und beklagten, dass schon die gesetzlich vorgesehenen Aktionärszuständigkeiten zu weit gingen, so dass sie auf keinen Fall weiter ausgebaut werden sollten[219]. Der

---

213 *Mülbert* in GroßkommAktG, § 119 Rn 31.
214 *Heinsius*, ZGR 1984, 383 (392).
215 *Heinsius*, ZGR 1984, 383 (392).
216 *Werner*, ZHR 147 (1983), 429 (434).
217 So das Fazit von *Heinsius*, ZGR 1984, 383 (399).
218 So ironisch *Mülbert*, S. 391.
219 *Beusch*, FS Stimpel, S. 1 ff.

Hauptversammlung fehle gerade in Publikumsgesellschaften der nötige Sachverstand, um über wichtige wirtschaftliche Fragen entscheiden zu können. Außerdem würden die Aktionäre angesichts ihrer im Vergleich zum Vorstand geringeren Bindung an das Unternehmensinteresse ihre Stimmrechte nicht immer mit der erforderlichen Verantwortung ausüben[220].

Die Vertreter der Wissenschaft kritisierten weniger das Ergebnis des „Holzmüller"-Urteils als die dogmatische Begründung der Hauptversammlungszuständigkeit. So stellte Lutter fest, dass der BGH durch seine mitgliedschaftsschützende Begründung unnötig erhöhten Argumentationsbedarf und zusätzliche Angriffsflächen geschaffen habe, die er bei einem Rückgriff auf seinen – Lutters – institutionellen Ansatz hätte vermeiden können. Denn der BGH müsse zusätzlich erklären, worin der Eingriff in die Mitgliedsrechte der Aktionäre bestehe[221]. Fast einhellig wurde die Annahme der sich aus einer Ermessensreduktion ergebenden Vorlagepflicht des Vorstands gemäß § 119 II AktG als undurchdacht und systemwidrig verurteilt[222].

Alle Rezensenten waren sich jedoch einig, dass die „Holzmüller"-Entscheidung ein Grundsatzurteil darstellt, dessen Bedeutung über den konkreten Fall der Ausgliederung hinaus reicht[223]. Allerdings herrschte ebenfalls Einigkeit, dass die Auswirkungen des Urteils auf Maßnahmen der Konzernbildung und Konzernveränderung beschränkt bleiben sollten und müssten. Ungeschriebene Hauptversammlungskompetenzen in unverbundenen Unternehmen wurden damals noch allgemein abgelehnt[224].

4.) Ungeschriebene Hauptversammlungskompetenzen durch Gesamtanalogie

Bereits in einer frühen Besprechung des „Holzmüller"-Urteils hat Rehbinder an der Argumentation des BGH gerügt, dass dieser nicht der Frage nachgegangen ist, ob „aus den bestehenden Kompetenzzuweisungen des AktG ein allgemeiner Rechtsgedanke zu entnehmen sei, dass Entscheidungen, die unmittelbare Auswirkungen auf die Struktur und den Wert der Beteiligung der Aktionäre haben, insbesondere die Konzernbildung selbst, in eine ungeschriebene Hauptversammlungszuständigkeit fallen"[225]. Dieser Gedanke wurde 1985 von Geßler aufgegrif-

---

220 *Mertens*, FS Goerdeler, S. 349 (359).
221 *Lutter*, FS Stimpel, S. 825 (844).
222 Siehe § 4 D) I) zu den Begründungen.
223 *Martens*, ZHR 147 (1983), 376 (421); *Werner*, ZHR 147 (1983), 429 (431 ff).
224 Siehe Diskussionsbericht von *Rellermeyer*, ZGR 1984, 412 (416); auch *Lutter*, FS Stimpel S. 825 (854).
225 *Rehbinder*, ZGR 1983, 92 (98).

fen[226], dem es damit gelang, dem Anliegen des BGH, nämlich den Aktionärsschutz durch Hauptversammlungszuständigkeiten zu verwirklichen, eine für die inzwischen herrschende Meinung akzeptable Begründung zu geben.

Geßlers Ausgangspunkt ist die Erkenntnis, dass im bestehenden Gesetz der Schutz für die wirtschaftliche und rechtliche Stellung der Aktionäre dadurch gewährleistet ist, dass für bestimmte Maßnahmen ein Beschluss der Hauptversammlung erforderlich ist. Es gibt also gewisse, gesetzlich vorgeschriebene Schutzbereiche der Aktionäre, innerhalb derer nur die Aktionäre entscheiden dürften, nicht jedoch der Vorstand. Ungeschriebene Hauptversammlungszuständigkeiten können sich daher ebenfalls nur auf Maßnahmen erstrecken, welche diese gesetzlich normierten Schutzbereiche berühren[227].

Eine Analyse der gesetzlichen Hauptversammlungskompetenzen ergibt zahlreiche verschiedene Schutzbereiche des Aktionäre[228]: Indem in der Satzung der Unternehmensgegenstand festgelegt werden muss (§ 23 III Nr. 2 AktG), können sich die Aktionäre vor einer Änderung des Charakters des Unternehmens durch den Vorstand schützen. Auch für die Wirksamkeit bestimmter Unternehmensverträge, die eine Veränderung der Organisationsstruktur des Unternehmens bewirken und so in die Rechtsverhältnisse der Gesellschaft und ihrer Gesellschafter eingreifen, wie z.B. Betriebspacht- oder Betriebsüberlassungsverträge (§§ 292, 293 AktG), ist ein Aktionärsbeschluss notwendig. Ebenso müssen die Aktionäre der Auflösung der Gesellschaft (§ 119 I Nr. 8 AktG) und nach den Regeln des Umwandlungsgesetzes auch einer Verschmelzung, Vermögensübertragung oder einem Rechtsformwechsel zustimmen. Die mitgliedschaftliche Stellung der Aktionäre ist ferner durch das Erfordernis der Hauptversammlungszustimmung zu einer Kapitalerhöhung gemäß § 182 AktG gesichert. Dies vor allem bei Kapitalerhöhungen unter Ausschluss des Bezugsrechts, was zu einer „Verwässerung" der Vermögensrechte der betroffenen Aktionäre führen kann (§ 186 AktG). Auch andere Kapitalmaßnahmen wie die Ausgabe von Wandel- und Gewinnschuldverschreibungen bedürfen eines Beschlusses der Hauptversammlung (§ 221 AktG). Schließlich wird der Gewinnanspruch der Aktionäre dadurch geschützt, dass nur sie über die Verwendung des Jahresüberschusses beschließen können (§ 58 III, IV AktG) und ihre Zustimmung zum Abschluss von (Teil)Gewinnabführungs- und Gewinngemeinschaftsverträgen erteilen müssen (§ 293 AktG).

Aus all diesen gesetzlichen Kompetenzen der Hauptversammlung leitet Gessler einen allgemeinen Grundsatz für die Zuständigkeit der Hauptversammlung für

226 *Geßler*, FS Stimpel, S. 771 ff.

227 *Geßler*, FS Stimpel, S. 771 (782).

228 Die Reihenfolge der Aufstellung folgt der Gliederung *Geßlers*, FS Stimpel, S. 771 (782) ff.

„alle mit dem wirtschaftlichen und rechtlichen Aufbau der Gesellschaft zusammenhängenden Maßnahmen“[229] ab. Die Aktionäre sind danach für alle derartigen „Strukturmaßnahmen“ zuständig, weil durch die Veränderung des wirtschaftlichen und rechtlichen Aufbaus der Gesellschaft zugleich ihre eigene wirtschaftliche und rechtliche Stellung tangiert wird. Dieser Grundsatz gelte sowohl für gesetzlich geregelte Strukturmaßnahmen als auch für nicht normierte Sachverhalte, die jedoch die Aktionäre ebenfalls in ihrer rechtlichen und wirtschaftlichen Stellung betreffen. Für diese gesetzlich nicht geregelten Strukturmaßnahmen, die wirtschaftlich oder rechtlich ganz oder teilweise eine ähnliche Wirkung wie die geregelten Strukturmaßnahmen haben, bestehen ungeschriebene Hauptversammlungszuständigkeiten[230]. Lediglich bei Bagatellmaßnahmen, die nur einen geringen Teil der Grundkapitals bzw. des Eigenkapitals berühren, kann eine Alleinzuständigkeit des Vorstands angenommen werden[231].

Indem Geßler durch eine Gesamtanalogie zu den gesetzlich normierten Hauptversammlungszuständigkeiten zum Schutz der Aktionäre ungeschriebene Kompetenzen der Hauptversammlung für „Strukturentscheidungen“ bildet, löst er sich von allen früheren konzernspezifischen Ansätzen für ungeschriebene Hauptversammlungszuständigkeiten. Da der Aktionärsschutz jedoch in allen Aktiengesellschaften verwirklicht werden muss, erscheinen mit Geßlers Begründung ungeschriebene Hauptversammlungszuständigkeiten erstmals auch in unverbundenen Gesellschaften möglich. Allerdings wurden sie zunächst für „kaum vorstellbar“ gehalten[232].

5.) Der aktuelle Meinungsstand

Im Verlauf der späten 80er und 90er Jahre hat sich Geßlers Ansatz durchgesetzt. Sowohl Rechtsprechung[233] als auch die Mehrzahl der Stimmen in der Literatur[234] gehen von einer ungeschriebenen Hauptversammlungskompetenz für „Strukturmaßnahmen“ aus, die mit einer Gesamtanalogie zu den gesetzlich normierten Hauptversammlungszuständigkeiten begründet wird. Plakativ ließe sich die herrschende Meinung derart zusammenfassen, dass § 119 I AktG um eine Nummer 9 ergänzt wird und dann in etwas so lauten würde:

---

229 *Geßler*, FS Stimpel, S.771 (786).
230 *Geßler*, FS Stimpel, S. 771 (786).
231 *Geßler*, FS Stimpel, S. 771 (787).
232 So *Hommelhoff*, ZHR 151 (1987), 493 (507).
233 LG Frankfurt/Main, NZG 1998, 113 (115).
234 *Lutter*, ZHR 151 (1987), 444 (454); *Wiedemann* in GroßkommAktG, § 179 Rn 74, 76; *Weißhaupt;* NZG 1999, 804 (807); *Joost*, ZHR 163 (1999), 164 (173); *Priester*, ZHR 163 (1999); 187, (195).

„Die Hauptversammlung beschließt in den im Gesetz und in der Satzung ausdrücklich bestimmten Fällen, namentlich über ......

> (Nr. 1 – 8)
> 9. sonstige, die Struktur der Gesellschaft betreffenden Entscheidungen, soweit sie nicht anderweit gesetzlich geregelt sind.“[235]

Der Begriff „Strukturmaßnahmen“ wird dabei sehr weit verstanden. Strukturmaßnahmen sollen nicht mehr nur solche Maßnahmen sein, durch die in Anlehnung an den Leitsatz a) der „Holzmüller“-Entscheidung in die Rechte und Interessen der Aktionäre eingegriffen wird. Vielmehr wird teilweise für alle Entscheidungen, die als *Einmal-Entscheidungen* die Verhältnisse der Gesellschaft grundlegend ändern, die Zustimmung der Hauptversammlung verlangt. Entsprechend wird beispielsweise eine Hauptversammlungszuständigkeit für den Fall angenommen, dass die Bayer AG den Rückzug aus dem Arzneimittelbereich beabsichtigen würde, ohne dass es darauf ankommen soll, ob dieser Bereich in der Satzung angesprochen ist oder ob er als unselbständiger Unternehmensbestandteil oder als Tochtergesellschaft geführt wird[236].

Als Folge dieses weiten Verständnisses von „Strukturmaßnahmen“ befindet sich das angebliche Zuständigkeitsspektrum der Hauptversammlung in einer stetigen Ausweitung[237]. Zunehmend geraten dabei auch Vorgänge in unverbundenen Gesellschaften, welche in gleicher Weise wie Konzernsachverhalte einen Eingriff in die weitest gehend verstandenen „Rechte und Interessen der Aktionäre“ bewirken können[238], ins Blickfeld. Eine Strukturentscheidung soll lediglich dann nicht in die Hauptversammlungskompetenz fallen, wenn die Maßnahme nur einen geringen Teil des Gesellschaftsvermögens berührt. Es werden dazu zwar im Schrifttum eine ganze Reihe von Schwellenwerten diskutiert (z.B. 20% bis 25% des unternehmerischen Vermögens der Obergesellschaft[239]), eine Einigung konnte bis jetzt aber noch nicht erzielt werden[240].

---

235 So *Priester,* ZHR 163 (1999); 187, (195).
236 *Lutter/Leinekugel,* ZIP 1998, 225 (230).
237 Nachweise bei *Mülbert* in GroßkommAktG, § 119 Rn 30.
238 *Lutter/Leinekugel,* ZIP 1998, 225 (230).
239 *Wollburg/Gehling,* FS Lieberknecht, S. 133 (159) mit Erläuterungen zur Berechnung des „unternehmerischen Vemögens“.
240 Vgl. Diskussionsbericht von *M. Wolf,* ZHR 163 (1999); 203 (204); *Wollburg/ Gehling,* FS Lieberknecht, S. 133 (157 f) mwN.

II.) Ungeschriebene Hauptversammlungskompetenz für das Delisting aufgrund einer Gesamtanalogie

Unter den Anhängern von ungeschriebenen Hauptversammlungskompetenzen aufgrund einer Gesamtanalogie zu den gesetzlich normierten Zuständigkeiten ist umstritten, ob die Entscheidung über das vollständige Delisting eine zustimmungsbedürftige Strukturmaßnahme ist, die in die Rechte und Interessen der Aktionäre eingreift. Nachfolgend werden zunächst die Argumentationsweisen der Befürworter dargestellt, bevor die Gegenansichten besprochen werden.

1.) Delisting als Strukturmaßnahme

Auf verschiedene Art und Weise wird begründet, dass das Delisting eine Strukturmaßnahme sei, die in die Rechte und Interessen der Aktionäre eingreife.

a) Die Argumentation Lutters

Obwohl Lutter ursprünglich einen konzernrechtlichen Ansatz zur Begründung von ungeschriebenen Hauptversammlungszuständigkeiten verfolgte, vertritt er inzwischen ebenfalls die Ansicht, dass sich derartige Zuständigkeiten für „Strukturentscheidungen" durch eine Gesamtanalogie zu den gesetzlich geregelten Kompetenzen begründen lassen[241].

Lutter ist der Ansicht, dass sich der „Charakter" einer börsennotierten Gesellschaft von einer nicht (mehr) börsennotierten Gesellschaft wesentlich unterscheide[242]. Eine nicht börsennotierte Gesellschaft habe in der Regel einen eher geschlossenen, auf den oder die Mehrheitsgesellschafter bezogenen Charakter, der durch die Öffnung zum Kapitalmarkt aufgegeben werde. Darüber hinaus weise die Rechtslage für eine börsennotierte Gesellschaft „erhebliche"[243] Unterschiede zu der für nicht börsennotierte Gesellschaften auf. Insbesondere müsse die börsennotierte Gesellschaft höhere Publizitätsanforderungen erfüllen und komme nicht in den Genuss der Erleichterungen, die das Aktiengesetz für die nicht börsennotierte Gesellschaft vorsehe.

Aufgrund dieser Veränderungen der rechtlichen und tatsächlichen Rahmenbedingungen für die Gesellschaft durch die Börsennotiz sieht Lutter sowohl den Börsengang als auch das Delisting als Maßnahmen an, durch welche die Struktur der Aktiengesellschaft grundlegend verändert werde. Daher sei für beide Ent-

---

241 *Lutter,* FS Zöllner, S. 363 (378).
242 *Lutter/Drygala,* FS Raisch, S. 239 (240); *Lutter,* FS Zöllner, S. 363 (378).
243 *Lutter/Drygala,* FS Raisch, S. 239 (241).

scheidungen die Zustimmung der Hauptversammlung erforderlich[244]. Auf die Frage, ob durch den Strukturwechsel auch konkrete Mitgliedsrechte oder Interessen der Aktionäre berührt werden, geht Lutter nicht ein.

b) Der Ansatz von Kleppe

Auch Kleppe untersucht ausführlich die rechtlichen Unterschiede zwischen einer börsennotierten Gesellschaft und einer Gesellschaft ohne Börsennotiz[245]. Er stellt fest, dass zwar zahlreiche Vorschriften des Aktiengesetzes an die Börsennotiz anknüpfen, das Grundgerüst der Vermögens-, Aufgaben-, und Kompetenzordnung der Gesellschaft jedoch stets gleich bleibe. Daher bewertet er die aktienrechtlichen Unterschiede als nicht ausreichend, um durch ein Delisting eine Strukturveränderung annehmen zu können[246].

Sodann stellt Kleppe fest, dass durch das Delisting die Mitverwaltungsrechte der Aktionäre und auch ihre Vermögensansprüche gegen die Gesellschaft nicht verändert werden. Durch das Delisting ändere sich zwar die äußere Bewertung der Aktie, nicht jedoch ihr innerer Wert[247]. Die Mitgliedsrechte der Aktionäre seien daher durch ein Delisting nicht betroffen.

Allerdings habe der Wegfall der Börsennotiz erhebliche tatsächliche Auswirkungen auf die Art und Weise der Beteiligung der Aktionäre. Zum einen entfalle die Möglichkeit, die Aktien leicht an der Börse zu veräußern. Allein diese eingeschränkte Veräußerungsmöglichkeit der Anteile rechtfertige bereits einen Hauptversammlungsbeschluss[248].

Das Hauptproblem sieht Kleppe jedoch darin, dass die verbleibenden Kleinaktionäre verstärkt dem Willen und den Interessen des Mehrheitsaktionärs, der das Delisting betrieben hat, ausgeliefert seien. So entfalle mit dem Delisting die Börse als Kontrollinstanz der Unternehmenspolitik. Denn einerseits müsse die Gesellschaft nun keine kapitalmarktrechtlichen Publizitätspflichten mehr erfüllen. Außerdem werde die Gesellschaft nicht mehr von Bankanalysten oder Börsenbriefen beobachtet und bewertet[249]. Abseits der Öffentlichkeit könne der Mehrheitsaktionär dann aber seine Interessen zum Nachteil der Kleinaktionäre durchsetzten. Beispielsweise sei es denkbar, dass er eine Dividendenpolitik betreibe,

---

244 *Lutter/Drygala,* FS Raisch, S. 239 (241); *Lutter,* FS Zöllner, S. 363 (380).
245 *Kleppe,* S. 108-110.
246 *Kleppe,* S. 110.
247 *Kleppe,* S. 111.
248 *Kleppe,* S. 112.
249 *Kleppe,* S. 115 f.

die durch Thesaurierung des Gewinns den Kleinaktionären nicht einmal mehr eine regelmäßige Dividenden-Ausschüttung gewährleiste[250].

Kleppe sieht also im Delisting keine Veränderung des Charakters der Gesellschaft, sondern vielmehr eine Veränderung des Charakters der Beteiligung der einzelnen Aktionäre aufgrund der erschwerten Veräußerungsmöglichkeiten, des Wegfalls von Informationsmöglichkeiten[251] und dem verstärkten faktischen Einfluss des Mehrheitsaktionärs. Diese Veränderungen sollen aus Gründen des Minderheitenschutzes eine aktienrechtlich relevante „Strukturveränderung" darstellen und eine aus einer Gesamtanalogie abgeleitete[252] Hauptversammlungskompetenz für die Entscheidung über das Delisting rechtfertigen[253].

c) Die Begründung von de Vries

Während Kleppe eine Hauptversammlungskompetenz aufgrund der strukturellen Veränderungen, die das Delisting auf der Ebene der Beteiligung der Aktionäre bewirkt, bejaht, untersucht de Vries, der ebenfalls die Gesamtanalogie-Lösung befürwortet[254], ob durch den Wegfall der Börsennotiz in die „Mitgliedsrechte der Aktionäre und ihre im Anteilseigentum verkörperten Vermögensinteressen" eingegriffen wird.

Zunächst betont de Vries jedoch, dass durch ein Delisting die Struktur der Gesellschaft nicht verändert werde[255]. Dabei sieht er nicht nur keine Veränderungen innerhalb der Gesellschaft, sondern – im Gegensatz zu Kleppe – auch keine Veränderungen in dem Charakter der Beteiligung der Kleinaktionäre. De Vries erkennt zwar, dass der Rückzug von der Börse zum Wegfall der kapitalmarktrechtlichen Publizitätspflichten führt, hält aber diesen Umstand ohne nähere Begründung nicht für strukturverändernd[256].

Sodann untersucht de Vries, welche Auswirkungen ein Delisting auf die Rechte und Interessen der Aktionäre hat. Übereinstimmend mit Kleppe stellt er fest, dass die Mitgliedsrechte der Aktionäre nicht berührt werden[257]. Allerdings sieht er durch das Delisting die Vermögensinteressen der Aktionäre berührt. Un-

250 *Kleppe,* S. 113.
251 Nicht jedoch von Informationsrechten, da die kapitalmarktrechlichen Vorschriften auch nach Ansicht von Kleppe den Aktionären keine individuellen Rechte gewähren (vgl. *Kleppe,* S. 128).
252 *Kleppe,* S. 103 f.
253 *Kleppe,* S. 121.
254 *de Vries,* S. 88 f.
255 *de Vries,* S. 92-98.
256 *de Vries,* S. 97 f.
257 *de Vries,* S. 98.

ter den zu beachtenden Vermögensinteressen der Aktionäre versteht de Vries nicht nur ihre Ansprüche gegen die Gesellschaft, sondern auch ihre allgemeinen Anlage- und Renditeinteressen. Besonders die Renditeinteressen würden durch das Delisting berührt. Denn der mögliche Verkaufspreis der Aktien sinke aufgrund der erschwerten Fungibilität erheblich. Auch diese Interessen der Aktionäre an einer hohen Bewertung ihrer Aktien aufgrund deren leichten Verkaufsmöglichkeit seien aktienrechtlich geschützte Positionen. Daher stelle das Delisting einen Eingriff in die Vermögensinteressen der Aktionäre und somit eine „Strukturmaßnahme" dar. Die Entscheidungskompetenz über das Delisting liege daher bei der Hauptversammlung[258].

d) Weitere zustimmende Meinungen in Literatur und Rechtsprechung

Die These Lutters, dass eine börsennotierte Gesellschaft und eine nicht börsennotierte Gesellschaft wesentliche rechtliche Unterschiede aufweisen, wird – soweit ersichtlich – in Literatur und Rechtsprechung nicht weiter vertreten. Statt dessen lassen sich die Ansichten, die eine ungeschriebene Hauptversammlungskompetenz für das Delisting aufgrund einer Gesamtanalogie bejahen, zumeist entweder dem Argumentationsmuster von Kleppe oder dem von de Vries zuordnen. Es wird also entweder einer Strukturveränderung der Beteiligung auf Ebene der Aktionäre oder aber ein Eingriff in die Interessen der Aktionäre aufgrund der geringeren Bewertung der Aktien wegen des Wegfalls der Börsennotiz festgestellt. Dies soll jeweils ausreichen, um eine aktienrechtlich relevante Strukturveränderung, die in die Rechte und Interessen der Aktionäre eingreift, bejahen zu können.

Strukturbezogenen Argumentationen finden sich etwa bei Kleindiek[259] oder Land/Hasselbach[260]. Wie Kleppe betonen diese Autoren[261], dass sich durch das Delisting der Charakter der Beteiligung der Kleinaktionäre verändern würde. Es handle sich um eine faktische, keine rechtliche Strukturveränderung. Denn sie beruhe nicht auf den rechtlichen Unterschieden zwischen börsennotierten und nicht börsennotierten Gesellschaften[262], sondern vielmehr auf der Einschränkung der Handelsmöglichkeiten der Anteile sowie dem Wegfall der an die Börsennotiz gekoppelten Informations- und Kontrollmechanismen[263].

---

258 *de Vries*, S. 103.

259 In FS Bezzenberger, S. 653 (655ff).

260 DB 2000, 557 (558).

261 Zu denen auch noch *Weinheimer/Fritzsche* in Handbuch Going Private, S. 257 f zu zählen sind.

262 Worauf *Kleindiek* in FS Bezzenberger, S. 653 (658-662) ausführlich eingeht.

263 *Kleindiek* in FS Bezzenberger, S. 653 (656); *Land/Hasselbach*, DB 2000, 557 (558),

Andere Autoren begründen die Entscheidungskompetenz der Hauptversammlung mit dem Eingriff in die Vermögensinteressen der Aktionäre, der mit dem Delisting verbunden sei[264]. Ebenso wie de Vries verkennen diese Autoren nicht, dass die vermögensrechtlichen Ansprüche der Aktionäre gegen die Gesellschaft durch das Delisting nicht berührt werden. Allerdings sehen diese Autoren Einbußen im Vermögen der Aktionäre, die aufgrund der geringeren Bewertung der Aktien entstehen, ebenfalls als aktienrechtlich geschützte Interessen an.

Vereinzelt werden auch beide Argumentationslinien in kombinierter Weise zur Begründung einer Hauptversammlungskompetenz herangezogen[265]. In der untergerichtlichen Rechtsprechung werden ebenfalls beide Argumentationsmuster verwandt. So sieht das LG München im Delisting zwar keinen Strukturwechsel, weil der gesellschaftsrechtliche Rahmen gleich bleibe und die Mitgliedschaftsrechte unverändert fortbestünden. Allerdings sei das Delisting bei der gebotenen wirtschaftlichen Betrachtung eine Strukturmaßnahme von herausragender Bedeutung für die Gesellschaft[266]. Offensichtlich unterscheidet das LG – wie Kleppe – zwischen rechtlichen Strukturveränderungen innerhalb der Gesellschaft und faktischen Strukturveränderungen auf der Ebene der Aktionäre. Das OLG München verfolgt dagegen den interessenbezogenen Ansatz und bejaht einen Eingriff in die „wirtschaftlichen und vermögensrechtlichen Interessen der Minderheit“[267].

2.) Delisting ist keine Strukturmaßnahme

Im Schrifttum finden sich auch zahlreiche Stimmen, die in einem Delisting keine zustimmungspflichtige Strukturmaßnahme, die in die Rechte und Interessen der Aktionäre eingreift, sehen[268]. Diese Autoren gehen von einem anderen Begriff der „Strukturmaßnahme“ aus und kommen daher zu einem anderen Ergebnis.

Zunächst stimmt der Befund der ablehnenden Autoren mit der Analyse der Befürworter des Delistings als Strukturmaßnahme überein. Sie betonen, dass durch das Delisting weder die innere Struktur der Gesellschaft verändert noch die Verwaltungs- und Vermögensrechte der Aktionäre beschnitten werden. Ebenso erkennen sie, dass durch das Delisting vor allem die Interessen der Aktionäre an

---

264 Z.B. *Schwark/Geiser*, ZHR 161 (1997), 739 (762); *Pluskat*, WM 2002, 833 (834).
265 So etwa *Schanz*, Börseneinführung, § 17 Rn 113.
266 LG München, DB 1999, 2458 (2459).
267 ZIP 2001, 700 (703).
268 *Bungert*, BB 2000, 53 (55); *Martinius/Schiffer*, DB 1999, 2460 (2461); *dies.*, DB 2001, 750; *Wirth/Arnold*, ZIP 2000, 111 (114); *Groß*, ZHR 165 (2001), 141 (163); *ders.*, Kapitalmarktrecht, §§ 42, 43 BörsG Rn 21; *Mülbert*, ZHR 165 (2001), 104 (129ff); *Lenenbach*, Kapitalmarkt- und Börsenrecht, 7.137.

der wirtschaftlichen Verkehrsfähigkeit ihrer Aktien[269] sowie ihre Informationsmöglichkeiten über die Entwicklung des Unternehmens aufgrund des Wegfalls der kapitalmarktrechtlichen Publizitätsvorschriften beeinträchtigt werden.

Diese Umstände sollen jedoch nicht für eine ungeschriebene Hauptversammlungskompetenz ausreichen. Eine solche soll nämlich nur dann gegeben sein, wenn entweder die aktienrechtlich gewährleisteten Mitgliedsrechte der Aktionäre berührt würden oder die innere Struktur der Gesellschaft wesentlich verändert werde. Beides sei bei einem Delisting offensichtlich nicht der Fall. Die wirtschaftlichen und informationsbezogenen Interessen der Aktionäre sollen demgegenüber ohne aktienrechtliche Relevanz sein. Denn das Gesellschaftsrecht diene nur der verbandsrechtlichen Organisation der Gesellschaft. Die Anlegerinteressen würden dagegen ausreichend und ausschließlich durch das Kapitalmarktrecht, insbesondere durch das börsenrechtliche Marktentlassungsverfahren berücksichtigt[270]. Daher sei eine ungeschriebene Kompetenz der Hauptversammlung für die Entscheidung über ein Delisting mangels Vorliegens der Tatbestandsvoraussetzungen einer Strukturentscheidung abzulehnen.

III.) Stellungnahme

Am Beispiel des Delistings wird besonders anschaulich erkennbar, warum die Ableitung einer ungeschriebenen Hauptversammlungskompetenz durch Bildung einer Gesamtanalogie zu geschriebenen Hauptversammlungszuständigkeiten weder vom Ergebnis noch von der Methode überzeugen kann.

1.) Der undefinierte Begriff der „Strukturmaßnahme“

Auch die Befürworter der Gesamtanalogie räumen ein, dass der durch die Gesamtanalogie gewonne Rechtssatz einer Hauptversammlungskompetenz für „alle Strukturmaßnahmen, die in die Rechte und Interessen der Aktionäre eingreifen“, unscharf ist. Es müssten daher für die Abgrenzung von Strukturmaßnahmen, die der Zustimmung der Hauptversammlung bedürfen, zu sonstigen Geschäftsführungsmaßnahmen, für die der Vorstand alleine kompetent ist, brauchbare Kriterien entwickelt werden[271].

---

269 *Wirth/Arnold,* ZIP 2000, 111 (115).

270 So insbesondere *Mülbert,* ZHR 165 (2001), 104 (129ff); *Wirth/Arnold,* ZIP 2000, 111 (115).

271 *Priester,* ZHR 163 (1999), 187 (195).

Eine solche Definition von „Strukturmaßnahmen“ ist bis heute jedoch noch nicht gelungen und es erscheint fraglich, ob sie jemals gelingen wird[272]. Der Begriff der „Strukturmaßnahme“ ist nach wie vor ohne feste Konturen.

Tatsächlich bemühen sich auch weder die Befürworter noch die Gegner bei der Subsumtion des Delistings unter den Begriff „Strukturmaßnahme“ um die Bildung eines subsumtionsfähigen Obersatzes. Es wird keine Definition des Begriffs „Strukturmaßnahme“ gegeben. Welche Merkmale nach Ansicht der verschiedenen Autoren eine zustimmungspflichtige Strukturmaßnahme aufweisen muss, kann daher nur mittelbar aus deren Antwort auf die Frage, ob das Delisting eine solche Strukturmaßnahme ist, abgeleitet werden.

Dabei zeigt sich zunächst, dass der Zusatz, dass die Maßnahme in die „Rechte und Interessen der Aktionäre eingreifen muss“, nicht etwa als einschränkendes Kriterium verstanden wird. Wie oben dargestellt worden ist, lag in der „Holzmüller-Entscheidung“ sowohl eine Veränderung der inneren Struktur, also des rechtlichen und organisatorischen Aufbaus des Unternehmens vor, als auch ein Eingriff in die Verwaltungs- und Vermögensrechte der Aktionäre. Entsprechend wurde in der Urteilsbegründung durch einen Relativsatz angezeigt, dass sowohl eine Strukturveränderung als auch ein Eingriff in Aktionärsrechte zur Begründung einer Hauptversammlungskompetenz vorliegen müssen. Bei der Diskussion, ob das Delisting eine Strukturmaßnahme ist, wird jedoch entweder auf die Strukturveränderung oder auf den Eingriff in Aktionärsrechte abgestellt. Sowohl von den Befürwortern als auch den Gegnern wird in grammatikalischem Widerspruch zur „Holzmüller“-Formulierung eine zustimmungspflichtige Maßnahme dann angenommen, wenn sie entweder die Struktur der Gesellschaft verändert *oder* in die Interessen und Rechte der Aktionäre eingreift[273].

Große Unklarheit besteht jedoch, wann nun eine Strukturveränderung vorliegen soll. Es wird deutlich, dass stillschweigend von engen und weiten Strukturmaßnahmen-Begriffen ausgegangen wird. Während der enge Strukturmaßnahmen-Begriff sich auf die rechtliche und organisatorische Struktur des Unternehmens und der Gesellschaft beschränkt, umfasst der weite Strukturmaßnahmen-Begriff offenbar auch die wirtschaftliche und tatsächliche Struktur der Beteiligung der Aktionäre. Kleppe etwa verwendet den weiten Strukturmaßnahmen-Begriff, wenn er die erschwerten Veräußerungsmöglichkeiten, den Wegfall der Publizitätsvorschriften und den verstärkten faktischen Einfluss des Mehrheitsaktionärs als Merkmale einer zustimmungspflichtigen Strukturmaßnahme ansieht. Das unterschiedliche Verständnis von einer „Strukturmaßnahme“ wird jedoch

---

272 So die pessimistische Prognose von *Joost*, ZHR 163 (1999), 164 (175).

273 Vgl. oben die verschiedenen Argumentationsweisen von *Lutter*, *Kleppe* und *de Vries*.

nicht erkannt und daher sprachlich auch nicht deutlich gemacht. Daher wird auch nicht gesehen, dass das LG München inhaltlich zwei verschiedene Strukturbegriffe verwendet, wenn es davon spricht, dass das Delisting bei gebotener wirtschaftlicher Betrachtung eine „Strukturmaßnahme" sei, zugleich jedoch betont, dass rechtlich kein „Struktureingriff" vorliegt[274].

Ebenso lassen sich für den Begriff „Eingriff in die Rechte und Interessen der Aktionäre" enge und weite Auslegungen feststellen. Während die enge Auslegung nur die aktienrechlichen Mitgliedsrechte geschützt sieht, sind nach der weiten Auslegung alle Maßnahmen, die irgendwelche Interessen der Aktionäre, insbesondere die Rendite- und Anlageinteressen, berühren können, zustimmungspflichtig. Eine Begründung, warum nicht nur die Rechte der Aktionäre, sondern auch ihre sonstigen Interessen aktienrechtlich relevant sind, wird jedoch nicht gegeben.

Die Analyse der Meinungen zum Delisting zeigt also, dass es keine Übereinstimmung darüber gibt, welche Merkmale eine zustimmungspflichtige Maßnahme haben muss. Dieser Dissens wird zu einem gewissen Grad dadurch verschleiert, dass sämtliche Autoren und die Rechtsprechung die gleichen Begriffe verwenden, sie jedoch mit unterschiedlichen Bedeutungen versehen. Es hat sich auch gezeigt, dass die Tendenz dahin geht, sowohl den Begriff „Strukturveränderung" als auch den Begriff des „Eingriffs in die Aktionärsrechte" ausweitend auszulegen.

Wenn jedoch Eingriffe in sämtliche Interessen der Aktionäre zustimmungspflichtige Strukturmaßnahmen sein können, wird die Unterscheidung von Strukturmaßnahmen zu sonstigen Geschäftsführungsmaßnahmen völlig unklar und konturlos. Denn die Interessen der Aktionäre sind vielfältig. Sie können sich auf wirtschaftliche Faktoren der Gesellschaft, auf die davon unter Umständen unabhängige Entwicklung des Aktienkurses, ja sogar auf ethische Gesichtspunkte („Keine Geschäfte mit Diktatoren!") erstrecken. Letztlich können durch jede Geschäftsführungsmaßnahme von einigem Gewicht Interessen der Aktionäre berührt werden[275].

Auch eine Wesentlichkeitsschwelle für Strukturmaßnahmen, die erst überschritten sein soll, wenn durch die Maßnahme ein nennenswerter Teil des Gesellschaftsvermögens berührt wird[276], scheint als Abgrenzungsmerkmal von Strukturmaßnahmen zu Geschäftsführungsmaßnahmen nicht tauglich zu sein. Zwar herrscht grundsätzlich Einigkeit, dass es eine solche Schwelle geben muss, um

---

274 *Wirth/Arnold,* ZIP 2000, 111 (113) und *Hellwig/Bormann,* ZGR 2002, 565 (482) halten daher die Aussagen des LG München für widersprüchlich.

275 Ähnlich *Joost,* ZHR 163 (1999), 164 (174).

276 Siehe oben sowie *Lutter,* FS Stimpel, S. 825 (850).

eine Zuständigkeit der Hauptversammlung für Bagatellfälle zu vermeiden. Bei der Subsumtion des Delistings als Strukturmaßnahme zeigt sich jedoch, dass Fälle denkbar sind, in denen das Gesellschaftsvermögen nicht wesentlich berührt wird und trotzdem eine Strukturmaßnahme vorliegen könnte. Entsprechend wird auf die Wesentlichkeitsschwelle in der Diskussion des Delistings als Strukturmaßnahme überwiegend nicht eingegangen. Sofern sie jedoch erörtert wird, wird sie mit dem Hinweis auf den durch ungeschriebene Hauptversammlungskompetenzen zu verwirklichenden Aktionärsschutz dahingehend ausgeweitet, dass auch Vermögenseinbußen der Aktionäre bei der Beachtung der Wesentlichkeitsschwelle zu berücksichtigen sein sollen[277].

Indem die herrschende Meinung eine ungeschriebene Hauptversammlungskompetenz für alle „Strukturmaßnahmen, die in die Rechte und Interessen der Aktionäre eingreifen", annimmt und sich nicht um eine einschränkende Definition dieses vagen und abstrakten Obersatzes bemüht, kann somit die Zuständigkeit der Hauptversammlung fast beliebig erweitert werden[278]. Diese Erweiterung geschieht zwar zur Stärkung des Aktionärs- und Anlegerschutzes, der vom BGH in der „Holzmüller"-Entscheidung als Kriterium in die Diskussion um ungeschriebene Hauptversammlungszuständigkeiten eingeführt worden ist. Solange jedoch Versuche einer Konkretisierung scheitern oder erst gar nicht unternommen werden, führt der Rückgriff auf den Begriff „Strukturmaßnahme" allerdings zu einer so großen und nicht auflösbaren Rechtsunsicherheit in der praktischen Anwendung[279], dass schon aus diesem Grund die Gesamtanalogie abzulehnen ist.

2.) Methodische Schwächen der Gesamtanalogie

Auch dogmatisch ist die Begründung von ungeschriebenen Hauptversammlungskompetenzen durch Gesamtanalogie nicht mit dem Aktienrecht vereinbar. Zum einen liegen bereits die Voraussetzungen für die Bildung einer Gesamtanalogie gar nicht vor. Außerdem lassen sich die von der herrschenden Meinung angenommenen Rechtsfolgen nicht schlüssig durch eine Gesamtanalogie begründen.

a) Die Gesamtanalogie im Konzept der aktienrechtlichen Kompetenzverteilung

Bei einer Gesamtanalogie wird mehreren gesetzlichen Bestimmungen, die an verschiedene Tatbestände die gleiche Rechtsfolge anknüpfen, ein „allgemeiner Rechtssatz" entnommen, der auf einen im Gesetz nicht geregelten Tatbestand

277 *Schwark/Geiser*, ZHR 161 (1997), 739 (761).
278 Nachweise bei *Mülbert* in GroßkommAktG, § 119 Rn 30.
279 *Altmeppen*, DB 1998, 49 (51).

wertungsmäßig ebenso zutrifft wie auf die geregelten Tatbestände[280]. Die aus einer Mehrzahl einzelner Rechtsvorschriften entwickelten allgemeinen Prinzipien werden also auf Fälle angewandt, die unter keine der Gesetzesvorschriften fallen. Dabei ist jedoch stets sorgfältig zu prüfen, ob nicht andere Gesetzesbestimmungen der Annahme eines solchen allgemeinen Rechtssatzes entgegenstehen, oder ob, wenn schon ein allgemeiner Rechtsgrundsatz bejaht werden kann, sein Anwendungsbereich nicht durch gegenläufige Wertungen und Rechtsprinzipien des Gesetzgebers beschränkt wird [281].

Wie bereits dargelegt wurde, sieht die herrschende Meinung als Gemeinsamkeit der gesetzlich geregelten Hauptversammlungskompetenzen, dass sie „Struktur- oder Grundlagenentscheidungen" betreffen. Daraus wird dann gefolgert, dass alle Strukturentscheidungen, die in die Rechte und Interessen der Aktionäre eingreifen, der Zustimmung der Hauptversammlung bedürfen. Damit wird die Hauptversammlung jedoch nicht nur für die gesetzlich vorgesehenen Fälle, sondern auch in allen nicht gesetzlich geregelten Fällen mit schwerwiegendem Bezug zu den Interessen der Aktionären zuständig[282]. Faktisch wird dadurch der Hauptversammlung wieder wie zu Zeiten des HGB der Generalversammlung die Stellung als Grundorgan der Gesellschaft zugebilligt.

Allerdings wurde bereits erläutert[283], dass sich der Gesetzgeber durch die enumerative Aufzählung der Hauptversammlungszuständigkeiten bewusst gegen die frühere Generalversammlung mit ihrer Allkompetenz entschieden hat. Die Hauptversammlung sollte gerade nicht die Stellung eines Grundorgans der Aktiengesellschaft einnehmen[284]. Entsprechend hat die Hauptversammlung zwar in vielen bedeutenden Angelegenheiten eine Entscheidungskompetenz, es gibt jedoch auch andere grundlegend wichtige Bereiche, für die sie ausdrücklich nicht zuständig ist, wie beispielsweise die Bestellung und Überwachung des Vorstands (§§ 76, 84, 111 AktG)[285]. Zwar ist es daher durchaus möglich, die gesetzlich geregelten Kompetenzen unter dem Stichwort „Strukturmaßnahmen" zusammen zu fassen. Es widerspricht jedoch dem sich in § 119 I AktG manifestierenden Willen des Gesetzgebers, aus diesem Begriff – und damit mittelbar aus der Stellung der Hauptversammlung innerhalb der Gesellschaft – Schlüsse für ungeschriebene Hauptversammlungskompetenzen zu ziehen. Ein solches Vorgehen sollte mit der Wendung „ausdrücklich" ausgeschlossen werden[286].

---

280 So *Larenz*, Methodenlehre der Rechtswissenschaft, 3. Aufl., S. 384.
281 *Larenz*, S. 385.
282 *Joost*, ZHR 163 (1999), 164 (174).
283 Siehe C) II).
284 *Joost*, ZHR 163 (1999), 164 (175).
285 *Joost*, ZHR 163 (1999), 164 (175).
286 *Hommelhoff*, S. 90.

Vor diesem Hintergrund der Entstehungsgeschichte und des Wortlauts von § 119 I AktG können ungeschriebene Hauptversammlungskompetenzen für bestimmte Maßnahmen also nicht aus allgemeinen Grundsätzen über die Zuständigkeit der Hauptversammlung für Grundsatz- oder Strukturmaßnahmen abgeleitet werden. Dem Prinzip der punktuellen Einzelzuständigkeiten der Hauptversammlung kann vielmehr nur entsprochen werden, wenn ungeschriebene Hauptversammlungskompetenzen durch extensive Auslegung oder Bildung von Einzelanalogien zu gesetzlich normierten Kompetenzen gewonnen werden[287].

b) Die Vertretungsmacht des Vorstands bei fehlenden Hauptversammlungsbeschlüssen

Wenn die Hauptversammlung für alle „Strukturmaßnahmen" entscheidungsbefugt sein soll, so stellt sich die Frage, welche Konsequenzen es hat, wenn der Vorstand eine zustimmungspflichtige Maßnahme ohne einen entsprechenden Beschluss durchführt. Nach ganz herrschender Meinung soll dann der Grundsatz der unbeschränkten und unbeschränkbaren Vertretungsmacht des Vorstands (§ 82 I AktG) Anwendung finden[288]. Missachtet der Vorstand also die an sich gebotene, ungeschriebene Zuständigkeit der Hauptversammlung, so soll dies die Wirksamkeit der von ihm ohne Zustimmung der Hauptversammlung vorgenommenen Rechtsgeschäfte unberührt lassen. Den Aktionären soll jedoch ein Abwehr- und Beseitigungsanspruch auf Rückabwicklung der Maßnahmen gegen die Gesellschaft zustehen[289].

Diese Grundsätze werden auch auf das Delisting angewandt. Danach ist ein Antrag des Vorstands auf Widerruf der Zulassung zum amtlichen Markt gemäß § 38 IV BörsG unabhängig davon wirksam, ob die Hauptversammlung diesem Widerruf zugestimmt hat oder nicht[290].

Die fehlende Außenwirkung eines Beschlusses der Hauptversammlung wird zumeist mit einem Hinweis auf die „Holzmüller"-Entscheidung begründet. Dort[291] wurde festgestellt, dass die Verletzung der internen Vorlagepflicht die Wirksamkeit der Maßnahmen nach außen hin nicht beeinträchtigt. Diese Argumentation war aus der Sicht des BGH, der die Vorlagepflicht aus § 119 II AktG ableitet, schlüssig. Denn der Wortlaut des § 119 II AktG enthält keinen Hinweis

---

287 *Hommelhoff*, ZHR 151 (1987), 493 (507).

288 *Hüffer*, § 119 Rn 16; *Habersack* in Konzernrecht, vor § 311 Rn 27; *Geßler*, FS Stimpel, 771 (788); *Dietz*, S. 374 mwN.

289 *Habersack* in Konzernrecht, vor § 311 Rn 27 mwN.

290 So explizit *de Vries*, S. 83; ebenso *Groß*, Kapitalmarktrecht, §§ 42, 42 BörsG, Rn 21 mwN.

291 BGHZ 83, 123 (132).

darauf, dass die Vertretungsmacht des Vorstands von einem zustimmenden Beschluss der Hauptversammlung abhängt und andernfalls beschränkt wäre. Die Vertretungsmacht des Vorstands könnte nach § 82 I AktG jedoch nur durch eine solche Regelung im Gesetz eingeschränkt werden[292]. Es ist aber sinnvoll, dass eine derartige Regelung in § 119 II AktG fehlt. Denn das Herbeiführen eines Beschlusses nach dieser Vorschrift liegt allein im Ermessen des Vorstands. Da somit grundsätzlich keine Pflicht besteht, die Hauptversammlung über bestimmte Geschäftsführungsmaßnahmen entscheiden zu lassen, kann ein unterlassener Beschluss auch keine rechtlichen Folgen im Verhältnis zu insoweit schützenswerten Dritten haben.

Auf diese Argumentationsweise kann nicht zurückgegriffen werden, wenn ungeschriebene Hauptversammlungskompetenzen nicht über eine Ermessensreduktion des § 119 II AktG, sondern durch eine Gesamtanalogie zu den gesetzlich normierten Zuständigkeiten abgeleitet werden. Bei der Bildung einer Gesamtanalogie wird den betrachteten Vorschriften ein gemeinsamer, allgemeiner Rechtsgrundsatz entnommen, der dann auf den im Gesetz nicht geregelten Tatbestand angewandt wird[293]. Eine fehlende Außenwirkung könnte daher nur dann angenommen werden, wenn auch die Vorschriften, die die Grundlage für die Gesamtanalogie bilden, bei fehlendem Hauptversammlungsbeschluss keine Einschränkungen der Vertretungsmacht des Vorstands vorsehen. Dies ist jedoch nur teilweise der Fall.

So muss die Hauptversammlung nach § 221 I AktG der Ausgabe von Wandel- und Gewinnschuldverschreibungen als Maßnahmen der Kapitalbeschaffung (§ 119 I Nr. 6 AktG) zustimmen. Sofern der Vorstand jedoch derartige Finanzierungsinstrumente ohne einen Hauptversammlungsbeschluss ausgibt, berührt dies die Wirksamkeit der entsprechenden Verträge mit den jeweiligen Anlegern nicht. Sie sind gültig und verpflichten die Gesellschaft. Denn nach ganz herrschender Meinung betrifft § 221 I AktG nur das Innenverhältnis und beschränkt daher nur die Geschäftsführungsbefugnis des Vorstands, nicht jedoch seine Vertretungsmacht[294].

Während der fehlende Beschluss über die Ausgabe von Wandel- und Gewinnschuldverschreibungen also gar keine Außenwirkung entfaltet, beeinflusst ein fehlender Beschluss über eine Kapitalerhöhung gemäß § 182 AktG auch die Zeichnungsverträge (§ 185 AktG) der neu ausgegebenen Aktien. Sofern nämlich kein Hauptversammlungsbeschluss vorliegt oder dieser Beschluss nichtig ist oder durch einen neuen Beschluss der Hauptversammlung aufgehoben wird, sind bzw.

292 *Hüffer*, § 82 Rn 4.
293 *Larenz*, S. 384.
294 Siehe nur *Hüffer*, § 221 Rn 52 mwN.

werden die Zeichnungen und Zeichnungsverträge unwirksam. Die Verknüpfung von Hauptversammlungsbeschluss und Wirksamkeit des Zeichnungsvertrages erfolgt jedoch nicht durch eine Beschränkung der Vertretungsmacht des Vorstands, sondern durch bestimmte schuldrechtliche Konstruktionen, die später erläutert werden sollen[295]. Zwar schränkt ein Kapitalerhöhungsbeschluss die Vertretungsmacht des Vorstands nicht ein, er entfaltet jedoch durchaus eine mittelbare Außenwirkung, die im Ergebnis einer Vertretungsmachtbeschränkung sehr nahe kommt.

Unmittelbare Außenwirkung kommt dem Beschluss der Hauptversammlung jedoch auf dem Gebiet der Unternehmensverträge zu. So ist ein vom Vorstand geschlossener Vertrag zur Übertragung des gesamten Gesellschaftsvermögens nach § 179a AktG bis zum zustimmenden Beschluss der Hauptversammlung schwebend unwirksam. Lehnt die Hauptversammlung den Vertrag ab, wird er endgültig unwirksam[296]. Ebenso verhält es sich mit Beherrschungs- und Gewinnabführungsverträgen (§ 291 AktG) sowie sonstigen Unternehmensverträgen gemäß § 292 AktG. Auch diese Verträge bedürfen gemäß § 293 I AktG der Zustimmung der Hauptversammlung, um wirksam abgeschlossen zu sein. Die Vertretungsmacht des Vorstands ist also bei Unternehmensverträgen erheblich eingeschränkt.

Schließlich hat im Umwandlungsrecht der Beschluss der Hauptversammlung ebenfalls Außenwirkung. Die Hauptversammlung muss nach § 65 I UmwG der Verschmelzung der Gesellschaft mit einem anderen Rechtsträger zustimmen. Ohne die Zustimmung der Hauptversammlung ist der Verschmelzungsvertrag, der vom Vorstand der Gesellschaft abgeschlossen wird, gemäß § 13 I UmwG unwirksam.

Zusammenfassend lässt sich daher sagen, dass sich aus den Vorschriften über die Kompetenzen der Hauptversammlung kein einheitlicher Rechtsgedanke, dass der Beschluss keine Außenwirkung haben soll, ablesen lässt. Es zeigt sich im Gegenteil, dass die fehlende Zustimmung der Hauptversammlung die Vertretungsmacht des Vorstands in zahlreichen Fällen sehr wohl beschränken kann. Einen allgemeinen Rechtssatz, dass der Hauptversammlungsbeschluss stets oder in der Regel nur im Innenverhältnis Wirkung entfaltet, gibt es daher nicht. Wer ungeschriebene Hauptversammlungskompetenzen durch Gesamtanalogie zu den geschriebenen Kompetenzen ableiten will, muss also bei richtiger Anwendung der Methodenlehre zu dem Ergebnis gelangen, dass der fehlerhafte oder nicht vorhandene Beschluss der Hauptversammlung die Vertretungsmacht der Vorstands

295 Siehe § 8 A).

296 *Hüffer*, § 179a Rn 13.

durchaus beschränken kann[297]. Dies würde im Hinblick auf das Delisting bedeuten, dass der Vorstand ohne einen entsprechenden Beschluss der Hauptversammlung unter Umständen nicht wirksam den Widerruf der Zulassung zum amtlichen Markt beantragen könnte.

Gegen dieses Ergebnis könnte eingewandt werden, dass die Außenwirkung zu großer Rechtsunsicherheit führen und außerdem gegen § 82 I AktG verstoßen würde. Das zweite Argument kann nicht überzeugen. Denn es ist anerkannt, dass die Vertretungsmacht des Vorstands nach § 82 I AktG durch speziellere gesetzliche Regelungen eingeschränkt werden kann[298]. Auch Rechtssätze, die durch Analogie gewonnen werden, stellen jedoch eine solche gesetzliche Grundlage für die Einschränkung der Vertretungsbefugnis des Vorstands dar[299]. Ein durch Analogie gewonnener Rechtssatz ist einem geschriebenen Rechtssatz nämlich gleichwertig und nicht etwa ein Rechtssatz „zweiter Klasse"[300].

Richtig ist allerdings, dass die Außenwirkung bei einer Hauptversammlungskompetenz für „Strukturmaßnahmen" im Rechtsverkehr zu unzumutbaren Belastungen führen würde. In Anbetracht des unpräzisen Umfangs der zustimmungspflichtigen Strukturmaßnahmen bestünde für Dritte stets das Risiko, dass ein Vertrag, den sie mit der Gesellschaft abschließen, wider Erwarten zustimmungspflichtig und somit zunächst schwebend unwirksam wäre.

Die aus der Gesamtanalogie folgende Rechtsunsicherheit kann aber nicht dadurch beseitigt werden, dass postuliert wird, bei ungeschriebenen Hauptversammlungszuständigkeiten bestünde keine Außenwirkung. Diese Rechtsfolge kann nämlich aus den normierten Zuständigkeiten, die eine Außenwirkung vorsehen, gerade nicht abgeleitet werden. Vielmehr zeigt sich auch in diesem Punkt, dass die Voraussetzungen für die Bildung einer Gesamtanalogie, nämlich die Existenz eines verallgemeinerungsfähigen Rechtsgedankens bezüglich ungeschriebener Hauptversammlungskomptenzen, nicht vorliegen. Der Gesetzgeber wollte aus Gründen des Verkehrsschutzes die Hauptversammlungszuständigkeiten mit Außenwirkungen auf bestimmte, klar abgegrenzte Vorgänge beschränken. Diese Wertungen werden missachtet, wenn aus den punktuellen Regelungen ein allgemeines Rechtsprinzip für ungeschriebene Hauptversammlungszuständigkeiten abgeleitet wird[301]. Der von den Befürwortern der Gesamtanalogie gebildete

---

297 So auch *Hübner*, FS Stimpel, S. 781 (797f) und jüngst erst *Habersack* in GroßkommAktG, § 82 Rn 8.

298 *Hüffer*, § 82 Rn 4.

299 *Zimmermann/Pentz* in FS W. Müller, S. 151 (164).

300 In diese Richtung weist jedoch die Argumentation von *Dietz*, S. 375, der davon spricht, dass sich die Zuständigkeit der Hauptversammlung *„lediglich"* im Rahmen eines Analogieschlusses dem AktG entnehmen lässt.

301 Ähnlich wie hier *Zimmermann/Pentz* in FS W. Müller, S. 151 (165).

Rechtssatz, dass es eine Hauptversammlungskompetenz für alle Strukturmaßnahmen gebe, die jedoch keine Außenwirkung entfalte, ist somit durch eine Gesamtanalogie nicht begründbar.

3.) Ergebnis und Fortgang der Untersuchung

Die von der herrschenden Meinung gebildete Gesamtanalogie zur Begründung von ungeschriebenen Hauptversammlungszuständigkeiten ist abzulehnen, da sie der gesetzlichen Kompetenzverteilung innerhalb der Aktiengesellschaft widerspricht, für erhebliche Rechtsunsicherheit sorgt und methodisch auch nicht aus den zu ihrer Bildung herangezogenen geschriebenen Kompetenzen abgeleitet werden kann.

Eine Zuständigkeit der Hauptversammlung für das Delisting kann sich daher nur durch Analogiebildung und Auslegung einzelner gesetzlich geregelter Kompetenzen ergeben[302]. Ob und wie so eine Hauptversammlungszuständigkeit für das Delisting begründet werden kann, soll in den folgenden drei Abschnitten untersucht werden.

F) Hauptversammlungskompetenz für das Delisting aus Analogie zu § 240 UmwG

Teilweise wird die Zuständigkeit der Hauptversammlung für die Entscheidung über ein Delisting aus einer Analogie zu § 240 I 1 UmwG abgeleitet[303]. Diese Analogie wird damit begründet, dass ein Delisting mit der Umwandlung einer Aktiengesellschaft in eine GmbH vergleichbar sei.

I.) Die Vergleichbarkeit des Delistings mit der Umwandlung einer AG in eine GmbH

Die Vergleichbarkeit der Umwandlung mit dem Delisting wird darin gesehen, dass sich eine nichtbörsennotierte Aktiengesellschaft als „faktisch geschlossene Gesellschaft rechtlich der GmbH annähern"[304] soll. Wie bei der Umwandlung komme es durch das Delisting zu einer gravierenden Einschränkung der Fungibilität der Anteile. Denn sowohl die Geschäftsanteile einer GmbH als auch nicht

---

302 So nun auch *Kort* in GroßkommAktG, § 76 Rn 82.
303 *Hellwig*, ZGR 1999, 781, 799 f; ausführlich *Zetzsche*, NZG 2000, 1065 ff.
304 So *Hellwig*, ZGR 1999, 781, 799f.

börsennotierte Aktien seien nur schwer veräußerbar. Dadurch werde in beiden Fällen die Bindung der Gesellschafter an das jeweilige Unternehmen deutlich verstärkt[305]. Dies belaste besonders die anlageorientierten Minderheitsgesellschafter, die sich nun nicht mehr leicht von ihren Anteilen trennen können und daher unter einer strengen Thesaurierungspolitik besonders zu leiden haben. Hinzu komme noch, dass sowohl beim Delisting als auch bei der Umwandlung die börsenrechtlichen Publizitätspflichten entfallen, so dass leicht zugängliche Informationen für die Ermittlung eines marktgerechten Anteilspreises in beiden Fällen fehlen[306].

Da somit das Delisting *de facto* – wenn auch nicht *de jure* – der Umwandlung sehr ähnlich sei[307], liege eine analoge Anwendung der umwandlungsrechtlichen Vorschriften nahe. Eine ungeschriebene Hauptversammlungskompetenz für das Delisting ergebe sich daher aus § 240 I 1 UmwG, wonach für die Umwandlung einer Aktiengesellschaft in eine GmbH ebenfalls ein Hauptversammlungsbeschluss erforderlich ist[308].

II.) Stellungnahme

Voraussetzung für eine Analogie ist, dass ein gesetzlich nicht geregelter Sachverhalt in bestimmten Punkten einem gesetzlich geregelten Sachverhalt ähnlich ist. Diese Ähnlichkeit muss in den für die gesetzliche Wertung maßgebenden Gesichtspunkten vorliegen. Der zu beurteilende Sachverhalt muss also dem gesetzlich geregelten in all den Merkmalen gleichen, die für die Regelung maßgeblich waren. Umgekehrt dürfen die verbleibenden Unterschiede zwischen den beiden Sachverhalten nicht von solcher Art sein, dass sie der gesetzlichen Wertung widersprechen[309].

Um zu prüfen, ob auf das Delisting § 240 I 1 UmwG analog angewandt werden kann, muss also zunächst untersucht werden, inwiefern die Umwandlung einer AG in eine GmbH und das Delisting sich ähnlich sind. Dann muss festgestellt werden, ob die so ermittelten Ähnlichkeiten der maßgebliche Grund für die gesetzliche Regelung des § 240 I UmwG waren. Gleichzeitig dürfen keine Gesichtspunkte, die beim Delisting nicht vorliegen, beim Erlass des § 240 UmwG eine wesentliche Rolle gespielt haben.

---

305 *Grupp,* S. 202.
306 *Zetzsche,* NZG 2000, 1065 (1068).
307 So mit Hervorhebungen *Lutter,* FS Zöllner, S. 363 (378).
308 *Hellwig,* ZGR 1999, 781, 799f.; *Zetzsche,* NZG 2000, 1065 (1068).
309 *Larenz,* S. 381 f.

Wie bereits dargestellt wurde, sollen sich Umwandlung und Delisting darin gleichen, dass beide eine geringe Fungibilität der Anteile und den Wegfall der börsenrechtlichen Publizitätsvorschriften bewirken.

Von diesen beiden Punkten kann der Wegfall der börsenrechtlichen Publizitätsvorschriften nicht für die Vergleichbarkeit relevant sein. Denn im Umwandlungsgesetz gelten die gleichen Vorschriften für börsennotierte wie nicht börsennotierte Aktiengesellschaften, so dass nicht jede Umwandlung zwangsläufig zu einer Verringerung der kapitalmarktrechtlich vorgeschriebenen Informationen der Gesellschafter führt. Damit stellt der Wegfall der börsenrechtlichen Publizitätsvorschriften jedoch kein charakteristisches Merkmal jeder Umwandlung dar, so dass in dieser Hinsicht kein Vergleich mit dem Delisting möglich ist.

Dagegen führt die Umwandlung sowohl einer börsennotierten als auch einer nicht börsennotierten Aktiengesellschaft stets zu einer Verringerung der Fungibilität der Gesellschaftsanteile, weil bei einer GmbH für die Übertragung der Gesellschaftsanteile nach § 15 III GmbHG ein in notarieller Form geschlossener Vertrag erforderlich ist. Die rechtlichen Grundlagen für die Veräußerung der Gesellschaftsanteile ändern sich also durch die Umwandlung. Beim Delisting bleiben die rechtlichen Grundlagen für die Übertragung der Aktien dagegen gleich. Hier kommt es zwar auch zu einer Fungibilitätseinschränkung, die jedoch dadurch verursacht wird, daß kein organisierter Markt mehr zur Verfügung steht. Die Ähnlichkeit zwischen der Umwandlung und dem Delisting besteht also darin, dass aufgrund unterschiedlicher Ursachen die Fungibilität der Gesellschaftsanteile eingeschränkt wird.

Fraglich ist nun, ob der für die in § 240 UmwG vorgesehene Hauptversammlungskompetenz maßgebliche Gesichtspunkt die Einschränkung der Fungibilität der Gesellschaftsanteile ist. § 240 UmwG stellt die Konkretisierung von § 193 UmwG dar, wonach für jeden Formwechsel ein Beschluss der Anteilseigner erforderlich ist[310]. Ein Formwechsel bewirkt die Veränderung der rechtlichen Organisation des Unternehmensträgers. Es findet gleichsam ein Sprung von einem Normsystem in ein anderes statt[311]. So werden die Gesellschafter bei der Umwandlung einer AG in eine GmbH beispielsweise durch die Gesellschafterversammlung gegenüber der Geschäftsführung nach § 37 I GmbHG weisungsbefugt und die Pflicht, einen Aufsichtsrat zu wählen, entfällt. Da sich durch den Formwechsel also die rechtlichen Rahmenbedingungen der Gesellschaft und damit auch die rechtliche Stellung der Gesellschafter wesentlich verändern, stellt er eine Entscheidung dar, die nicht mehr zu den Geschäftsführungsentscheidungen

310 *Decher* in Lutter (Hrsg), UmwG, 2. Aufl. 2000, § 193 Rn 7 ff.
311 *Zöllner*, FS C. P. Claussen, S. 423 (432).

des Vertretungsorgans gehören, sondern nur den Gesellschaftern vorbehalten sein kann[312]. Dies sagen die §§ 193, 240 UmwG aus.

Einem Formwechsel müssen die Gesellschafter also wegen der rechtlichen Veränderungen innerhalb der Gesellschaft zustimmen. Damit steht fest, dass auf das Delisting § 240 I UmwG nicht analog angewandt werden kann: Zum einen stellt die Gemeinsamkeit zwischen Delisting und Umwandlung nicht den maßgeblichen Gesichtspunkt für § 240 I UmwG dar. Denn die Ursache für die Fungibilitätseinschränkung beim Delisting ist tatsächlich nicht rechtlicher Art. Zum anderen sind es gerade die weiteren rechtlichen Veränderungen, die nur bei einer Umwandlung, nicht aber bei einem regulären Delisting auftreten, welche die Hauptversammlungskompetenz nach § 240 I UmwG begründen. Dass die Fungibilitätseinschränkung nicht der maßgebliche Punkt sein kann, zeigt sich schon darin, dass für die Umwandlung einer GmbH in eine AG ebenfalls ein Gesellschafterbeschluss erforderlich ist.

Wenn auch die Umwandlung und das Delisting in einem Punkt vergleichbar sein mögen, so begründet dies keine analoge Anwendung der Umwandlungsvorschriften auf das Delisting. Denn in den für das Umwandlungsrecht maßgeblichen Gesichtspunkten stimmt das Delisting eben gerade nicht mit der Umwandlung überein[313].

G) Analogie zu § 180 II AktG

Eine Hauptversammlungskompetenz für das Delisting könnte sich ferner aus einer Analogie zu § 180 II AktG ergeben[314]. Nach § 180 II AktG bedarf die nachträgliche Vinkulierung von Aktien der Zustimmung aller betroffenen Aktionäre. Eine analoge Anwendung dieser Vorschrift auf das Delisting wäre nur möglich, wenn die nachträgliche Vinkulierung und das Delisting in den wesentlichen Punkten vergleichbar wären.

Dies ist jedoch nicht der Fall. Bei der nachträglichen Vinkulierung wird die freie Veräußerbarkeit dadurch eingeschränkt, dass die Übertragung der Aktien an die Zustimmung der Gesellschaft gebunden wird. Durch die Vinkulierung wird also die Innenbeziehung der Aktionäre zur Aktiengesellschaft hinsichtlich der Veräußerbarkeit der Aktien verändert. Dadurch wird in das bisherige Recht der Aktionäre, ihre Aktien frei übertragen zu können, eingegriffen, weshalb die Vin-

---

312 *Decher* in Lutter UmwG, § 193 Rn 5.

313 So im Ergebnis auch *Wirth/Arnold*, ZIP 2000, 111 (116).

314 Überlegungen zu einer derartigen Analogie finden sich bei *Steck*, AG 1998, 460 (462); *Schwark/Geiser*, ZHR 161 (1997), 739 (762) und *Henze*, S. 145.

kulierung der Zustimmung aller betroffenen Aktionäre bedarf[315]. Das Delisting betrifft dagegen nur das Verhältnis der Aktionäre nach „außen“[316], indem es lediglich eine Handelsmöglichkeit beseitigt. Es lässt im Innenverhältnis die grundsätzliche freie Handelbarkeit jedoch unberührt. Eine analoge Anwendung des § 180 II AktG ist daher mangels vergleichbaren Sachverhalten nicht möglich[317].

H) Entscheidungskompetenz über Delisting als Annexkompetenz zu § 119 I Nr. 6 AktG

Die Zuständigkeit der Hauptversammlung für die Entscheidung über ein Delisting könnte sich aus einer Annexkompetenz zu § 119 I Nr. 6 AktG in Verbindung mit §§ 182 ff AktG ergeben.

I.) Annexkompetenzen im Staatsorganisationsrecht

1.) Ungeschriebene Gesetzgebungskompetenzen des Bundes

Nach Art. 70 I GG steht die Gesetzgebungskompetenz grundsätzlich den Ländern zu, soweit das Grundgesetz nicht dem Bund Gesetzgebungsbefugnisse ausdrücklich einräumt. Entsprechend finden sich in Art. 71-75 GG enumerative Aufzählungen der Bereiche, für die der Bund Gesetzgebungskompetenzen besitzt. Daneben finden sich im gesamten Grundgesetz verstreut ausdrückliche Gesetzgebungskompetenzen des Bundes[318]. Neben diesen geschriebenen Kompetenzen werden von Rechtsprechung und Lehre ungeschriebene Gesetzgebungskompetenzen des Bundes diskutiert.

a) Kompetenzen „aus der Natur der Sache“

Weitgehende Einigkeit herrscht über die Existenz von Kompetenzen „aus der Natur der Sache“[319]. Eine Gesetzgebungskompetenz des Bundes wird danach für Sachgebiete angenommen, die „ihrer Natur nach eine eigenste, der partikularen Gesetzgebungszuständigkeit a priori entrückte Angelegenheit des Bundes darstel-

---

315 *Hüffer*, § 180 Rn 5.
316 LG München, DB 1999, 2458 (2459).
317 *Mülbert*, ZHR 165 (2001), 104 (130).
318 So z.B. Art. 21 III; Art. 38 III GG.
319 Dreier-*Stettner*, Art. 70 Rn 57.

len" und daher „vom Bund und nur von ihm geregelt werden können"[320]. Die zu regelnden Bereiche müssen ein Gesetz des Bundes als einzige sachgerechte Lösung zwingend erfordern[321]. Als Beispiele natürlicher Bundeskompetenz werden Gesetze über die Bundeshauptstadt, die Selbstdarstellung des Staates, die Verleihung von Orden, aber auch Gesetze, welche die Raumordnung des Gesamtstaates regeln, genannt[322].

b) Kompetenzen kraft Sachzusammenhangs?

Das Bundesverfassungsgericht hat in einem frühen Gutachten ausgeführt, dass sich eine Gesetzgebungskompetenz des Bundes kraft Sachzusammenhangs bejahen lässt, „wenn eine dem Bund ausdrücklich zugewiesene Materie verständlicherweise nicht geregelt werden kann, ohne dass zugleich eine nicht ausdrücklich zugewiesene andere Materie mitgeregelt wird, wenn also ein Übergreifen in nicht ausdrücklich zugewiesene Materien unerlässliche Voraussetzung ist für die Regelung einer der Bundesgesetzgebung zugewiesenen Materie"[323]. Eine Bundeszuständigkeit kraft Sachzusammenhangs soll also gegeben sein, wenn der Bund von einer ihm ausdrücklich zugewiesenen Zuständigkeit für ein Sachgebiet nur dann sinnvoll Gebrauch machen kann, wenn er dabei auch ein anderes, den Ländern zugewiesenes Sachgebiet behandelt. Als Beispiel wird die Regelung der Lichtbild- und Fingerabdruckabnahme von Beschuldigten zum Zwecke des Erkennungsdienstes (§ 81b 2. Alt. StPO) genannt, die kraft Sachzusammenhang im Strafprozessrecht mitgeregelt wurde, obwohl die polizeiliche Gefahrenabwehr Sache der Länder ist[324].

An der Formel des Bundesverfassungsgerichtes ist kritisiert worden, dass es keine gesicherten Kriterien gebe, wann ein Übergreifen in ein anderes Sachgebiet eine „unerlässliche Voraussetzung" für die Regelung einer bestimmten Materie sei. Der Begriff der „Unerlässlichkeit" sei konturlos und daher ungeeignet zur der Abgrenzung von Bundes- und Länderkompetenzen[325]. Ungeachtet dieser – im Kern durchaus berechtigten – Kritik hält die herrschende Meinung in der Literatur jedoch weiterhin am Institut der Bundeskompetenz kraft Sachzusammenhangs

---

320 BVerfGE 11, 89 (98); BVerfGE 26, 246 (257).
321 BVerfGE 11, 89 (98); BVerfGE 26, 246 (257).
322 *Ipsen,* Rn 585; Dreier-*Stettner*, Art. 70 Rn 58.
323 BVerfGE, 3, 407 (421).
324 Dreier-*Pernice*, Art. 30 Rn 34 mwN.
325 *Stettner,* S. 430.

fest[326]. Das Bundesverfassungsgericht dagegen hat seit Mitte der 70er Jahre den Begriff des Sachzusammenhangs kaum mehr benutzt[327].

c) Annexkompetenzen

Dem Bund steht dann eine Annexkompetenz zu, wenn eine an sich nicht der Bundeskompetenz unterliegende Materie keine selbständige Bedeutung hat, sondern vielmehr in notwendigem Zusammenhang mit einer der Zuständigkeit des Bundes unterliegenden Materie steht und deshalb als Annex jenes Gebietes angesehen werden kann[328]. Voraussetzung für Annexkompetenzen ist, dass der zu regelnde Sachverhalt keinen Selbstzweck hat, sondern nur der Erreichung eines anderen, übergeordneten Ziels dient. Annexkompetenzen beziehen sich daher vor allem auf Vorbereitungs- und Durchführungsmaßnahmen ausdrücklich zugewiesener Bundeskompetenzen. So werden Annexkompetenzen etwa für die Bahnpolizei als Element der Bundeskompetenz für die Eisenbahnen (Art. 87 I 1 GG aF)[329] oder für die Einrichtung von Bundswehrhochschulen im Rahmen der Verteidigungskompetenz nach Art. 73 I GG[330] angenommen.

Häufig wird die Ansicht vertreten, Annexkompetenzen seien eine Unterform von Kompetenzen kraft Sachzusammenhangs[331]. Dem kann jedoch nicht zugestimmt werden. Es ist zwar richtig, dass die Abgrenzung von Kompetenzen kraft Sachzusammenhangs zu Annexkompetenzen im Einzelfall schwierig sein kann und auch keine rechtlichen Folgen nach sich zieht. Trotzdem handelt es sich um zwei systematisch klar abgrenzbare Kompetenztypen: Während bei Kompetenzen kraft Sachzusammenhangs eine Ausdehnung „in die Breite“ auf andere, sachlich verwandte Kompetenzthemen erfolgt, findet bei Annexkompetenzen eine Ausdehnung „in die Tiefe“ des gegebenen Kompetenzbereiches statt[332]. Aus dieser systematischen Unterscheidung ergibt sich auch, wie Annexkompetenzen aus geschriebenen Kompetenzen dogmatisch abgeleitet werden können.

---

326 Dreier-*Pernice*, Art. 30 Rn 34; *Ipsen*, Rn 555f; *von Münch*, Rn 538 ff.

327 Dreier-*Stettner*, Art. 70 Rn 56.

328 BVerfGE, 8, 143 (148); BVerfGE, 65, 283 (289); BVerfGE, 88, 203 (331).

329 *von Münch*, Rn 541.

330 Dreier-*Stettner*, Art. 70 Rn 67.

331 *Achterberg*, DÖV 1966, 695 (698); *Bullinger*, AöR 96 (1971), 237 (243); *von Münch*, Rn 543.

332 *Maunz* in Maunz/Dürig,, Art. 70 Rn 49.

2.) Dogmatik der Annexkompetenzen

Annexkompetenzen werden durch objektiv-teleologische Auslegung der geschriebenen Kompetenzen ermittelt[333]. Prämisse jeder objektiv-teleologischen Auslegung ist, dass der Gesetz- bzw. Verfassungsgeber „sachgemäße“ und „angemessene“ Lösungen verfolgt und sich daher von bestimmten Prinzipien leiten lässt[334]. Wenn dem Bund nun bestimmte Kompetenzen ausdrücklich zugewiesen sind, so ist davon auszugehen, dass der Verfassungsgeber dem Bund die Befugnis zur allseitigen Bearbeitung dieses Kompetenzthemas übertragen wollte. Denn nur so kann der Bund seine Kompetenzen sinnvoll wahrnehmen[335].

Bei der Auslegung von geschriebenen Kompetenzen ist also das Prinzip der vollständigen Bearbeitung eines Sachgebietes zu berücksichtigen. Stern beschreibt dieses Prinzip so, dass „der Bund berechtigt ist, ein ihm ausdrücklich zugewiesenes Kompetenzthema nach den darin konsequent oder kohärent angelegten Zugehörigkeiten zu bearbeiten“. Unter konsequenten und kohärenten Zugehörigkeiten versteht er Maßnahmen, die in das Sinngefüge des Kompetenzthemas mit einbezogen werden können. Konsequente Zugehörigkeiten sind dabei solche, die bei logischer Folgerung wie selbstverständlich der ausdrücklich zugewiesenen Materie zuzurechnen sind, kohärente Zugehörigkeiten dagegen solche, die bei sachgerechter Folgerung vernünftigerweise der Materie zuzurechnen sind[336].

Daraus folgt einerseits, dass von einer Kompetenznorm auch solche Vorbereitungs- und Durchführungsmaßnahmen umfasst sind, die zwar nicht notwendig, sondern nur nützlich oder sinnvoll sind. Anderseits können ähnliche Maßnahmen nicht in die Kompetenz des Bundes fallen, wenn sie in einem anderen Zusammenhang der Durchführung von Länderkompetenzen dienen[337].

Um festzustellen, ob eine bestimmte Maßnahme als Annexkompetenz in die Zuständigkeit des Bundes fällt, ist also zunächst nach dem Sinn und Zweck der ausdrücklich normierten Kompetenznorm zu fragen. Anschließend ist zu untersuchen, wie dieser Zweck verwirklicht werden kann und welche Rolle der fraglichen Maßnahme dabei zukommt. Wenn sie für die Verwirklichung des Zweckes unentbehrlich oder zumindest nützlich ist, kann der Bund im Rahmen seiner Annexkompetenz über sie entscheiden. Unerheblich ist dabei, ob mit der Maßnahme

333 Unklar, jedoch wohl analoge Herleitung befürwortend *Achterberg*, DÖV 1966, 695 (698).

334 *Larenz*, S. 333 ff.

335 *Stettner*, S. 431.

336 *Stern*, Staatsrecht der Bundesrepublik Deutschland, Bd 1, 2. Aufl. 1984, § 19 III 3.

337 So ist etwa die Einrichtung von Universitäten Ländersache, die Einrichtung von Bundeswehrhochschulen fällt jedoch in die Kompetenz des Bundes.

auch andere Ziele verfolgt werden, die in keinem direkten Zusammenhang mit der Kompetenznorm stehen. Es kommt nur darauf an, ob die Maßnahme aus der Perspektive der jeweiligen Kompetenznorm der Verwirklichung der mit der Kompetenzeinräumung verfolgten Ziele dient.

II.) Annexkompetenzen im Aktienrecht

Annexkompetenzen werden hauptsächlich im Verfassungsrecht diskutiert. Die Methodik der Ableitung von Annexkompetenzen kann jedoch auch auf die Kompetenzen der Hauptversammlung übertragen werden. Denn wie der Bund die Gesetzgebungskompetenz nur in den im Grundgesetz enumerativ aufgeführten Fällen hat, kann auch die Hauptversammlung nur über die ihr ausdrücklich zugewiesenen Themen abstimmen und entscheiden. Wenn davon ausgegangen werden kann, dass der Gesetzgeber aus Gründen der Zweckmäßigkeit und Effizienz die jeweiligen Zuständigkeiten der Hauptversammlung ebenfalls umfassend ausgestalten wollte, dann können Hauptversammlungskompetenzen im Wege der objektiv-teleologischen Auslegung auch auf alle Vorbereitungs- und Durchführungsmaßnahmen ausgedehnt werden, die mit der jeweiligen geschriebenen Kompetenz zusammenhängen.

III.) Annexkompetenzen zu § 119 I Nr. 6 AktG

Im Folgenden sollen nun Annexkompetenzen zu § 119 I Nr. 6 AktG iVm § 182 ff AktG untersucht werden. Nach diesen Vorschriften ist die Hauptversammlung für die Entscheidung über Erhöhungen des Grundkapitals zuständig. Daher werden zuerst die wirtschaftlichen Motive für eine Barkapitalerhöhung sowie dann besondere Problempunkte bei der Durchführung einer Kapitalerhöhung dargestellt. Hier wird insbesondere die Rolle der Börsennotiz für die Durchführung der Kapitalerhöhung beleuchtet werden müssen. Nachdem so die wirtschaftlichen Sachverhalte geklärt sind, kann erörtert werden, welche Annexkompetenzen für die Hauptversammlung sich daraus ergeben.

1.) Die wirtschaftlichen Aspekte einer Barkapitalerhöhung

a) Motive für eine Barkapitalerhöhung

Bei der Gründung einer Aktiengesellschaft wird diese mit einem Grundkaptial von mindestens 50.000 Euro ausgestattet (§ 7 AktG). Das Grundkapital ist der

Grundstock für den Aufbau und Betrieb des Unternehmens der Gesellschaft. Häufig lässt sich bei der Gründung der genaue Kapitalbedarf jedoch noch nicht exakt absehen, so dass im Laufe der Zeit zusätzlicher Kapitalbedarf entsteht.

Dieser zusätzliche Kapitalbedarf kann zunächst durch die Aufnahme von Fremdkapital gedeckt werden. Fremdkapital steht dem Unternehmen allerdings nur für einen begrenzten Zeitraum zur Verfügung und ist in der Regel mit festgelegten Zahlungsverpflichtungen des Unternehmens verbunden. Ferner kann Fremdkapital nicht in beliebiger Höhe aufgenommen werden, da die Fremdkapitalgeber für ihr Engagement Sicherheiten und unter Umständen sogar Mitspracherechte bei wichtigen Unternehmensentscheidungen verlangen[338]. Bei größerem, langfristigem Kapitalbedarf wird die Gesellschaft daher eine Erhöhung ihres Eigenkapitals, das ihr zeitlich unbegrenzt zur Verfügung steht, anstreben.

Ausgehend von den eben kurz dargestellten Finanzierungsfragen des Unternehmens werden in der Betriebswirtschaftslehre daher folgende Motive für eine Barkaptialerhöhung genannt[339]:

- Die Erhöhung des nicht ausschüttungsfähigen Eigenkapitals vergrößert die Haftungsbasis der Aktiengesellschaft. Dadurch wird ihre Kreditwürdigkeit verbessert, so dass der Zugang zu neuen Fremdkapital erleichtert wird.
- Eine Barkapitalerhöhung verbessert die Liquiditätslage des Unternehmens.
- Durch die Kapitalerhöhung wird der Einfluss der Fremdkapitalgeber auf das Unternehmen verringert.
- Eine Kapitalerhöhung kann zu erwünschten Veränderungen des Gesellschafterkreises führen, indem strategische Partnerschaften eingegangen werden, oder auch unerwünschte Veränderungen (feindliche Übernahmen) abwehren, indem der Betrag der zu übernehmenden Anteile wesentlich erhöht wird.

b) Voraussetzungen für eine erfolgreiche Barkapitalerhöhung

Eine Kapitalerhöhung erfolgt durch die Ausgabe junger Aktien. Sie ist nur dann wirksam durchgeführt, wenn sämtliche neuen Aktien bis zu dem im Zeichnungsschein gemäß § 185 I Nr. 4 AktG zu nennenden Zeitpunkt gezeichnet worden sind[340]. Nachfolgend soll nun auf zwei Punkte näher eingegangen werden, die unabhängig von der Börsennotierung der Gesellschaft für den Erfolg einer Barkapitalerhöhung entscheidend sind.

---

338 *Padberg*, S. 7.
339 Aufstellung von *Padberg*, S. 13 mwN.
340 *Hüffer*, § 188 Rn 4.

aa) Der Emissionspreis der jungen Aktien

Gemäß § 9 I AktG dürfen junge Aktien nicht zu einem Ausgabepreis emittiert werden, der geringer ist als ihr Nennbetrag oder der auf die einzelne Stückaktie entfallende anteilige Betrag des Grundkapitals. Nach § 182 III AktG kann bei einer Kapitalerhöhung der Preis jedoch höher als der in § 9 I AktG bestimmte Betrag sein. Es besteht also die Möglichkeit, den Preis der neuen Aktien weitgehend frei zu bestimmen[341]. Bei der Preisfestsetzung sind unterschiedliche Interessen der Gesellschaft, der Altaktionäre sowie der neuen Aktionäre zu berücksichtigen und abzuwägen.

Die Gesellschaft hat ein Interesse, die Aktien zu einem möglichst hohen Ausgabekurs zu emittieren, weil dadurch ihre Eigenkapitalkosten gesenkt werden. Denn die Investoren sind bei einem hohen Ausgabepreis bereit, für den zukünftigen Dividendenstrom einen hohen Preis zu bezahlen. Dadurch kann der Kapitalbedarf durch eine verhältnismäßig geringe Anzahl von neuen Aktien gedeckt werden. Dies hat zur Folge, dass die Gesellschaft leichter an der bisherigen Höhe der Dividenden je Aktie festhalten oder sie sogar erhöhen kann[342].

Die Interessen der Altaktionäre hängen davon ab, ob das Bezugsrecht ausgeschlossen ist oder nicht. Sofern das Bezugsrecht nicht ausgeschlossen ist, stehen sie dem Preis der neuen Aktien neutral gegenüber. Durch ihr Bezugsrecht nach § 186 I AktG wird gewährleistet, dass sie auch nach der Kapitalerhöhung ihre mitgliedschaftliche Stellung sowie ihre Vermögensrechte im gleichen Verhältnis wie zuvor halten können, indem sie bevorzugt neue Aktien zeichnen dürfen[343]. Allerdings müssen die Altaktionäre das Bezugsrecht nicht ausüben, sondern können es an Dritte rechtsgeschäftlich übertragen[344]. Der Preis für das Bezugsrecht richtet sich nach dem Ausgabepreis der jungen Aktien: Je geringer der Preis der neuen Aktien ist, desto höher ist der „innere" Wert des Bezugsrechts[345]. Der Preis des Bezugsrechts stellt für die Altaktionäre also einen Ausgleich dafür dar, dass sich ihre Aktionärsstellung durch die neuen Aktien verschlechtert, indem sich ihr Stimmrechtsanteil verringert und auch die Quote am Liquidationserlös sowie an der ausgeschütteten Dividende. Aufgrund der Abhängigkeit des Bezugsrechtspreises vom Ausgabekurs bleibt der Wert des Vermögens der Aktionäre jedoch im Zeitpunkt der Kapitalerhöhung unabhängig davon, ob sie die neuen Aktien beziehen oder nicht, konstant. Lediglich die Struktur des Vermögens verän-

341 Die Frage, *wer* den Preis bestimmt, soll vorerst offen bleiben, da sie für die ökonomische Analyse irrelevant ist.

342 *Sommerschuh*, AG 1966, 354 (356).

343 *Hüffer*, § 186 Rn 2.

344 *Henn*, Handbuch Aktienrecht, Rn 1246.

345 Mathematische Herleitung bei *Padberg*, S. 26 ff.

dert sich, da die Aktionäre entweder durch den Verzicht auf den Bezug junger Aktien und den Verkauf des Bezugsrechts einen Teil ihres Aktienvermögens liquidieren oder aber durch die Zeichnung der jungen Aktien ihr Aktienvermögen gegenüber dem Barvermögen erhöhen[346]. Durch eine so genannte „Operation Blanche“, bei der die Erträge aus dem Bezugsrechtsverkauf für die Zeichnung junger Aktien verwendet werden, kann jedoch auch die Vermögensstruktur gleich gehalten werden.

Sofern das Bezugsrecht nach § 186 III, IV AktG ausgeschlossen ist, sind die Altaktionäre an einem hohen Ausgabekurs interessiert. Durch die Ausgabe der jungen Aktien werden sowohl ihre Aktionärsrechte als auch ihre vermögensrechtlichen Ansprüche gegen die Gesellschaft verwässert, ohne dass sie eine Kompensation durch das Bezugsrecht erhalten[347]. Das Vermögen des Altaktionäre verringert sich daher um den Wert, den ihr Bezugsrecht hätte, weil der Kurs der alten Aktien um diesen Betrag sinkt. Der Wert des Bezugsrechts ist jedoch um so kleiner, je höher der Ausgabepreis der jungen Aktien ist. Entsprechend ist nach § 186 III 3 AktG eine Kapitalerhöhung unter Ausschluss des Bezugsrechts insbesondere dann möglich, wenn das Grundkapital nur geringfügig erhöht werden soll und der Ausgabepreis den Börsenkurs nicht wesentlich unterschreitet.

Die Käufer der jungen Aktien, zu denen sowohl Altaktionäre als auch außenstehende Dritte gehören können, haben ein Interesse an einem möglichst niedrigen Ausgabepreis. Sie wollen möglichst wenig für ihren Anspruch auf künftige Dividendenzahlungen ausgeben. Auf keinen Fall darf der Ausgabepreis über dem Preis liegen, der für die alten Aktien an einer Börse oder einem sonstigem Markt zu bezahlen ist, da dann kein Anreiz bestünde, neue Aktien zu zeichnen anstatt alte Aktie zu kaufen[348].

Somit kommt als möglicher Ausgabpreis der jungen Aktien ein Kurs in Betracht, der zwischen dem Nennbetrag bzw. dem auf die einzelne Stückaktie entfallenden anteiligen Betrag am Grundkapital liegt und dem aktuellen Preis der Aktien. Aus Sicht der Gesellschaft sowie beim Ausschluss des Bezugsrechts auch aus Sicht der Altaktionäre sollte der Abschlag vom aktuellen Preis jedoch möglichst klein sein, während die neuen Aktionäre einen möglichst hohen Abschlag wünschen. Wie hoch der Abschlag vom aktuellen Preis der Aktien dann tatsächlich ist[349], richtet sich nach der Attraktivität der jeweiligen Gesellschaft und der damit verbundenen Nachfrage nach jungen Aktien.

---

346 *Prüher*, S. 33 f.

347 *Zöllner*, ZGR 1986, 288 (303).

348 *Prüher*, S. 31.

349 *Padberg*, S. 342 ermittelt in seiner Untersuchung von Bezugsrechtsemissionen deutscher Industrieunternehmen einen Bezugskurs relativ zum Börsenkurs zum Zeit-

bb) Die Platzierung der Aktien

Im Idealfall nutzen alle Aktionäre ihre Bezugsrechte und nehmen vollständig an der Kapitalerhöhung teil. Sofern dies nicht der Fall ist, müssen neue Investoren gefunden werden, die bereit sind, einen angemessenen Preis für die Bezugsrechte zu bezahlen und anschließend die neuen Aktien zu zeichnen. Sofern das Bezugsrecht ausgeschlossen ist, müssen die Aktien ebenfalls von neuen Investoren übernommen werden. Beim Ausschluss des Bezugsrechts haben die neuen Investoren in der Regel jedoch ihre Bereitschaft zum Zeichnen der jungen Aktien vor dem Kapitalerhöhungsbeschluss zugesagt.

Um das Risiko zu vermeiden, dass nicht alle Aktien bis zum Ende der Zeichnungsfrist platziert sind, werden häufig Emissionsbanken in die Durchführung der Kapitalerhöhung eingeschaltet. Diese Banken verpflichten sich, die neuen Aktien vollständig zu zeichnen und dann bei den Bezugsberechtigten oder in sonstiger Weise unterzubringen[350]. Der Gesetzgeber hat diese Praxis anerkannt, indem er in § 186 V AktG ermöglicht, das unmittelbare Bezugsrecht in ein mittelbares gegen die Bank umzuwandeln.

Die Banken verlangen für die Übernahme des Platzierungsrisikos eine Provision. Die Höhe dieser Provision richtet sich nach der Wahrscheinlichkeit, dass die Plazierung nicht vollständig gelingt. Je höher der Ausgabepreis ist und je weniger ein Markt für die jungen Aktien besteht, umso höher wird die Übernahmeprovision sein und umso geringer fällt der Liquiditätszuwachs für die Gesellschaft aus[351].

c) Funktionen der Börsennotiz bei Barkapitalerhöhungen

Nachfolgend soll nun gezeigt werden, wie die Börsennotiz helfen kann, die Probleme bei einer Kapitalerhöhung, nämlich die Festlegung eines akzeptablen Preises der jungen Aktien sowie deren Platzierung, zu verringern. Dabei wird zunächst die Kapitalerhöhung einer bereits an der Börse notierten Gesellschaft untersucht, bevor die Situation bei einer mit dem Börsengang kombinierten Kapitalerhöhung dargestellt wird.

---

punkt der Bekanntgabe des Bezugskurses von durchschnittlich 57 %, also einen Abschlag von 43 %.

350 *Padberg*, S. 16.

351 *Padberg*, S. 35.

aa) Die Kapitalerhöhung bei einer bereits an der Börse notierten Aktie

(1.) Der Ausgabepreis der jungen Aktien

Wie oben dargelegt wurde, muss der Ausgabepreis der jungen Aktien unter dem aktuellen Kurs der alten Aktien liegen, damit der Kauf der jungen Aktien für die Anleger interessant ist. Wenn die Aktien nicht an der Börse notiert sind, sind keine täglichen Kurse der Aktien verfügbar. Es fällt daher schwer, potentielle Investoren – seien es Altaktionäre oder auch Dritte – davon zu überzeugen, dass der Ausgabepreis tatsächlich niedrig und attraktiv ist. Interessierte Investoren müssten eine Unternehmensbewertung selbst durchführen, um den aktuellen Wert der Aktie herauszufinden. Viele Anleger werden diesen Aufwand jedoch scheuen und daher von einer Teilnahme an der Kapitalerhöhung einer nicht börsennotierten Gesellschaft absehen.

Bei einer börsennotierten Aktie können Investoren dagegen darauf vertrauen, dass der Börsenkurs den Wert der Aktie widerspiegelt, der ihr nach den derzeitigen Erkenntnissen über die Lage des Unternehmens zukommt. Denn aufgrund der kapitalmarktrechtlichen Publizitätsvorschriften ist gewährleistet, dass die Öffentlichkeit alle relevanten Informationen über die Gesellschaft zeitnah erfährt und bei ihren Investitionsentscheidungen berücksichtigen kann. Das Resultat dieser Investitionsentscheidungen und der daraus folgenden Käufe und Verkäufe ist der jeweilige Aktienkurs. Eine börsennotierte Gesellschaft kann also aufgrund der Transparenz des Ausgabekurses in Bezug auf den aktuellem Kurs der alten Aktien sämtliche Anleger als Investoren ansprechen.

Hinzu kommt, dass die Tatsache der Börsennotiz selbst ein wertbildender Faktor für die jungen Aktien ist. Börsennotierte Aktien werden regelmäßig höher bewertet als nicht börsennotierte. Denn die Anleger sind bereit, einen höheren Preis für eine Aktie zu bezahlen, wenn sie wissen, dass sie sich jederzeit durch den Verkauf der Aktien über die Börse von ihrem Investment wieder trennen können. Somit wird ein börsennotiertes Unternehmen stets einen höheren Ausagebepreis für die jungen Aktien realisieren können als eine vergleichbare nicht börsennotierte Gesellschaft.

(2.) Die Platzierung der Aktien

Sofern ein Altaktionär nicht oder nur teilweise an der Kapitalerhöhung teilnehmen will, wird es sein Ziel sein, die Bezugsrechte zu verkaufen. Bei einer nicht börsennotierten Gesellschaft wird es in Anbetracht der relativ kurzen Zeichnungsfrist häufig schwierig sein, Kaufinteressenten zu finden. Die Aktiengesellschaft selbst ist nicht verpflichtet, einen internen Bezugsrechtshandel zu eröffnen[352]. Der Bezugsberechtigte hat daher das Risiko, den „inneren" Wert des Bezugsrechts durch dessen Verkauf nicht realisieren zu können.

Bei einer zum amtlichen Markt zugelassenen Gesellschaft werden dagegen auch die Bezugsrechte an der Börse amtlich gehandelt. Dies ist im BörsG zwar nicht ausdrücklich erwähnt, jedoch setzt § 69 II S. 2 BörsenZulVO einen Handel in Bezugsrechten auf Aktien mit amtlicher Notierung voraus[353]. Durch den Bezugsrechtshandel an der Börse können die Altaktionäre leicht ihre Bezugsrechte verkaufen. Gleichzeitig haben auch außenstehende Anleger die Möglichkeit, unkompliziert Bezugsrechte und neue Aktien zu erwerben.

Da gemäß §§ 63 I, 70 I BörsenZulVO das Bezugsangebot bei einer börsennotierten Gesellschaft in mindestens einem Börsenpflichtblatt zu veröffentlichen ist, besteht bei einer Kaptialerhöhung einer börsennotierten Gesellschaft eine größere Aufmerksamkeit der Öffentlichkeit. Auch dadurch ist es leichter, neue Anleger für die Gesellschaft zu finden, die bereit sind, Bezugsrechte zu erwerben und neue Aktien zu zeichnen.

bb) Die mit der Börseneinführung verbundene Kapitalerhöhung

(1.) Der Emissionspreis der Aktien

Wenn die Kapitalerhöhung mit der Einführung an den amtlichen Markt verbunden wird, existiert noch kein Börsenkurs, an dem sich die Anleger bei der Einschätzung des Ausgabepreises der jungen Aktien orientieren könnten. Trotzdem verfügen die Anleger aufgrund der Börseneinführung über mehr Informationen für ihre Investitionsentscheidung als bei einer nicht börsennotierten Gesellschaft. Denn gemäß § 30 III BörsG iVm der Börsenzulassungsverordnung ist die Gesellschaft verpflichtet, einen Emissionsprospekt zu veröffentlichen, der zahlreiche, für die Investitionsentscheidung relevante Angaben enthalten muss[354]. Insbesondere ist die Vermögens-, Finanz- und Ertragslage der Gesellschaft darzustellen, welche die wirtschaftliche Grundlage für den Ausgabepreis der jungen Aktien bildet.

Gleichzeitig trägt die Tatsache, dass die Aktie zukünftig an der Börse gehandelt werden wird, dazu bei, dass die Anleger bereit sind, einen relativ höheren Betrag für die jungen Aktien zu bezahlen.

---

352 *Lutter* in KölnKomm, § 186 Rn 13.
353 *Lutter* in KölnKomm, § 186 Rn 13.
354 Ausführlich zum Inhalt *Schanz,* Börseneinführung, § 13 Rn 9ff.

(2.) Platzierung der Aktien

Eine Kapitalerhöhung bei gleichzeitiger Börseneinführung ist besonders dann für eine Gesellschaft attraktiv, wenn feststeht, dass sich die Altaktionäre nicht an der Kapitalerhöhung beteiligen möchten. In diesem Fall wird daher in der Regel eine Kapitalerhöhung gegen Bareinlage unter Ausschluss des Bezugsrechts der Altaktionäre beschlossen. Die jungen Aktien werden dann von einem Bankenkonsortium gezeichnet, das die Platzierung der Aktien bei den Anlegern übernimmt[355].

Die Unterbringung der Aktien bei den Investoren gestaltet sich bei einer Börseneinführung leichter als bei einer nicht börsennotierten Gesellschaft, da die Anleger bereits aufgrund des Emissionsprospektes sowie der Berichterstattung in den Medien über die Gesellschaft und ihre neuen Aktien informiert sind. Da die Investoren eine kurze und flexible Anlagedauer wünschen, sind sie eher bereit in eine börsennotierte Gesellschaft zu investieren, deren Aktien sie jederzeit leicht verkaufen können, als in eine nicht börsennotierte Gesellschaft. Bei einem entsprechend freundlichen wirtschaftlichen Gesamtumfeld kann im Rahmen einer Börseneinführung also die Platzierung von neuen Aktien sehr leicht und unproblematisch erfolgen.

d) Zusammenfassung

Eine nicht börsennotierte Gesellschaft kann dann erfolgreich eine Barkapitalerhöhung durchführen, wenn alle Altaktionäre den Ausgabepreis der jungen Aktien für angemessen halten und sich an der Kapitalerhöhung gemäß ihrem Anteil beteiligen. Sobald sich in einer Gesellschaft jedoch einige Aktionäre nicht an der Kapitalerhöhung beteiligen möchten und auch keine anderen Gesellschafter oder der Gesellschaft bereits bekannten Drittinvestoren bereit sind die neuen Aktien zu übernehmen, gestaltet sich die Kapitalerhöhung der nicht börsennotierten Gesellschaft als schwierig. Es besteht die Gefahr, dass die Kapitalerhöhung scheitert.

Wenn die Gesellschaft an der Börse notiert ist oder im Rahmen einer Kapitalerhöhung an die Börse eingeführt wird, ist die Gefahr des Scheiterns der Kapitalerhöhung dagegen gering. Der Börsenkurs dient als Anhaltspunkt für die Bewertung des Ausgabepreises, und aufgrund der Publizitätsvorschriften wird die Kapitalerhöhung der interessierten Anlegeröffentlichkeit bekannt. Sofern die Gesellschaft bereits am amtlichen Markt notiert ist, können neue Anleger aufgrund des organisierten Bezugsrechtshandels leicht die nötigen Bezugsrechte zum Erwerb von neuen Aktien kaufen. Somit sind gerade größere Gesellschaften mit vielen

355 *Schanz,* Börseneinführung, § 5 Rn 94ff.

Aktionären auf die Börsennotiz angewiesen, wenn sie eine Kapitalerhöhung erfolgreich durchführen möchten.

2.) *Das Zusammenspiel von Hauptversammlung und Vorstand bei Barkapitalerhöhungen*

Nach § 119 I Nr. 6 AktG iVm § 182 I AktG ist die Hauptversammlung für den Beschluss über eine Barkapitalerhöhung zuständig. Mit dem Kapitalerhöhungsbeschluss bekundet die Hauptversammlung den Willen zur Kapitalerhöhung. Die Durchführung obliegt dem Vorstand[356]. Im Folgenden soll daher untersucht werden, welche Entscheidungen innerhalb des Kapitalerhöhungsverfahrens die Hauptversammlung und welche der Vorstand treffen kann oder auch muss.

a) Kompetenzen der Hauptversammlung

Der Inhalt des Kapitalerhöhungsbeschlusses der Hauptversammlung ist im Gesetz nur sehr unvollständig geregelt. Es finden sich lediglich Vorschriften über den Inhalt des Beschlusses bezüglich der Höhe des Ausgabebetrages (§ 183 III AktG), einzelner Angaben bei einer Sacheinlage (§ 183 I 1 AktG) sowie des Bezugsrechtsausschlusses und des mittelbaren Bezugsrechts (§ 186 III, V AktG). Allgemein wird jedoch davon ausgegangen, dass die Hauptversammlung als das zur Beschlussfassung über die Kapitalerhöhung berufene Organ die wesentlichen Punkte der Kapitalerhöhung in ihrem Beschluss festlegen muss[357].

Die Hauptversammlung muss jedoch nicht nur die wesentlichen Punkte der Kapitalerhöhung festlegen, sie ist vielmehr berechtigt, über jedes Detail der Kapitalerhöhung ebenfalls zu entscheiden. Entsprechend wird zwischen dem zwingenden Mindestinhalt des Kapitalerhöhungsbeschlusses sowie seinem fakultativen Inhalt unterschieden[358].

aa) Der Mindestinhalt des Hauptversammlungsbeschlusses

Da die Hauptversammlung die Beschlusshoheit über die Finanzierung der Aktiengesellschaft hat, kann auch nur sie über die Eckpunkte einer Kapitalerhöhung entscheiden. Diese Entscheidungen können entweder aktuell aus Anlass einer Kapitalerhöhung getroffen werden oder auch schon vorausgreifend in der Sat-

---

356 *Hüffer*, § 182 Rn 4, 6.

357 *Hefermehl/Bungeroth* in Geßler/Hefermehl, § 182 Rn 51; *Lutter* in KölnKomm, § 182 Rn 16.

358 *Lutter* in KölnKomm, § 182 Rn 16.

zung. Zu diesem zwingenden Mindestinhalt gehören nach Ansicht der herrschenden Meinung zumindest der Betrag der Kapitalerhöhung und die Art der Aktien[359].

Der Betrag, um den das Grundkapital erhöht werden soll, kann von der Hauptversammlung fest bestimmt werden. Da die Gefahr besteht, dass nicht alle jungen Aktien gezeichnet werden und so der festgelegte Betrag mehr oder weniger knapp verfehlt wird, ist es zulässig anstatt eines fixen Betrages einen Mindest- und Höchstbetrag der Erhöhung sowie eine bestimmte, eng begrenzte Zeichnungsfrist festzusetzen[360].

Der Kapitalerhöhungsbeschluss muss ferner angeben, auf welchen Nennbetrag die neuen Aktien lauten[361] und ob es sich um Inhaber- oder Namensaktien handelt. Auf diese Angaben kann nur verzichtet werden, wenn die Satzung nicht bereits die Art und den Nennbetrag von jungen Aktien vorschreibt und von dieser Regelung nicht abgewichen werden soll[362]. Sofern unterschiedliche Aktiengattungen (z.B. Stamm- und Vorzugsaktien) bestehen, muss die Hauptversammlung auch entscheiden, welcher Gattung die neuen Aktien angehören sollen.

Gelegentlich wird die Ansicht vertreten, auch der Ausgabepreis der jungen Aktien gehöre zum zwingenden Inhalt des Kapitalerhöhungsbeschlusses[363]. Diese Einteilung ist jedoch nicht überzeugend. Bereits mit der Festlegung des Betrages der Kapitalerhöhung sowie des Nennbetrags der neuen Aktien[364] entscheidet die Hauptversammlung, wie sich die Aktionärsstruktur und damit auch die Mitgliedsrechte der Altaktionäre durch die Kapitalerhöhung verändern. Die Höhe des Ausgabepreises, die ja aufgrund des gesetzlichen Bezugsrechts das Vermögen der Altaktionäre nicht beeinflusst[365], bestimmt lediglich, wieviel liquide Mittel der Gesellschaft zufließen. Die Hauptversammlung kann daher die Festsetzung des Ausgabepreises bewusst oder auch unbeabsichtigt dem Vorstand überlassen[366], so dass der Ausgabepreis kein zwingender Bestandteil des Kapitalerhöhungsbeschlusses ist.

---

359 Siehe nur *Hüffer*, § 182 Rn 11 ff mwN.

360 *Lutter* in KölnKomm, § 182 Rn 17; *Hüffer*, § 182 Rn 12.

361 Sofern die Gesellschaft Stückaktien (§ 8 III AktG) ausgegeben hat, entfällt die Angabe eines Nennbetrages.

362 *Hüffer*, § 182 Rn 13; *Hefermehl/Bungeroth* in Geßler/Hefermehl, § 182 Rn 58 f

363 So *Lutter* in KölnKomm, § 182, Rn 16.

364 Sofern keine Stückaktien existieren.

365 Siehe § 4 H) III.) 1.) b) aa).

366 *Lutter* in KölnKomm, § 182 Rn 26 ff.

bb) Fakultativer Inhalt des Kapitalerhöhungsbeschlusses

Die Hauptversammlung ist berechtigt, den Ablauf der Kapitalerhöhung umfassend zu regeln. Sie kann daher neben dem zwingenden Mindestinhalt zahlreiche weitere Bestimmungen treffen.

So kann die Hauptversammlung den Ausgabepreis der jungen Aktien frei festlegen. Dabei darf der Ausgabepreis jedoch gemäß § 9 I AktG den Nennbetrag oder den auf die einzelne Stückaktie entfallenden anteiligen Betrag nicht unterschreiten. Überpari-Emissionen sind nach § 182 III AktG dagegen zulässig. Der Hauptversammlung steht es dabei frei, ob sie nur einen Mindest- oder auch einen Höchstpreis der neuen Aktien festsetzt oder deren Preis exakt bestimmt[367].

Ferner kann die Hauptversammlung beschließen[368], bis wann die Kapitalerhöhung durchzuführen ist, wann die Gewinnberechtigung der neuen Aktien beginnt und ab wann die Zeichnungen gemäß § 185 I 3 Nr. 4 AktG unverbindlich werden sollen. Im Erhöhungsbeschluss kann auch der Zeitpunkt für denjenigen Teil der Einzahlung auf die neuen Aktien festgelegt werden, der nicht schon gemäß §§ 188 II 1, 36 II, 36a, 37 I AktG vor Eintragung der Durchführung geleistet werden muss[369].

Sofern das Bezugsrecht der Altaktionäre ausgeschlossen ist, kann die Hauptversammlung auch diejenigen Personen bestimmen, mit denen der Vorstand berechtigt oder auch nicht berechtigt ist, Zeichnungsverträge abzuschließen. So kann sie etwa festlegen, dass die jungen Aktien breit gestreut werden sollen und dass der Vorstand daher keine Zeichnungsverträge mit institutionellen Anlegern schließen darf[370].

b) Die Entscheidungsbefugnisse des Vorstands

Der Vorstand ist für die Durchführung der Kapitalerhöhung zuständig. Da die Hauptversammlung nur die grundlegenden Punkte der Kapitalerhöhung festlegen muss, ist nun zu untersuchen, welche Entscheidungsbefugnisse dem Vorstand im Rahmen seiner Aufgaben bei Kapitalerhöhungen zustehen. Dabei wird wieder zwischen den Punkten, über die die Hauptversammlung zwingend entscheiden muss, und solchen, über die sie entscheiden kann, unterschieden.

---

367 *Hüffer*, § 182 Rn 23; *Hefermehl/Bungeroth* in Geßler/Hefermehl, § 182 Rn 69.

368 Vgl. dazu näher die Übersicht bei *Krieger* in Münch. Hdb. GesR IV, § 56 Rn 29 ff.

369 *Lutter* in KölnKomm, § 182 Rn 30; aA *Hüffer* § 182 Rn 14, der jedoch damit der Hauptversammlung konkludent und wenig überzeugend die umfassende Regelungskompetenz der Kapitalerhöhung abspricht.

370 Beispiel von *Lutter* in KölnKomm, § 182 Rn 16.

aa) Kompetenzen des Vorstands bei notwendigen Punkten des Hauptversammlungsbeschlusses

Die Hauptversammlung kann die Entscheidungen über die wesentlichen Punkte der Kapitalerhöhung nicht an den Vorstand delegieren. Entsprechend hat der Vorstand keine Kompetenzen über den Betrag der Kapitalerhöhung oder die Art der jungen Aktien zu entscheiden[371]. Dies gilt auch dann, wenn sie für den Betrag der Kapitalerhöhung nur eine Mindest- und Höchstsumme festlegt. Der Vorstand kann nicht etwa nach eigenem Ermessen über den tatsächlichen Betrag entscheiden. Der endgültige Betrag hängt vielmehr davon ab, wie viele neue Aktien innerhalb der von der Hauptversammlung bestimmten Zeichnungsfrist gezeichnet werden[372].

bb) Kompetenzen des Vorstands bezüglich der fakultativen Punkte des Hauptversammlungsbeschlusses

Sofern die Hauptversammlung über die Kapitalerhöhung nicht umfassend selbst beschließt, müssen die von ihr offen gelassenen Punkte vom Vorstand ausgefüllt werden. Dabei wird die Entscheidung über einige Punkte teilweise in das Ermessen des Vorstands gestellt, während andere Punkte unter Berufung auf gesetzliche Vorschriften geregelt werden.

So muss der Vorstand die Kapitalerhöhung unverzüglich (§ 121 I 1 BGB) durchführen, wenn keine Durchführungsfrist bestimmt worden ist[373]. Ohne einen entsprechenden Beschlus zum Beginn der Gewinnberechtigung sind die jungen Aktien in analoger Anwendung von § 60 II 3 AktG nur für die Zeit ab der Eintragung der Durchführung der Kapitalerhöhung ins Handelsregister am Gewinn beteiligt[374].

---

371 Etwas anderes gilt für das genehmigte Kapital gemäß § 202 AktG: Hier delegiert die Hauptversammlung die Entscheidung, ob und zu welchen Bedingungen eine Kapitalerhöhung durchgeführt wird, an den Vorstand. Die Hauptversammlung muss aber festlegen, bis zu welcher Höhe nur eine Kapitalerhöhung durchgeführt werden soll. Auch sonst kann sie die Entscheidungsbefugnisse des Vorstands beliebig einschränken (§ 204 I 1 AktG). Letztendlich verbleibt daher auch beim genehmigten Kapital der Hauptvesammlung die Kompetenz die Kapitalausstattung der Gesellschaft zu bestimmen.

372 *Krieger* in Münch. Hdb. GesR IV, § 56 Rn 23.

373 RGZ 144, 138 (144); *Hüffer*, § 182 Rn 14; *Hefermehl/Bungeroth* in Geßler/Hefermehl, § 182 Rn 55.

374 *Wiedemann* in GroßkommAktG, § 182 Rn 78; *Hefermehl/Bungeroth* in Geßler/Hefermehl, § 182 Rn 78.

Dagegen steht es im Ermessen des Vorstands, die Verfallsfrist gemäß § 185 I 3 Nr. 4 zu bestimmen, die allerdings nicht allzu großzügig bemessen sein darf[375]. Der Vorstand kann ferner entsprechend § 63 I AktG den Zeitpunkt der Resteinzahlung festlegen, an dem derjenige Teil der Einzahlung auf die jungen Aktien, der nicht schon vor Eintragung der Durchführung zu leisten ist, an die Gesellschaft bezahlt werden muss[376].

Große Freiheiten hat der Vorstand bei der Annahme von Zeichnungsangeboten. Zwar ist er verpflichtet, zunächst nur Zeichnungsangebote anzunehmen, die auf dem gesetzlichen[377] oder einem rechtsgeschäftlichen Bezugsrecht (§ 187 AktG) beruhen. Sofern das gesetzliche Bezugsrecht ausgeschlossen ist oder nicht alle Bezugsrechte ausgeübt werden, kann der Vorstand die künftigen Aktionäre aus dem Kreis der Zeichner frei auswählen. Er ist weder an einen Prioritäts- noch Gleichbehandlungsgrundsatz gebunden und kann bei einer Überzeichnung auch den Modus der Repartierung frei festlegen[378].

Umstritten ist, welche Befugnisse der Vorstand bei der Festlegung der Höhe des Ausgabekurses hat. Einigkeit besteht noch darin, dass der Vorstand nach pflichtgemäßem Ermessen einen höheren Ausgabekurs bestimmen kann, wenn die Hauptversammlung nur einen Mindestkurs beschlossen hat[379]. Dabei muss der Vorstand auch einen von der Hauptversammlung unter Umständen festgelegten Höchstkurs beachten. Sofern das Bezugsrecht ausgeschlossen ist, ist der Vorstand nach dem Rechtsgedanken des § 255 II AktG verpflichtet, einen angemessenen Ausgabebetrag zu bestimmen[380].

Fraglich ist jedoch, wie der Vorstand zu entscheiden hat, wenn die Hauptversammlung gar keinen Ausgabekurs festgelegt hat. Teilweise wird die Ansicht vertreten, dass der Vorstand in diesem Fall immer verpflichtet sei, die jungen Aktien zum Nennwert bzw. zum anteiligen Betrag des Grundkapitals (§ 8 III AktG) auszugeben[381]. Dies ergebe sich aus dem Wortlaut des § 182 III AktG: Wenn die Hauptversammlung keinen Ausgabepreis beschließe, sollen die jungen Aktien eben gerade nicht für einen höheren Betrag als den Mindestbetrag ausgegeben

375 *Hefermehl/Bungeroth* in Geßler/Hefermehl, § 182 Rn 55.
376 *Lutter* in KölnKomm, § 182 Rn 30.
377 Hierbei ist es unerheblich, ob das gesetzliche Bezugsrecht der Altaktionär oder ein Bezugsrechtskäufer geltend macht.
378 *Lutter* in KölnKomm, § 185 Rn 26.
379 *Lutter* in KölnKomm, § 182 Rn 24; *Krieger* in Münch. Hdb. GesR IV, Rn 26; *Hefermehl/Bungeroth* in Geßler/Hefermehl, § 182 Rn 64.
380 *Hefermehl/Bungeroth* in Geßler/Hefermehl, § 182 Rn 67f, dort auch näher zur Ermittlung des angemessenen Ausgabebetrags.
381 RGZ 144, 138 (143); BGHZ 33, 175 (178); *Schlegelberger/Quassowksi*, § 149 Rn 13; *Hefermehl/Bungeroth* in Geßler/Hefermehl, § 182 Rn 74.

werden[382]. Wenn die Aktionäre ein Bezugsrecht haben, sei der niedrige Ausgabekurs auch kein Nachteil für sie. Sofern das Bezugsrecht ausgeschlossen sei, hätten die Aktionäre immer noch die Möglichkeit, den Kapitalerhöhungsbeschluss nach §§ 243, 255 II 1 AktG anzufechten und zu beseitigen.

Dieser Argumentation kann jedoch nur teilweise gefolgt werden. Es spricht tatsächlich nichts dagegen, wenn die Aktien bei Bestehen des gesetzlichen Bezugsrechts zum Mindestbetrag ausgegeben werden. Dies ist mit dem Wortlaut von § 182 III AktG vereinbar und führt zu keinem Vermögensverlust der Aktionäre. Anders gestaltet sich die Situation dagegen bei einem Bezugsrechtsausschluss. Der Hinweis, dass dann der Beschluss der Hauptversammlung angefochten werden kann, überzeugt nicht. Denn wenn keine Anfechtung erfolgt, kann der Vorstand trotzdem nicht verpflichtet sein, einen inhaltlich rechtswidrigen Beschluss zu vollziehen. Dieser Grundsatz muss insbesondere hier gelten, weil die Ausgabe von Aktien zum Mindestbetrag sowohl den Interessen der Altaktionäre als auch des Unternehmens zuwider laufen würde. Beide Interessen hat der Vorstand jedoch zu berücksichtigen. Daher ist davon auszugehen, dass der Vorstand bei fehlender Bestimmung über den Ausgabebetrag im Kapitalerhöhungsbeschluss der Hauptversammlung beim Ausschluss des Bezugsrechts einen angemessenen Ausgabebetrag im Sinn von § 255 II AktG oder auch einen höheren Betrag frei bestimmen kann[383].

c) Folgerungen

Es wurde gezeigt, dass der Hauptversammlung umfassende Kompetenzen zur Regelung der Kapitalerhöhung zustehen. Diese Kompetenzen sind nicht im Gesetz ausdrücklich normiert, sondern werden daraus abgeleitet, dass die Hauptversammlung nach § 119 I Nr. 6 AktG iVm § 182 ff AktG für Maßnahmen der Kapitalbeschaffung zuständig ist und die Aktionäre daher bestimmen sollen, wie die Eigenkapitalstruktur ihrer Gesellschaft ist. Dogmatisch werden die Kompetenzen also durch objektiv-teleologische Auslegung des § 119 I Nr. 6 AktG unter Zugrundelegung des Prinzips der umfassenden Regelung eines Sachgebietes gewonnen. Somit sind all die ungeschriebenen Kompetenzen der Hauptversammlung bezüglich der Kapitalerhöhung dogmatisch als Annexkompetenzen zu § 119 I Nr. 6 AktG anzusehen. Die genauere Betrachtung der einzelnen Kompetenzen zeigt, dass es sich um die für Annexkompetenzen typische Regelung von Vorbe-

---

382 *Hefermehl/Bungeroth* in Geßler/Hefermehl, § 182 Rn 72 f.

383 *Klette*, BB 1968, 1101 (1103ff); *Hüffer*, § 182 Rn 25; *Lutter* in KölnKomm, § 182 Rn 26 ff mwN.

reitungs- und Durchführungsmaßnahmen der Kapitalerhöhung handelt, für die die Hauptversammlung zuständig ist.

Allerdings muss die Hauptversammlung nicht alle Einzelheiten der Kapitalerhöhung regeln, sondern kann manche Entscheidungen auch dem Vorstand überlassen. Es handelt sich dabei um Bereiche, die der Vorstand aufgrund seiner größeren Nähe zum Tagesgeschäft besser beurteilen kann als die Hauptversammlung. Der Vorstand erhält dadurch jedoch keine eigenen Entscheidungs-Kompetenzen über die grundlegenden Punkte der Kapitalerhöhung. Er ist nur befugt, den Beschluss der Hauptversammlung in den nicht wesentlichen, aber notwendig zu entscheidenden Punkten auszufüllen. Da der Beschluss über die Kapitalerhöhung einen einheitlichen mit einer umfassenden Regelung darstellt, kann jeder Aktionär durch einen Antrag nach § 126 I AktG die Entscheidungsbefugnis vom Vorstand zurück zur Hauptversammlung ziehen.

Nachdem nun feststeht, dass für Maßnahmen der Kapitalbeschaffung nach § 119 I Nr. 6 AktG grundsätzlich Annexkompetenzen möglich sind, soll nun untersucht werden, ob auch die Entscheidung über die Börsennotiz eine solche Annexkompetenz darstellt. Sofern sich zeigen sollte, dass die Hauptversammlung über die Börsennotiz entscheiden kann, stellt sich im Anschluss daran die Frage, ob sie es auch muss oder ob sie diese Entscheidung unter Umständen dem Vorstand überlassen kann.

3.) Die Entscheidung über die Börseneinführung und das Delisiting als Annexkompetenzen zu § 119 I Nr. 6 AktG

a) Die Börseneinführung als Vorbereitungsmaßnahme für Kapitalerhöhungen

Wie bereits dargelegt wurde, ist für eine Aktiengesellschaft eine Kapitalerhöhung sehr viel leichter durchführbar, wenn die Aktien an der Börse bereits notiert sind oder im Rahmen der Kapitalerhöhung an die Börse eingeführt werden. Vor allem bei größerem Kapitalbedarf, der nicht vollständig von den Altaktionären aufgebracht werden kann, ist die Börsennotiz bzw. die Börseneinführung zwar keine notwendige, aber doch eine nützliche Voraussetzung für die erfolgreiche Kapitalerhöhung dar. Die Börseneinführung dient daher der Vorbereitung von mit ihr verbundenen und auch von künftigen Kapitalerhöhungen[384].

Damit liegen die Voraussetzungen für die Annahme einer Annexkompetenz zu § 119 Nr. 6 AktG vor. Im Rahmen ihrer umfassenden Zuständigkeit zur Regelung der Eigenkapitalstruktur der Gesellschaft ist die Hauptversammlung daher befugt, auch über die Börseneinführung als sinnvolle – in der Terminologie von

384 So auch *Schanz*, § 2 Rn 5.

Stern „kohärente“ – Vorbereitungsmaßnahme von Kapitalerhöhungen zu entscheiden. Da Vorbereitungs- und Durchführungsmaßnahmen zeitlich getrennt von der eigentlichen Maßnahme erfolgen können, ist es durchaus möglich, dass von Annexkompetenzen Gebrauch gemacht wird, ohne gleichzeitig eine Entscheidung zu treffen, die den Grundbereich betrifft[385]. Entsprechend ist die Hauptversammlung befugt, im Rahmen ihrer Zuständigkeit für Kapitalmaßnahmen den Börsengang zusammen mit einer konkreten Kapitalerhöhung zu beschließen oder aber getrennt davon, um auf zukünftige Kapitalerhöhungen besser vorbereitet zu sein. In beiden Fällen trifft sie eine Entscheidung innerhalb ihrer weitreichenden Annexkompetenzen zu § 119 I Nr. 6 AktG.

b) *Entscheidungsbefugnisse des Vorstands*

Es wurde bereits dargestellt, dass die Hauptversammlung zwar alle Einzelheiten der Kapitalerhöhung regeln kann, aber nicht muss. Sie kann die Konkretisierung bestimmter Punkte vielmehr dem Vorstand überlassen. Nachdem nun feststeht, dass die Hauptversammlung im Rahmen ihrer Annexkompetenzen zu § 119 I Nr. 6 AktG über die Börseneinführung entscheiden kann, stellt sich daher die Frage, ob sie auch stets entscheiden muss oder ob der Vorstand unter gewissen Voraussetzungen auch selbst die Börseneinführung beschließen kann.

Ausgangspunkt für die Beantwortung dieser Frage ist die Feststellung, dass die Hauptversammlung grundsätzlich die Entscheidungshoheit über Maßnahmen hat, die die Eigenkapitalstruktur der Gesellschaft betreffen. Daher kann auch nur die Hauptversammlung beschließen, ob und in welcher Höhe das Grundkapital erhöht wird. Die Entscheidung über alle weiteren Punkte der Kapitalerhöhung kann sie jedoch dem Vorstand überlassen. Es handelt sich hierbei um Punkte, über die zwar notwendigerweise entschieden werden muss, um die Kapitalerhöhung durchführen zu können, die aber nicht den Charakter der Kapitalerhöhung bestimmen. Indem der Vorstand über diese Punkte entscheidet, erfüllt er den Willen der Hauptversammlung, die Kapitalerhöhung in den von ihr vorgegebenen Grundzügen durchzuführen.

Daraus ergibt sich zunächst, dass die Entscheidungsbefugnisse des Vorstands stets an eine Grundsatzentscheidung der Hauptversammlung gekoppelt sind. Über einen Börsengang, der nicht in Verbindung mit einer Kapitalerhöhung steht, kann der Vorstand daher auf keinen Fall entscheiden. Diesen Beschluss kann nur die Hauptversammlung allein treffen.

Aber auch in Verbindung mit einer Kapitalerhöhung kann der Vorstand nicht das Going Public beschließen. Denn die Börseneinführung kann eine Kapitaler-

385 Z.B. bei den Bundeswehrhochschulen oder der Bahnpolizei: vgl. *v. Münch,* Rn 541.

höhung zwar erleichtern, sie ist jedoch nicht denknotwendige Voraussetzung für die Kapitalerhöhung wie beispielsweise die Festsetzung des Ausgabepreises der jungen Aktien. Eine Kapitalerhöhung kann auch ohne Börsengang durchgeführt werden. Die Entscheidungsbefugnisse des Vorstands beschränken sich aber nur auf diejenigen Punkte, ohne deren Klärung die Kapitalerhöhung nicht möglich ist. Alle weitergehenden Vorstandsbefugnisse, die sich auch auf nicht notwendige, sondern nur wirtschaftlich sinnvolle Aspekte der Kapitalerhöhung erstrecken würden, wären mit der umfassenden Entscheidungskompetenz der Hauptversammlung nicht vereinbar. Daher kann nur die Hauptversammlung über die Börseneinführung entscheiden[386].

c) Börseneinführung und Kapitalerhöhungsbeschluss bei Lutter

Der enge Zusammenhang zwischen Börseneinführung und Kapitalerhöhungsbeschluss, der zur Begründung einer Annexkompetenz führt, wird auch von Lutter/Drygala gesehen. So schreiben sie etwa:

> Das Problem der internen Entscheidungszuständigkeit[387] entsteht nicht, wenn die zur Börseneinführung erforderlichen Aktien durch Kapitalerhöhung geschaffen werden sollen. Dann entscheidet darüber und mindestens mittelbar damit auch über die Börseneinführung die Hauptversammlung mit satzungsändernder, mindestens aber einfacher Mehrheit, § 182 I S. 2 AktG.[388]

Nach Ansicht von Lutter/Drygala kann also innerhalb des Beschlusses über die Kapitalerhöhung auch über die Börseneinführung entschieden werden. Die Börseneinführung ist dann Bestandteil des Kapitalerhöhungsbeschlusses und bedarf der nach § 182 I 2 AktG erforderlichen Mehrheit.

Sofern die Börseneinführung dagegen nicht zusammen mit einer Kapitalerhöhung beschlossen wird, ist nach Lutter ein Hauptversammlungsbeschluss nach den Grundsätzen der ungeschriebenen Hauptversammlungszuständigkeiten für Strukturänderungen notwendig, für den die Mehrheitserfordernisse des § 179 II 2 AktG gelten sollen[389].

Lutter differenziert also zwischen der Börseneinführung in Verbindung mit einer Kapitalerhöhung und der davon losgelösten Börseneinführung. Sofern die

---

386 Der Vorstand kann jedoch eine Entscheidung herbeiführen, indem er einen entsprechenden Beschluss in die Tagesordnung der Hauptversammlung aufnimmt (§ 124 I AktG).

387 Ergänze: über den Börsengang.

388 So *Lutter/Drygala* in FS Raisch, S. 239 (240); ebenso *Lutter* in FS Zöllner, S. 363 (379).

389 *Lutter* in FS Zöllner, S. 363 (378).

Börseneinführung im Zusammenhang mit einer Kapitalerhöhung erfolgt, sieht er die Entscheidung über das Going Public als Annexentscheidung zum Kapitalerhöhungsbeschluss, freilich ohne auf den Begriff der Annexkomptenzen einzugehen. Bei einer Börseneinführung ohne gleichzeitige Kapitalerhöhung nimmt er dagegen eine dogmatisch vollkommen anders abgeleitete Hauptversammlungszuständigkeit aufgrund einer Gesamtanalogie an. Eine Begründung für diese Differenzierung und eine Antwort auf die Frage, warum somit für den gleichen Sachverhalt „Börseneinführung“ unterschiedliche Mehrheitserfordernisse gelten können[390], gibt er jedoch nicht.

Es erscheint wenig plausibel, weshalb sich die Kompetenz der Hauptversammlung in Abhängigkeit von der Fallgestaltung entweder aus ihrer umfassenden Zuständigkeit für Kapitalmaßnahmen oder aber aus einer angenommenen „Zuständigkeit für Strukturänderungen“ ergeben soll. Konsequenter wäre es daher, für die Entscheidung über die Börseneinführung eine einheitliche Kompetenznorm für alle Sachverhaltsgestaltungen zu suchen. Diese lässt sich, wie auch Lutter/Drygala ahnungsweise erkannt haben, in einer Annexkompetenz zu § 119 I Nr. 6 AktG finden.

d) Delisting

Durch das Delisting wird die Börseneinführung wieder rückgängig gemacht und der entsprechende Beschluss der Hauptversammlung revidiert. Die Revision eines Beschlusses der Hauptversammlung kann jedoch nicht in den Kompetenzbereich des Vorstands oder des Aufsichtsrats fallen, weil diese sonst den Willen der Hauptversammlung leicht vereiteln könnten. Da das Delisting somit den actus contrarius zur Börseneinführung darstellt, muss die Entscheidung über das Delisting vielmehr auf die gleiche Weise wie die Entscheidung über die Börseneinführung getroffen werden. Bereits aus diesem eher formalen Grund könnte die Entscheidungskomptenz der Hauptversammlung für das Delisting abgeleitet werden[391].

Tatsächlich fällt aber die Entscheidung über das Delisting unter die Annexkompetenzen der Hauptversammlung im Zusammenhang mit Kapitalmaßnahmen. Denn durch das Delisting schneidet sich die Aktiengesellschaft den Zugang zu den organisierten Eigenkapitalmärkten ab. Kapitalerhöhungen werden dadurch

---

390 § 179 II AktG wird von § 182 I 1-3 verdrängt. Für Satzungsänderungen und Kapitalerhöhungsbeschlüsse kann die Satzung daher unterschiedliche Mehrheiten vorschreiben (*Hüffer,* § 182 Rn 3 und 8).

391 So *Lutter* in FS Zöllner, S. 363 (380) und *Grupp,* S. 193, jedoch jeweils mit unterschiedlicher dogmatischer Begründung der Hauptversammlungskompetenz für den Börsengang.

schwieriger durchführbar. Die Entscheidung für den Rückzug von der Börse kann daher als Entscheidung gegen weitere Kapitalerhöhungen, zumindest aber gegen Kapitalerhöhungen, bei denen eine Vielzahl neuer, unbekannter Aktionäre die Aktien zeichnen können, aufgefasst werden.

Da somit das Delisting die Möglichkeiten zukünftiger Kapitalmaßnahmen wesentlich beeinflusst, kann die Entscheidung über das Delisting auch nur von dem Organ getroffen werden, welches die Eigenkapitalstruktur der Gesellschaft bestimmt, nämlich der Hauptversammlung. Das Delisting ist gleichsam eine bewusste „Nicht-Vorbereitungsmaßnahme" einer Kapitalerhöhung, so dass sich die entsprechende Zuständigkeit der Hauptversammlung dogmatisch ebenfalls als Annexkompetenz zu § 119 I Nr. 6 AktG einordnen lässt.

I) Ergebnis

Es wurde untersucht, welches Organ der Aktiengesellschaft für die Entscheidung über das reguläre Delisting zuständig ist. Dabei wurde festgestellt, dass der Hauptversammlung neben den im Gesetz ausdrücklich genannten Kompetenzen auch weitere, ungeschriebene Zuständigkeiten zustehen können. Diese Zuständigkeiten können jedoch nicht durch eine Gesamtanalogie zu den geschriebenen Kompetenzen abgeleitet werden, da diese Methode dem Willen des Gesetzgebers widerspricht.

Ungeschriebene Hauptversammlungskompetenzen müssen vielmehr durch Auslegung einzelner normierter Kompetenzen entwickelt werden. Die Entscheidungskompetenz für das reguläre Delisting ergibt sich dann aus einer Annexkompetenz der Hauptversammlung zu § 119 I Nr. 6 AktG. Nach dieser Vorschrift kommt der Hauptversammlung eine umfassende Entscheidungsbefugnis über die Eigenkapitalstruktur der Aktiengesellschaft zu. Die Börsennotiz hat aus Sicht der Gesellschaft den Vorteil, dass beim Vorhandensein einer Börsennotiz leichter eine Kapitalerhöhung durchgeführt werden kann. Wenn sich die Gesellschaft von der Börse zurück zieht, so ist damit auch eine Entscheidung darüber getroffen, dass sich die Gesellschaft zukünftig nicht mehr über die Börse Eigenkapital beschaffen möchte. Diese Entscheidung kann jedoch nur die Hauptversammlung im Rahmen ihrer umfassenden Kompetenzen nach § 119 I Nr. 6 AktG treffen.

§ 5 Mehrheitserfordernis

Nachdem feststeht, dass nur die Hauptversammlung die Entscheidung über ein reguläres Delisting treffen kann, wird nun untersucht, mit welcher Mehrheit die Hauptversammlung über das Delisting beschließen muss. Dazu werden zunächst die einzelnen Ansichten in Literatur und Rechtsprechung vorgestellt, bevor ein eigener Ansatz auf Basis der Hauptversammlungskompetenz aufgrund einer Annexkompetenz zu § 119 I Nr. 6 AktG entwickelt wird.

A) Überblick über den Meinungsstand

In Rechtsprechung und Literatur finden sich sehr unterschiedliche Ansichten, mit welcher Mehrheit die Hauptversammlung über das reguläre Delisting entscheiden muss.

Der BGH geht in seiner Delisting-Entscheidung davon aus, dass der Beschluss mit der einfachen Stimmenmehrheit des § 133 I AktG gefasst werden kann[392]. Zu diesem Ergebnis gelangt der BGH, weil er § 119 II AktG als Kompetenznorm für die Entscheidungsbefugnis der Hauptversammlung ansieht. Diese Vorschrift setzt einen nur mit einfacher Stimmenmehrheit (§ 133 I AktG) gefassten Beschluss der Hauptversammlung voraus[393]. In der Literatur gab es bereits vor der Entscheidung des BGH Stimmen, die ebenfalls für einen Beschluss mit einfacher Stimmenmehrheit plädierten, weil die Kompetenz der Hauptversammlung entsprechend der „Holzmüller"-Entscheidung aus der Vorlagepflicht des Vorstands nach § 119 II AktG abzuleiten sei[394].

Überwiegend wird in der Literatur jedoch ein Hauptversammlungsbeschluss mit einer Dreiviertel-Mehrheit des bei der Abstimmung anwesenden Grundkapitals gefordert. Dabei werden unterschiedliche Begründungen für dieses Mehrheitserfordernis gegeben.

Wer eine Hauptversammlungskompetenz aufgrund einer Gesamtanalogie zu den normierten Zuständigkeiten bejaht, muss konsequenterweise von einer Dreiviertelmehrheit ausgehen. Denn die gesetzlich normierten „Strukturveränderun-

392 BGH, NZG 2003, 280 (282).
393 *Mülbert* in GroßkommAktG, § 119 Rn 53.
394 *Hüffer*, § 119 Rn 24; *Baumbach/Hopt*, § 43 BörsG Rn 3.

gen“ wie Kapitalerhöhungen, Liquidation, Abschluss von Unternehmensverträgen oder Umwandlungen erfordern durchgehend mindestens diese Mehrheit. Entsprechendes müsse dann auch für das Delisting als gesetzlich nicht normierte „Strukturmaßnahme“ gelten[395]. Auf das Problem, ob und wie sich die notwendige Beschlussmehrheit ändert, wenn die Satzung der Gesellschaft zulässigerweise[396] für einzelne „Strukturmaßnahmen“ eine höhere Mehrheit vorschreibt, wird – soweit ersichtlich – von keinem Autor näher eingegangen.

Aber auch einige Befürworter einer Hauptversammlungskompetenz aufgrund Ermessensreduktion des Vorstands nach § 119 II AktG sprechen sich für eine Dreiviertel-Mehrheit aus. Denn nur so sei der Schutz der Minderheitsaktionäre ausreichend gewährleistet[397].

Teilweise wird das Erfordernis einer satzungsändernden Mehrheit mit umwandlungsrechtlichen Vorschriften begründet. Da das reguläre Delisting mit der Umwandlung einer Aktiengesellschaft in eine GmbH vergleichbar sei, ergebe sich die Hauptversammlungskompetenz aus § 240 UmwG. Entsprechend dieser Vorschrift sei die Zustimmung von 75 % des bei der Abstimmung vertretenen Grundkapitals für die Entscheidung über das reguläre Delisting erforderlich[398].

Der Gedanke, bei der Entscheidungsbefugnis über das reguläre Delisting auf das Umwandlungsrecht zurück zu greifen, wurde bereits vor der Verabschiedung des neuen UmwG vergetragen. Entsprechend dem damaligen § 369 III AktG aF, der die Vorläufernorm zu § 240 UmwG war, wurde von Grupp eine Mehrheit von 90% des anwesenden Grundkapitals für die Entscheidung über das Delisting vorgeschlagen[399]. Nachdem das neue Umwandlungsrecht inzwischen jedoch geringere Mehrheitsanforderungen für die Umwandlung einer AG in eine GmbH stellt, hält Grupp selbst an dieser Auffassung nicht mehr fest und verlangt nun ebenfalls eine Dreiviertel-Mehrheit[400].

---

395 So *de Vries*, S 105; *Kleppe*, S. 121 ff; *Lutter*, FS Zöllner, S. 363 (378); *Land/Hasselbach*, DB 2000, 557 (558); *Zetzsche*, NZG 2000, 1065 (1066); *Kleindiek*, FS Bezzenberger, S. 653 (664).

396 Vgl. nur §§ 179a I S. 2; 293 I S. 2 AktG.

397 *Steck*, AG 1998, 460 (462); allgemein für dieses Mehrheitserfordernis bei § 119 II AktG als Kompetenznorm: *Altmeppen*, DB 1998, 49 ff.

398 *Hellwig*, ZGR 1999, 781 (799); *Zetzsche*, NZG 2000, 1065 (1068).

399 *Grupp*, S. 198.

400 So nun auch *Vollmer/Grupp*, ZGR 1995, 459 (475).

B) Eigener Ansatz

Der Überblick über den bisherigen Meinungsstand zeigt, dass die Beantwortung der Frage, mit welcher Beschlussmehrheit die Hauptversammlung über das reguläre Delisting entscheiden muss, davon abhängt, auf welche Weise die Zuständigkeit der Hauptversammlung begründet wird.

Wenn davon auszugehen ist, dass die Hauptversammlung im Rahmen einer Annexkompetenz zu § 119 I Nr. 6 AktG über das reguläre Delisting entscheiden kann und muss, so ist die erforderliche Mehrheit aus den Vorschriften über Kapitalerhöhungen abzuleiten. Denn für Annexkompetenzen gelten grundsätzlich die Mehrheitserfordernisse der jeweiligen Grundkompetenzen.

Nach § 183 I 1 AktG beschließt die Hauptversammlung über Kapitalerhöhungen mit einer Mehrheit von drei Viertel des bei der Beschlussfassung vertretenen Grundkapitals. Die Satzung kann gemäß § 183 I 2 AktG eine andere, auch kleinere, Kapitalmehrheit bestimmen. Dies gilt jedoch nicht, wenn bei der Kapitalerhöhung das Bezugsrecht der Aktionäre ausgeschlossen werden soll. In diesem Fall bedarf es nach § 186 III AktG unabhängig davon, welche Kapitalmehrheit die Satzung für die einfache Kapitalerhöhung vorschreibt, stets eines Beschlusses von mindestens 75 % des bei der Beschlussfassung vertretenen Grundkapitals. Die Satzung kann für die Kapitalerhöhung unter Ausschluss des Bezugsrechts also keine geringere Mehrheit vorschreiben, nur eine größere (§ 186 III 2 AktG).

Fraglich ist nun, ob sich die für den Beschluss über das Delisting erforderliche Mehrheit nach § 183 I AktG oder § 186 III AktG richtet. Diese Frage erlangt vor allem dann Bedeutung, wenn in der Satzung der Gesellschaft für die einfache Kapitalerhöhung eine geringere Mehrheit oder für die Kapitalerhöhung unter Ausschluss des Bezugsrechts eine größere Mehrheit vorgesehen ist. Zu ihrer Beantwortung müssen die Motive des Gesetzgebers untersucht werden, die ihn veranlasst haben, unterschiedliche Mehrheitserfordernisse für eine einfache Kapitalerhöhung und eine Kapitalerhöhung unter Ausschluss des Bezugsrechts zu statuieren.

Sofern eine Kapitalerhöhung unter Ausschluss des Bezugsrechts erfolgt, hat dies nachteilige Folgen für die Altaktionäre. Es besteht die Gefahr, dass ihre vermögensrechtlichen Ansprüche gegen die Gesellschaft durch die Ausgabe der jungen Aktien zu einem Wert, der unter dem Buchwert liegt, verwässert werden. Auf jeden Fall verringert sich der Einfluss der Altaktionäre, da ihr Stimmrechtsanteil durch die Ausgabe der neuen Aktien und die damit verbundene Erhöhung der Gesamtaktienzahl sinkt. Aus Gründen des Aktionärsschutzes will der Gesetzgeber verhindern, dass eine derart einschneidende Maßnahme, wie es eine Kapitalerhöhung unter Ausschluss des Bezugsrechts darstellt, von weniger als 75 % des anwesenden Grundkapitals beschlossen werden kann[401].

Der Ausschluss des Bezugsrechts führt für die Altaktionäre also zu einer Aushöhlung ihrer Verwaltungs- und Vermögensrechte. Bereits oben[402] wurde dargelegt, dass ein reguläres Delisting keine derartigen Auswirkungen auf die Mitgliedsrechte der Aktionäre hat. Es erscheint daher nicht notwendig, für die Entscheidung über das reguläre Delisting einen Mehrheitsbeschluss nach § 186 III AktG zu fordern. Ausreichend ist vielmehr, wenn der Beschluss den Mehrheitserfordernissen des § 183 I AktG entspricht.

Somit bedarf es für die Entscheidung über das reguläre Delisting eines Beschlusses der Hauptversammlung mit einer Mehrheit von 75 % des bei der Beschlussfassung vertretenen Grundkapitals. Sofern die Satzung für einfache Kapitalerhöhungen eine andere, auch geringere, Mehrheit vorsieht, gilt dieses Mehrheitserfordernis ebenfalls für die Entscheidung über das Delisting.

---

401 *Lutter* in KölnKomm, § 186 Rn 58.
402 Siehe § 4 B) I und II).

§ 6 Die Vorbereitung des Hauptversammlungsbeschlusses, insbesondere die Pflicht zur Erstellung eines Berichts über das geplante Delisting

Es ist umstritten, welche Informationen den Aktionären im Vorfeld des Beschlusses über das reguläre Delisting gegeben werden müssen. Vor allem ist unklar, ob der Vorstand zur Erstattung eines schriftlichen Berichts über das Delisting verpflichtet ist.

A) Ungeschriebene Berichtspflichten bei Strukturentscheidungen

Die Hauptversammlung kann nur dann sachgerechte Entscheidungen treffen, wenn den Aktionären die notwendigen Informationen zur Verfügung stehen. Dieser Grundsatz wird im Aktienrecht auf unterschiedliche Art und Weise verwirklicht. So können die Aktionäre in der Hauptversammlung nach § 131 I AktG umfassende Auskünfte über Angelegenheiten der Gesellschaft verlangen, die für die Beurteilung eines Tagesordnungspunktes erheblich sind. Es gibt jedoch Sachverhalte, die derart komplex sind, dass es sinnvoll erscheint, dass sich die Aktionäre bereits im Vorfeld der Hauptversammlung mit ihnen befassen können. Entsprechend sieht § 124 II 2 AktG vor, dass bei zustimmungspflichtigen Verträgen oder Satzungsänderungen der wesentliche Inhalt des Vertrages oder der Wortlaut der Satzungsänderung in der Bekanntmachung der Tagesordnung mitzuteilen ist. Bei einigen Entscheidungen (so z.B. bei der Entscheidung über den Abschluss eines Unternehmensvertrages (§ 293 ff AktG) oder eine Verschmelzung (§ 8 UmwG)) verlangt das Gesetz darüber hinaus, dass der Vorstand einen ausführlichen schriftlichen Bericht über die geplante Maßnahme zu erstatten hat.

In Literatur[403] und Rechtsprechung[404] wird nun teilweise vertreten, dass die gesetzlichen Bestimmungen, in denen eine Berichtspflicht angeordnet wird[405], auch bei Fällen einer ungeschriebenen Hauptversammlungskompetenz für „Strukturmaßnahmen" im Wege einer Gesamtanalogie anzuwenden sind. Danach hat der Vorstand bei allen zustimmungspflichtigen „Strukturmaßnahmen" einen schriftlichen Bericht vorzulegen, in dem er die Gründe für die „Strukturmaßnah-

---

403 *Lutter* in FS Fleck, S. 169 (177); *Lutter/Leinekugel*, ZIP 1998, 805 (814); *Weißhaupt*, NZG 1999, 804 (808).

404 LG Frankfurt/Main, ZIP 1997, 1698 (1702); LG Karlsruhe, ZIP 1998, 385 (387ff).

405 §§ 186 IV 2; 293a; 319 III 1 Nr. 3; 320 IV 1 AktG; sowie § 8 I 1; 127 1 UmwG.

me" und das ihr zugrundeliegende Konzept eingehend erläutern muss. Es muss für die Aktionäre erkennbar werden, ob und wie sich die geplante Maßnahme auf ihre Mitgliedschaft auswirkt. Der Bericht muss also alle Informationen enthalten, die für einen rational entscheidenden Aktionär als Entscheidungsgrundlage wesentlich sind, damit die Aktionäre in der Lage sind, die geplante Strukturänderung gegenüber anderen Alternativen abzuwägen[406]. Der Bericht soll entsprechend §§ 293 f AktG, § 63 UmwG vor der Hauptversammlung in den Geschäftsräumen der Gesellschaft auszulegen und jedem Aktionär auf Verlangen zuzusenden sein[407].

Sofern der Bericht unvollständig ist oder ganz fehlt, soll der entsprechende Hauptversammlungsbeschluss nach §§ 243 ff AktG anfechtbar sein[408].

Fraglich ist nun, ob auch die Entscheidung der Hauptversammlung über ein reguläres Delisting durch einen ausführlichen Bericht des Vorstands vorbereitet werden muss. Nur wenn diese Frage bejaht werden kann, muss näher untersucht werden, welchen konkreten Inhalt der Bericht im Falle des Delistings aufweisen muss[409].

B) Übersicht über den Meinungsstand zur Berichtspflicht bei der Entscheidung über das reguläre Delisting

I.) Die Ansichten in der Literatur

In der Literatur wird überwiegend die Ansicht vertreten, dass der Vorstand einen Bericht über das reguläre Delisting erstatten muss. Dies wird im Wesentlichen auf zwei Argumentationsweisen gestützt:

Teilweise[410] wird die Berichtspflicht für das reguläre Delisting aus einer Gesamtanalogie zu §§ 186 IV 2, 293a, 319 III 1 Nr. 3, 320 IV 1 AktG; sowie § 8 I 1, 127 1 UmwG abgeleitet. Da das Delisting eine zustimmungspflichtige „Strukturmaßnahme" darstellen soll, müssten auch die Berichtspflichten im Vorfeld von Entscheidungen über „Strukturänderungen" eingehalten werden.

Andere[411] leiten die Berichtspflicht nicht aus einer Gesamtanalogie ab, sondern nur aus der analogen Anwendung von § 192 I 2 iVm § 8 I 1 UmwG. Sie be-

406 Diese Anforderungen an den Bericht stellen *Lutter/Leinekugel*, ZIP 1998, 805 (814).
407 *Weißhaupt*, NZG 1999, 804 (808f) mwN.
408 LG Frankfurt/Main, ZIP 1997, 1698 ff.
409 Ausführlich zum Inhalt des Berichts beim Delisting: *Kleppe*, S. 134 f.
410 So z.B. *de Vries*, S. 107f; *Kleppe*, S. 144; *Lutter* in FS Zöllner, S. 363 (382); *Pluskat*, WM 2002, 833 (835).
411 *Zetzsche*, NZG 2000, 1065 (1068); *Schanz*, Börseneinführung, § 17 Rn 116.

rufen sich auf die Vergleichbarkeit des Delistings mit der Umwandlung einer Aktiengesellschaft in eine GmbH und fordern daher die analoge Anwendung der entsprechenden umwandlungsrechtlichen Vorschriften.

II.) Die Rechtsprechung

Die Rechtsprechung lehnt einen ausführlichen Bericht des Vorstands als Voraussetzung für einen rechtmäßigen Hauptversammlungsbeschluss über das reguläre Delisting mit unterschiedlichen Begründungen ab[412].

So verneint der BGH in seiner Delisting-Entscheidung eine Berichtspflicht[413]. Die Voraussetzungen für eine Analogie zu § 186 IV 2 AktG sieht er als nicht gegeben an, ohne dass er näher auf die Argumente für eine Berichtspflicht eingeht. Er führt aus, dass die Aktionäre ausreichend informiert seien, wenn ihnen in der Hauptversammlung die Gründe für das Delisting dargelegt würden. Im Vorfeld der Hauptversammlung sei es lediglich erforderlich, den Aktionären mit der Tagesordnung analog § 124 II 2 AktG die Einzelheiten des Widerrufsantrags sowie des Abfindungsangebots des Mehrheitsaktionärs[414] mitzuteilen.

Der BGH folgt damit der Ansicht des OLG München, das mit ähnlicher Argumentation eine Berichtspflicht analog § 186 IV 2 AktG abgelehnt hatte. Ein schriftlicher Bericht ist nach Ansicht der OLG München nur dann notwendig, wenn die Komplexität der geplanten Maßnahme eine solche Vorabinformation der Aktionäre erforderlich mache. Das reguläre Delisting sei jedoch ein Vorgang, der wenig erklärungsbedürftig und aus sich selbst verständlich sei. Verbleibende Unklarheiten könnten ausreichend im Rahmen der Hauptversammlung auf entsprechende Fragen der Aktionäre hin geklärt werden[415].

Weitere Argumente, die von den höherinstanzlichen Gerichten nicht mehr aufgegriffen worden sind, hat das LG München gegen eine Berichtspflicht angeführt[416]. So meint das LG München, dass gesetzlich nicht geregelte, sondern nur durch Analogie ermittelte, formelle Voraussetzungen für die Wirksamkeit eines Hauptversammlungsbeschlusses aus Gründen der Rechtssicherheit abzulehnen seien. Denn der Vorstand müsse sich auf den Gesetzestext für die Erfüllung der Einladungsformalitäten verlassen können. Außerdem seien die Voraussetzungen für eine Analogie zu § 186 IV 2 AktG, § 8 UmwG auch gar nicht gegeben, da es

---

412 Zustimmend *Bungert*, BB 2000, 53 (56); *Martinius/Schiffer*, DB 1999, 2460 (2461f).
413 BGH, NZG 2003, 280 (284).
414 Siehe § 9.
415 OLG München, ZIP 2001, 700 (704).
416 LG München, NZG 2000, 273 (274).

sich bei dem regulären Delisting um eine Strukturmaßnahme im weiteren Sinn[417] handelt. Da die gesetzlich normierten Berichtspflichten nur Strukturmaßnahmen im engeren Sinn betreffen, sei auch nur für derartige Strukturmaßnahmen eine Analogie überhaupt denkbar.

C) Stellungnahme

Nachfolgend sollen zunächst die oben dargestellten Argumente für und gegen eine Berichtspflicht im Vorfeld der Entscheidung über ein reguläres Delisting analysiert werden, bevor ein eigener Ansatz auf der Basis der Theorie der Annexkompetenzen vorgestellt wird.

I.) Analyse der Rechtsprechung zur Berichtspflicht beim Delisting

Die Argumente der Rechtsprechung gegen eine Berichtspflicht können nicht überzeugen. Wenn der BGH und das OLG München etwa darauf abstellen, dass keine Berichtspflicht bestehe, weil das reguläre Delisting kein komplexer und besonders erklärungsbedürftiger Vorgang sei, so differenzieren sie nicht genug zwischen der Frage, ob ein Bericht zu erstellen ist, und derjenigen, welche Angaben er zu enthalten hat[418]. Die gesetzlichen Berichtspflichten bestehen unabhängig davon, ob der konkrete Sachverhalt besonders erklärungsbedürftig oder verhältnismäßig einfach ist. Sofern die Voraussetzungen für eine analoge Anwendung dieser Vorschriften gegeben wären, wäre die Komplexität des Sachverhalts daher kein Tatbestandsmerkmal, sondern würde lediglich den Inhalt des zu erstellenden Berichts beeinflussen.

Im Übrigen würde ein Bericht, dessen Inhalt den Anforderungen von Lutter/Leinekugel[419] entspricht, durchaus einen gewissen Umfang erreichen. Denn der Vorstand müsste darlegen, warum er davon ausgeht, dass die Gesellschaft in Zukunft die Börse nicht mehr zur Eigenkapitalaufbringung braucht. Er müsste also ausführen, ob die Gesellschaft überhaupt noch neues Eigenkapital benötigt und wie dies dann aufgebracht werden soll. Denn nur mit diesen Informationen können die Aktionäre eine sachgerechte Entscheidung über das Delisting treffen. Mögen die rechtlichen Aspekte des Delistings auch im Vergleich zu komplexen

417 Vgl. zu dieser Terminologie, die das LG München freilich nicht verwendet, § 4 E) III.) 1.).

418 So zutreffend *Hornbach*, BB 2001, 893 (898).

419 Vgl. oben und *Lutter/Leinekugel*, ZIP 1998, 805 (814).

Unternehmensverträgen oder Umwandlungsvorgängen relativ einfach sein, so wirft das Delisting doch viele wirtschaftliche Fragen auf, die in einem Bericht des Vorstands behandelt werden könnten[420]. Insofern ist das Delisting aus wirtschaftlicher Sicht gerade kein einfacher und wenig erklärungsbedürftiger Vorgang, so dass aus diesem Grund eine Berichtspflicht nicht abgelehnt werden kann[421].

Ebenso wenig kann das Argument überzeugen, dass aus Gründen der Rechtssicherheit eine durch Analogie abgeleitete Berichtspflicht abzulehnen ist. Die Rechtssicherheit ist keine Sperre für Auslegung und Analogie, und durch Analogie gewonnene Rechtssätze sind nicht von geringerer Qualität als gesetzlich normierte Rechtssätze. Auch das LG München geht von der Gleichwertigkeit ungeschriebener Rechtssätze aus, wenn es feststellt, dass die Entscheidung über das Delisting als „Strukturmaßnahme von herausragender Bedeutung" der gesetzlich nicht ausdrücklich vorgeschriebenen Zustimmung der Hauptversammlung bedarf[422]. Damit setzt es die Geschäftsführung jedoch bei der Frage, ob die Entscheidung über das Delisting zustimmungspflichtig ist, ebenfalls Rechtsunsicherheit aus, weil diese Frage auch nicht aus dem Gesetztestext beantwortet werden kann. Warum die Unsicherheit bei einer ungeschriebenen Hauptversammlungskompetenz eher hingenommen werden kann als bei einer ungeschriebenen Berichtspflicht, beantwortet das LG München nicht.

Außerdem erscheint es fraglich, ob die Rechtsunsicherheit wirklich so groß und unerträglich ist, wie es das LG München annimmt. Denn die Existenz von ungeschriebenen Berichtspflichten bei ungeschriebenen Hauptversammlungskompetenzen wird in der Literatur schon seit längerem diskutiert[423]. Daher träfe den Vorstand eine derartige Pflicht nicht überraschend und vollkommen unerwartet. Aus Gründen der Rechtssicherheit kann eine Berichtspflicht daher nicht abgelehnt werden.

Wenn das LG München schließlich das Vorliegen der Tatbestandsmerkmale einer Gesamtanalogie zu § 186 IV 2 AktG, § 8 UmwG verneint, so muss auf dieses Argument nur dann näher eingegangen werden, wenn feststeht, dass die Bildung einer derartigen Gesamtanalogie überhaupt zulässig ist. Dies soll im folgenden Abschnitt untersucht werden.

---

420 Siehe hierzu die Ausführungen von *Kleppe*, S. 134 f.
421 Ebenso *de Vries*, S. 108.
422 LG München, NZG 2000, 273 (274).
423 So bereits 1988 von *Lutter* in FS Fleck, S. 169 (176).

II.) Ungeschriebene Berichtspflichten aufgrund einer Gesamtanalogie

Die Ableitung einer ungeschriebenen Berichtspflicht des Vorstands für alle Strukturmaßnahmen durch eine Gesamtanalogie zu den gesetzlich normierten Berichtspflichten stößt auf ähnliche Probleme wie die Ableitung ungeschriebener Hauptversammlungskompetenzen aufgrund einer Gesamtanalogie.

So führt ein derartiger Rechtssatz zu großer Rechtsunsicherheit. Dies jedoch nicht deshalb, weil er durch einen Analogieschluss gewonnen wurde, sondern weil seine Tatbestandsmerkmale zu unbestimmt sind. Bereits bei der Kritik an ungeschriebenen Hauptversammlungskompetenzen aufgrund einer Gesamtanalogie wurde gezeigt, dass das Tatbestandsmerkmal "Strukturmaßnahmen“ undefiniert und wohl auch undefinierbar ist. In Literatur und Rechtsprechung wird unbemerkt und ohne sprachliche Differenzierung oder Abgrenzung von engen und weiten Strukturmaßnahme-Begriffen ausgegangen. Es ist für den Rechtsanwender unklar, wann eine Strukturmaßnahme vorliegt. Gänzlich unübersichtlich wird die Rechtslage schließlich dann, wenn bei der Gesamtanalogie für ungeschriebene Hauptversammlungskompetenzen vom weiten Strukturmaßnahme-Begriff ausgegangen wird, ungeschriebene Berichtspflichten jedoch nur bei Strukturmaßnahmen im engeren Sinn bestehen sollen[424]. Daher ist die Gesamtanalogie bereits aufgrund des nicht praktikablen Ergebnisses abzulehnen.

Aber auch aus methodischen Gründen kann die Gesamtanalogie für eine Berichtspflicht nicht überzeugen. Denn es existiert kein einheitliches gesetzgeberisches Gesamtkonzept im Hinblick auf Berichtspflichten, dem ein allgemeiner Rechtssatz entnommen werden könnte[425]. So gibt es gesetzlich geregelte Strukturmaßnahmen wie die Übertragung des ganzen Gesellschaftsvermögens nach § 179a AktG oder die Auflösung der Gesellschaft nach § 262 I Nr. 2 AktG, für die zwar ein Beschluss der Hauptversammlung, aber keine Berichterstattung erforderlich ist. Aber auch die gesetzlich vorgeschriebene Berichtspflicht ist nicht einheitlich ausgestaltet. Während beispielsweise beim Abschluss eines Unternehmensvertrages der Vorstand nach § 293a AktG einen „ausführlichen“ Bericht erstatten muss, der gemäß § 293f AktG von der Einberufung der Hauptversammlung an in den Geschäftsräumen der Gesellschaft zur Einsicht auszulegen ist, fehlen derartige Bestimmungen beim Bericht über den Ausschluss des Bezugsrechts nach § 186 IV 2 AktG. Dieser Bericht muss nach dem Wortlaut nicht „ausführ-

---

424 So das LG München, NZG 2000, 273 (274f).
425 *Kort*, ZIP 2002, 685 (687).

lich" sein und der Zeitpunkt sowie Art und Weise der Vorlage sind auch nicht gesetzlich geregelt[426].

Die unterschiedliche Behandlung der Berichtspflicht bei den verschiedenen gesetzlich normierten Strukturmaßnahmen zeigt, dass der Gesetzgeber kein Konzept einer einheitlichen Berichtspflicht für alle Strukturmaßnahmen verfolgt. Die Voraussetzungen für die Bildung einer Gesamtanalogie liegen daher nicht vor. Ungeschriebene Berichtspflichten können sich somit nur durch Auslegung der einzelnen gesetzlichen Berichtspflichten ergeben[427].

III.) Berichtspflicht nach § 192 I 2 iVm § 8 I 1 UmwG analog

Auch bei der Frage, ob eine Berichtspflicht vor der Entscheidung über das reguläre Delisting besteht, wird vorgeschlagen[428], die umwandlungsrechtlichen Vorschriften über die Umwandlung einer Aktiengesellschaft in eine GmbH analog anzuwenden. Wie jedoch bereits dargelegt wurde[429], liegen die Voraussetzungen für eine derartige Analogie nicht vor. Der Rechtsformwechsel einer Aktiengesellschaft ist mit dem regulären Delisting in den für eine Analogie wesentlichen Punkten nicht vergleichbar.

IV.) Eigener Ansatz

Sofern die Entscheidung über das reguläre Delisting als eine Entscheidung über die zukünftige Art und Weise der Eigenkapitalaufbringung der Gesellschaft verstanden wird und die Zuständigkeit der Hauptversammlung daher über eine Annexkompetenz zu § 119 I Nr. 6 AktG abgeleitet wird, so muss sich der Umfang der Informationen, der den Aktionären im Vorfeld der Hauptversammlung über das geplante Delisting gegeben wird, ebenfalls nach den Vorschriften über Kapitalerhöhungen sowie den allgemeinen Vorschriften über die Informationsweitergabe im Vorfeld der Hauptversammlung richten.

Kapitalerhöhungen sind grundsätzlich Satzungsänderungen. Daher ist der beabsichtigte Beschluss einer Barkapitalerhöhung nach § 124 II 2 AktG in vollem

---

426 Zwar geht die herrschende Meinung davon aus, dass auch dieser Bericht von der Einberufung der Hauptversammlung an auszulegen ist (vgl. *Hüffer*, § 186 Rn 23 mwN), jedoch kann diese Ansicht nicht dem Gesetzestext entnommen werden, sondern beruht auf einer wertenden Auslegung; so auch *Horbach*, BB 2001, 893 (898).

427 So im Ergebnis auch *Horbach*, BB 2001, 893 (898); *Kort*, ZIP 2002, 685 (687).

428 *Zetzsche*, NZG 2000, 1065 (1066 f).

429 Siehe § 4 F).

Umfang in der Tagesordnung bekannt zu machen[430]. Bei einer Kapitalerhöhung gegen Sacheinlagen sind nach § 183 I 2 AktG weitergehende Angaben zur Bewertung der einzelnen Sacheinlagen in der Tagesordnung erforderlich. Sowohl bei der Bar- als auch bei der Sachkapitalerhöhung muss der Vorstand keinen Bericht erstatten. Eine zusätzliche Berichtspflicht besteht nach § 186 IV 2 AktG nur dann, wenn das Bezugsrecht bei der Kapitalerhöhung ausgeschlossen werden soll.

Damit könnte eine Berichtspflicht im Vorfeld der Entscheidung über das reguläre Delisting nur dann angenommen werden, wenn die Gründe, die den Gesetzgeber veranlasst haben, beim Bezugsrechtsausschluss eine Berichtspflicht anzuordnen, auch beim Delisting vorlägen. Wie bereits oben dargelegt wurde[431], bewirkt ein Bezugsrechtsausschluss, dass sich der Einfluss der einzelnen Aktionäre aufgrund der Erhöhung der Aktienanzahl verringert. Außerdem besteht die Gefahr, dass die Vermögensansprüche der Altaktionäre verwässert werden. Der Gesetzgeber geht davon aus, dass eine so schwerwiegende Entscheidung wie der Bezugsrechtsauschluss daher nur dann getroffen werden soll, wenn die Aktionäre schon vor der Hauptversammlung vor dem möglichen Eingriff in ihre Mitgliedsrechte gewarnt und über die Gründe für diese Maßnahme informiert worden sind[432].

Das reguläre Delisting führt jedoch nicht zu einer Gefährdung der Mitgliedsrechte der Aktionäre, die mit der Gefährdung beim Ausschluss des Bezugsrechtes vergleichbar wäre. Somit liegen die Voraussetzungen für eine entsprechende Anwendung von § 186 IV 2 AktG im Vorfeld der Entscheidung über ein reguläres Delisting nicht vor. Der Vorstand muss daher keinen schriftlichen Bericht über das geplante Delisting erstatten.

Allerdings müssen entsprechend dem Rechtsgedanken des § 124 II 2 AktG die Einzelheiten des Widerrufantrages in der Tagesordnung bekannt gemacht werden[433]. Diese Vorschrift bezieht sich nach ihrem Wortlaut und ihrer Stellung innerhalb des Gesetzes auf alle Tagesordnungspunkte, über die die Hauptversammlung zu entscheiden hat. Sie soll gewährleisten, dass den Aktionären unabhängig von einem Bericht, der unter Umständen nur ausliegt und nicht von allen Aktionären angefordert wird, allein schon durch die Tagesordnung erste Informationen über die zu beschließenden Punkte gegeben werden. Eine Darstellung der Gründe für das reguläre Delisting ist dagegen nach dem Wortlaut des § 124 II 2 AktG, der nur die Wiedergabe des Inhalts der zustimmungspflichtigen Verträge,

430 *Hüffer*, § 182 Rn 6.
431 Siehe § 4 H) III) 1) b) aa).
432 *Wiedemann*, in GroßkommAktG, § 186 Rn 116ff.
433 So im Ergebnis auch BGH, NZG 2003, 280 (283f); *Hüffer*, § 124 Rn 11.

nicht jedoch eine Darstellung des damit verbundenen unternehmerischen Konzepts verlangt, nicht erforderlich. Diesbezügliche Fragen können die Aktionäre nach § 131 I AktG dann direkt auf der Hauptversammlung stellen.

D) Ergebnis

Es wurde gezeigt, dass die Argumente, die in Literatur und Rechtsprechung für und gegen eine Berichtspflicht des Vorstands gegeben werden, nicht überzeugen können. Insbesondere die Annahme einer Berichtspflicht aufgrund einer Gesamtanalogie zu den gesetzlich normierten Berichtspflichten ist abzulehnen. Eine Berichtspflicht ist vielmehr deshalb zu verneinen, weil das reguläre Delisting nicht zu Eingriffen in die Mitgliedsrechte der Aktionäre führt, die mit den Eingriffen beim Bezugsrechtsausschluss vergleichbar sind, und daher auch kein Bericht nach § 186 IV 2 AktG erforderlich ist. Der beabsichtigte Beschluss über das reguläre Delisting ist daher nur nach § 124 I AktG in der Tagesordnung bekannt zu geben. Dabei muss entsprechend § 124 II 2 AktG der wesentliche Inhalt des beabsichtigten Widerrufsantrages mitgeteilt werden.

§ 7 Handelsregistereintragung des Aktionärsentscheids

Nach § 130 V AktG muss eine Abschrift des Protokolls über die Beschlüsse der Hauptversammlung unverzüglich nach der Versammlung beim Registergericht eingereicht werden. Jedermann hat nach § 9 HGB das Recht, die eingereichte Abschrift einzusehen oder eine Kopie von ihr zu verlangen[434]. Somit besteht für jeden Interessenten die Möglichkeit, sich durch die Einsichtnahme in die Protokolle der zurückliegenden Hauptversammlungen darüber zu informieren, ob die Hauptversammlung einen Beschluss über das reguläre Delisting gefasst hat oder nicht.

In der Literatur wird nun teilweise die Ansicht vertreten, dass diese Publizität nicht ausreiche. Es wird vielmehr gefordert, dass der Beschluss über das reguläre Delisting nicht nur im Rahmen des Protokolls der Hauptversammlung beim Registergericht einzureichen ist, sondern auch in das Handelsregister selbst eingetragen werden muss. Damit würde er bereits im Handelsregisterauszug und nicht nur im Aktenband der jeweiligen Gesellschaft dokumentiert.

Der Meinungsstand der Literatur soll nachfolgend kritisch dargestellt werden, bevor ein eigener Ansatz entwickelt wird.

A) Kritischer Überblick über die Ansichten in der Literatur

Vollmer/Grupp haben eine Eintragungspflicht des Hauptversammlungsbeschlusses über das reguläre Delisting vorgeschlagen[435]. Sie begründen dies mit einer Analogie zu umwandlungsrechtlichen Vorschriften. Da Beschlüsse über die Umwandlung einer Aktiengesellschaft in eine GmbH nach § 198 UmwG eintragungspflichtig sind, müsse dies auch für Beschlüsse über das reguläre Delisting gelten.

Diese Ansicht hat in der Literatur jedoch keine Zustimmung gefunden. So lehnt Zetzsche, der ansonsten die analoge Anwendung der Vorschriften des Umwandlungsrechts auf das Delisting ebenfalls befürwortet, eine Registereintragung des Beschlusses der Hauptversammlung ab. Sie sei entbehrlich, da unproblematisch über das Internet ermittelt werden könne, ob die Gesellschaft an einer Börse

434 *Hüffer*, § 130 Rn 29.

435 *Vollmer/Grupp*, ZGR 1995, 459 (476) in Fn 76.

notiert sei. Die „faktische Publizität des Internets" soll also eine Registereintragung ersetzen[436].

Zetzsches Argumentation kann freilich nicht überzeugen. Denn das Internet hat nicht die gleiche Informationsqualität wie das öffentliche, vom Staat geführte und mit gesetzlichen Vertrauensschutzregeln (§ 15 HGB) ausgestattete Handelsregister. Außerdem übersieht Zetzsche die Möglichkeit, dass eine Gesellschaft zwar noch an der Börse notiert ist, ein Hauptversammlungsbeschluss über das reguläre Delisting jedoch gefasst und das Marktentlassungsverfahren bereits eingeleitet worden ist. In diesem Falle dürfte es nicht immer „unproblematisch" sein, die entsprechenden Informationen über das Internet zu erhalten.

Die Ableitung einer Eintragungspflicht aus dem Umwandlungsrecht scheitert allerdings zum einen bereits daran, dass – wie schon mehrfach dargestellt worden ist[437] – das reguläre Delisting mit der Umwandlung einer Aktiengesellschaft in eine GmbH in den für eine Analogie wesentlichen Punkten nicht vergleichbar ist[438]. Außerdem bezweckt die Eintragung des Formwechsels nach § 198 UmwG weniger die Information der Öffentlichkeit, sondern soll eine Überprüfung der Ordnungsmäßigkeit des Formwechsels durch das Registergericht ermöglichen. Denn erst nach einer formellen und materiellen Prüfung des Formwechsels verfügt das Gericht die Eintragung, mit der nach § 202 UmwG der Formwechsel wirksam wird[439]. Eine derartige konstitutive Wirkung könnte die Eintragung des Beschlusses über das reguläre Delisting nicht entfalten, da der Widerruf der Börsenzulassung nach § 38 IV BörsG nur von der Zulassungsstelle ausgesprochen werden kann und die Wirksamkeit dieses Verwaltungsaktes im Börsengesetz nicht von einer Eintragung abhängig gemacht worden ist.

B) Das reguläre Delisting und Eintragungspflichten bei Kapitalerhöhungen

Fraglich ist jedoch, ob eine Eintragungspflicht aus der Einordnung der Hauptversammlungszuständigkeit als Annexkompetenz zu den Vorschriften über Kapitalerhöhungen abzuleiten ist. Denn im Rahmen einer Kapitalerhöhung müssen verschiedene Schritte der Kapitalerhöhung beim Handelsregister angemeldet werden. So muss nach § 184 AktG bereits der Beschluss über die Kapitalerhöhung zur Eintragung ins Handelsregister angemeldet werden. Wenn die Kapitalerhöhung erfolgreich durchgeführt worden ist und die neuen Einlagen der Gesell-

436 *Zetzsche*, NZG 2000, 1065 (1070).
437 Siehe § 4 F).
438 So auch im Hinblick auf den Registereintrag *Kleindiek* in FS Bezzenberger, S 653 (670).
439 Näher dazu *Semler/Stengel*-Vollhard, UmwG § 198 Rn 13 ff.

schaft zur Verfügung stehen, muss auch dies gemäß § 188 AktG zur Eintragung ins Handelsregister eingereicht werden. Es müssen somit der Beginn und das Ende des Kapitalerhöhungsverfahrens beim Registergericht dokumentiert werden, wobei die beiden Anmeldungen nach § 188 IV AktG auch erst nach der Durchführung der Kapitalerhöhung zusammen erfolgen können.

Das Registergericht prüft vor der Eintragung der jeweiligen Anmeldung deren Richtigkeit. Es untersucht also einerseits, ob der Beschluss über die Kapitalerhöhung ordnungsgemäß zustande gekommen ist[440], und andererseits, ob die vollständige und wirksame Zeichnung der neuen Aktien tatsächlich stattgefunden hat und die neuen Mittel zur freien Verfügung des Vorstands stehen. Bei einer Sachkapitalerhöhung prüft das Gericht insbesondere, ob der Wert der Sacheinlage nicht unwesentlich hinter dem geringsten Ausgabebetrag der dafür gewährten Aktien zurückbleibt[441]. Nur wenn das Gericht keine Beanstandungen hat, wird es die jeweilige Eintragung verfügen. Die Eintragung der Durchführung erfolgt dabei nur, wenn zuvor der Kapitalerhöhungsbeschluss eingetragen worden ist. Und nur mit der Eintragung der Durchführung der Kapitalerhöhung wird diese nach § 189 AktG wirksam.

Sofern die Hauptversammlung im Zusammenhang mit einer Kapitalerhöhung gleichzeitig auch den Börsengang der Gesellschaft aufgrund ihrer entsprechenden Annexkompetenz beschließt, wird diese Entscheidung als unselbständiger Teil des Kapitalerhöhungsbeschlusses gemäß § 184 AktG mit zum Handelsregister angemeldet und bei ordnungsgemäßer Beschlussfassung auch mit eingetragen. Fraglich ist jedoch, wie bezüglich der Registeranmeldung zu verfahren ist, wenn die Hauptversammlung ihre Annexkompetenzen nicht im Zusammenhang mit einem Grundbeschluss ausübt. Diese Frage stellt sich insbesondere dann, wenn die Hauptversammlung ohne Kapitalerhöhungsbeschluss über das reguläre Delisting der Gesellschaft entscheidet.

Die Vorschriften über Registeranmeldungen im Rahmen einer Kapitalerhöhung müssten nur dann auf den Delisting-Beschluss angewendet werden, wenn ihr Sinn und Zweck dies verlangen würde. Die §§ 184, 188 AktG verfolgen ein Ziel: Sie sollen die korrekte Kapitalaufbringung sichern. Der Kapitalaufbringungsgrundsatz besagt, dass der Gesellschaft das Eigenkapital so zufließen soll, wie es die Hauptversammlung beschlossen hat, die Zeichner versprochen haben und in der Öffentlichkeit durch das Handelsregister bekannt gemacht worden ist[442]. Daher muss ein vorbehaltloser und endgültiger Vermögenstransfer aus dem Vermögen des Einlageschuldners in das Gesellschaftsvermögen erfolgen. Nur so

440 Siehe nur *Hüffer*, § 184 Rn 6.
441 *Hüffer*, § 188 Rn 20 ff.
442 Ausführlich dazu *Wiedemann* in GroßkommAktG, § 188 Rn 6 mwN.

können die Interessen der Mitgesellschafter, Mitzeichner, vor allem aber die Interessen der Gläubiger der Gesellschaft, die auf die beschlossene Kapitalausstattung der Gesellschaft vertrauen, geschützt werden.

Die §§ 184, 188 AktG dienen der Durchsetzung dieses Grundsatzes der korrekten Kapitalaufbringung in verschiedener Art und Weise. So wollte der historische Gesetzgeber durch das Erfordernis, bereits den Kapitalerhöhungsbeschluss ins Handelsregister eintragen zu lassen, den Vorgang der Kapitalerhöhung insgesamt transparenter machen[443]. Vor allem aber wird der Beschluss über die Kapitalerhöhung durch die Eintragung bindend und kann nur noch mit qualifizierter Mehrheit rückgängig gemacht werden[444]. Allerdings wird die praktische Bedeutung von § 184 AktG durch die Regelung des § 188 IV AktG geschmälert.

Der größte Schutz des Kapitalaufbringungsgrundsatzes liegt jedoch im Anmeldeverfahren selbst[445]. Denn durch die Prüfungen des Registergerichts wird von unabhängiger Seite kontrolliert, ob einerseits die Verfahrensvorschriften eingehalten worden sind und andererseits die neuen Einlagen auch tatsächlich in das Vermögen der Gesellschaft gelangt sind. Aktionäre und außenstehende Dritte können sich daher darauf verlassen, dass die Kapitalerhöhung ordnungsgemäß durchgeführt worden ist, wenn die entsprechenden Eintragungen vorgenommen werden. Somit dienen die Anmeldungen des Kapitalerhöhungsbeschlusses und der Durchführung der Kapitalerhöhung zur Eintragung ins Handelsregister also nicht vorrangig der Information interessierter Kreise, sondern sollen primär eine Kontrolle der realen Aufbringung des erhöhten Kapitals ermöglichen.

Die isolierte Entscheidung über ein reguläres Delisting steht jedoch in keinem direkten und unmittelbaren Zusammenhang mit der Kapitalausstattung der Gesellschaft. Das Grundkapital der Gesellschaft wird durch das Delisting nicht beeinflusst. Daher ist die Anwendung von § 184 AktG auf die Entscheidung über das reguläre Delisting nicht notwendig. Der Hauptversammlungsbeschluss ist somit nicht eintragungspflichtig.

Alle eintragungspflichtigen Tatsachen sind zwangsläufig auch eintragungsfähig. Daneben gibt es jedoch auch nur eintragungsfähige Tatsachen, die nicht eintragungspflichtig sind. Es handelt hierbei um Tatsachen, bei denen die Rechtsordnung – trotz fehlender Eintragungspflicht – an irgendeiner Stelle die Eintragung voraussetzt oder an die unterbliebene Eintragung Rechtsfolgen knüpft[446]. Da keine Rechtsnorm existiert, die sich auf die Eintragung des Beschlusses über

443 *Wiedemann* in GroßkommAktG, § 184 Rn 4.
444 *Lutter* in KölnKomm, § 184 Rn 4; *Wiedemann* in GroßkommAktG, § 184 Rn 4.
445 *Hüffer*, § 188 Rn 1.
446 *Canaris*, Handelsrecht, § 4 Rn 7 f.

das reguläre Delisting bezieht, ist auch die Eintragungsfähigkeit dieser Entscheidung abzulehnen.

C) Ergebnis

Die Entscheidung der Hauptversammlung über das reguläre Delisting muss nicht zur Eintragung ins Handelsregister angemeldet werden. Die Gründe, die für die Anmeldung zur Eintragung des Kapitalerhöhungsbeschlusses maßgeblich sind, nämlich die Sicherung der realen Kapitalaufbringung, liegen bei einem Delisting nicht vor. Auch aus Publizitätsgründen ist es nicht erforderlich, dass die Entscheidung über das Delisting eintragungspflichtig oder zumindest eintragungsfähig ist. Denn durch die Einreichung des Protokolls der Hauptversammlung, in dem die entsprechenden Beschlüsse aufgeführt sind, wird das interessierte Publikum ausreichend über den beabsichtigten Rückzug von der Börse informiert.

§ 8 Die Außenwirkung des Hauptversammlungsbeschlusses über das reguläre Delisting

Bereits oben wurde dargestellt, dass die herrschende Meinung eine Außenwirkung des Beschlusses der Hauptversammlung verneint[447]. Wenn der Vorstand also einen Antrag auf Widerruf der Zulassung zum amtlichen Markt ohne vorherige Zustimmung der Hauptversammlung stellt, so soll dieser Antrag aufgrund der umfassenden Vertretungsmacht des Vorstands nach § 82 I AktG wirksam und gültig sein. Es wurde gezeigt, dass diese Ansicht nur dann schlüssig ist, wenn die Entscheidungskompetenz der Hauptversammlung aus einer Ermessensreduktion des § 119 II AktG abgeleitet wird.

Nachfolgend soll untersucht werden, ob und auf welche Weise der Hauptversammlungsbeschluss über das reguläre Delisting Außenwirkung entfaltet, wenn die Kompetenz der Hauptversammlung als Annexkompetenz zu § 119 I Nr. 6 AktG gesehen wird. Dazu wird zunächst dargestellt, ob und inwieweit ein fehlender Beschluss über eine Kapitalerhöhung die Vertretungsmacht des Vorstands einschränken kann.

A) Der Kapitalerhöhungsbeschluss und die Vertretungsmacht des Vorstands

Nach allgemeiner Ansicht wird die umfassende Vertretungsmacht des Vorstands nach § 82 I AktG durch einen Beschluss über eine Kapitalerhöhung nicht beschränkt. Gleichzeitig herrscht jedoch Einigkeit darüber, dass die Entscheidungsbefugnisse über die Kapitalausstattung der Gesellschaft in den Händen der Hauptversammlung liegen. Diese beiden Annahmen können in Konflikt geraten, etwa wenn der Vorstand ohne einen Beschluss der Hauptversammlung Zeichnungsverträge über junge Aktien abschließt. Zur Bewältigung dieses Konflikts werden in der Literatur verschiedene Lösungsmöglichkeiten aufgezeigt, wie trotz der umfassenden Vertretungsmacht des Vorstands der Wille der Hauptversammlung durchgesetzt und verwirklicht werden kann.

So wird angenommen, dass Zeichnungsverträge, die ohne entsprechenden Beschluss der Hauptversammlung vom Vorstand geschlossen werden oder aber zu einer Überzeichnung der Kapitalerhöhung führen würden, grundsätzlich nichtig

---

447 Siehe § 4 E) III) 2) b), vgl. *de Vries*, S. 113; *Pluskat*, WM 2002, 833 (836).

sind[448]. Dieses Ergebnis wurde unter der Gültigkeit des alten Schuldrechts mit der direkten[449] oder analogen[450] Anwendung von § 306 BGBaF begründet, nach dem Verträge über anfänglich objektiv unmögliche Leistungen nichtig waren. Nach der Schuldrechtsreform sind nun auch derartige Verträge wirksam, es entfällt nach § 275 I[451] BGBnF lediglich die Primärleistungspflicht. Auf den Zeichnungsvertrag übertragen bedeutet dies, dass der Vertrag nach der neuen Rechtslage zwar wirksam ist, der Gesellschaft jedoch nicht verpflichtet wäre, an den Zeichner die jungen Aktien zu leisten.

Sofern die Hauptversammlung den Kapitalerhöhungsbeschluss durch eine neue Entscheidung wieder aufhebt oder der ursprüngliche Beschluss aufgrund einer Anfechtungsklage für nichtig erklärt wird, sollen die Zeichnungsverträge ebenfalls nichtig werden[452]. Denn die Zeichnungsverträge sollen stets unter einer auflösenden Bedingung gemäß § 158 II BGB geschlossen werden, dass sie unwirksam werden, sobald der ihnen zugrunde liegende Hauptversammlungsbeschluss aufgehoben oder für nichtig erklärt wird[453].

Diese dogmatischen Begründungen können jedoch nicht vollkommen überzeugen. So erscheint es bereits fraglich, ob § 306 BGBaF bzw. § 275 I BGBnF in Bezug auf die jungen Aktien Anwendung finden können. Dies wäre nur möglich, wenn die Gesellschaft durch den Zeichnungsvertrag verpflichtet wäre, neue Aktien zu „leisten". Sofern eine solche Verpflichtung existieren würde, läge tatsächlich ein Fall der rechtlichen objektiven Unmöglichkeit vor, wenn der Zeichnungsvertrag ohne Hauptversammlungsbeschluss abgeschlossen worden oder das Volumen der Kapitalerhöhung überzeichnet wäre. Diese Konstruktion ist jedoch aus zwei Gründen abzulehnen: Zum einen werden die Zeichner der neuen Aktien nicht durch eine Leistung der Gesellschaft Aktionäre. Von einer Leistung könnte nur dann gesprochen werden, wenn die Gesellschaft einen ihrer Disposition unterliegenden Gegenstand auf die Zeichner übertragen wollte. Gerade hieran fehlt es aber, denn die neuen Aktien entstehen nach § 189 AktG originär mit der Eintragung der Durchführung der Kapitalerhöhung in der Hand des Zeichners[454]. Zum anderen enthält der Zeichnungsvertrag keine Verpflichtung der Gesellschaft, den Zeichnern neue Aktien in irgendeiner Weise zu verschaffen. Der Zeichnungsvertrag gibt dem Zeichner nach herrschender Ansicht gerade keinen An-

448 *Hüffer*, § 185 Rn 26; *Hefermehl/Bungeroth* in Geßler/Hefermehl, § 185 Rn 101ff.

449 *Hüffer*, § 185 Rn 26.

450 *Hefermehl/Bungeroth* in Geßler/Hefermehl, § 185 Rn 105.

451 Die Fragen, welche Auswirkungen die Schuldrechtsreform auf Schadensersatzansprüche der Zeichner hat, soll hier nicht näher behandelt werden.

452 *Lutter* in KölnKomm, § 185 Rn 36.

453 *Hüffer*, § 185 Rn 27.

454 *Lutter*, § 185 Rn 19.

spruch gegen die Gesellschaft auf Durchführung der Kapitalerhöhung. Denn ein solcher Anspruch würde gegen die Autonomie der Hauptversammlung bei Entscheidungen über die Kapitalausstattung der Gesellschaft verstoßen[455].

Auch die Annahme, dass die Zeichnungsverträge stets mit einer auflösenden Bedingung nach § 158 II BGB bezüglich des Bestandes des Hauptversammlungsbeschlusses abgeschlossen werden, ist abzulehnen. Denn die Vereinbarung einer solchen Bedingung würde gegen § 185 II AktG verstoßen, wonach der Zeichnungsschein neben dem Vorbehalt des § 185 I Nr. 4 AktG keine weiteren Bedingungen enthalten darf. Der Zeichnungsschein ist zwar vom Zeichnungsvertrag zu unterscheiden, er stellt jedoch je nach Ausgestaltung des technischen Ablaufs der Kapitalerhöhung entweder Angebot oder Annahme des Zeichnungsvertrages dar[456], so dass der Zeichnungsvertrag zwangsläufig ebenfalls keine zusätzlichen Bedingungen enthalten kann.

Der Konflikt zwischen unbeschränkter Vertretungsmacht des Vorstands und Eigenkapitalautonomie der Hauptversammlung kann jedoch über § 185 I 3 Nr. 4 AktG gelöst werden. Danach werden die Zeichnung und somit auch der Zeichnungsvertrag unwirksam, wenn nicht bis zu einem bestimmten Zeitpunkt die Durchführung der Kapitalerhöhung in das Handelsregister eingetragen worden ist. Die Frage, ob es sich bei dieser Klausel im Zeichnungsschein um eine Bedingung nach § 158 II BGB oder um eine Zeitbestimmung gemäß § 163 BGB handelt[457], muss hier nicht beantwortet werden. Da die Durchführung der Kapitalerhöhung jedoch nur dann eingetragen wird, wenn sich das Registergericht davon überzeugt hat, dass sowohl der Kapitalerhöhungsbeschluss als auch die Kapitalaufbringung ordnungsgemäß erfolgt sind, werden letztendlich nur solche Kapitalerhöhungen eingetragen, die entsprechend dem Willen der Hauptversammlung durchgeführt worden sind. Sofern der Zeichnungsvertrag dem Kapitalerhöhungsbeschluss von Anfang an oder auch nachträglich nicht entspricht, erfolgt keine Eintragung der Kapitalerhöhung und der jeweiligen neuen Aktionäre ins Handelsregister. In diesem Falle wird nach Ablauf der im Zeichnungsschein genannten Frist der Zeichnungsvertrag unwirksam und nichtig.

Zusammenfassend lässt sich also feststellen, dass es nicht notwendig ist vom Grundsatz der unbeschränkten Vertretungsmacht des Vorstands nach § 82 I AktG bei Kapitalerhöhungen eine Ausnahme zu machen. Denn auch trotz der umfassenden Vertretungsmacht ist durch das Zusammenspiel von § 185 I 3 Nr. 4 AktG

---

455 *Hefermehl/Bungeroth* in Geßler/Hefermehl, § 185 Rn 49 f.

456 *Wiedemann* in GroßkommAktG, § 185 Rn 31; *Hefermehl/Bungeroth* in Geßler/Hefermehl, § 185 Rn 46.

457 Nachweise zu den einzelnen Ansätzen bei *Hüffer*, § 185 Rn 14.

und den registerrechtlichen Vorschriften gewährleistet, dass die Autonomie der Hauptversammlung über die Kapitalausstattung der Gesellschaft gewahrt bleibt.

Daher wäre es auch systemwidrig, eine Beschränkung der Vertretungsmacht des Vorstands bezüglich des regulären Delistings ohne Hauptversammlungsbeschluss anzunehmen. Dies bedeutet jedoch nicht, dass ein solcher Antrag zwangsläufig wirksam sein muss. Denn es könnte sein, dass der Antrag des Vorstands auf ein reguläres Delisting ohne rechtmäßigen Hauptversammlungsbeschluss unter bestimmten Umständen nach den Grundsätzen über den Missbrauch der Vertretungsmacht keine Wirkung entfalten kann. Diese Frage soll sogleich näher untersucht werden.

B) Der Missbrauch der Vertretungsmacht beim Antrag auf reguläres Delisting ohne Hauptversammlungsbeschluss

Der Widerruf der Zulassung zum amtlichen Markt erfolgt nach § 38 IV BörsG nur auf Antrag des Emittenten. Es handelt sich also um ein Antragsverfahren gemäß § 22 2 Nr. 1 2. Alt. VwVfG[458]. Der Antrag muss nach § 12 I Nr. 3 VwVfG bei einer Aktiengesellschaft durch ihren gesetzlichen Vertreter, also gemäß § 78 I AktG durch den Vorstand, gestellt werden. Fraglich ist, ob und unter welchen konkreten Voraussetzungen der Antrag des Vorstands auf ein reguläres Delisting nach § 38 IV BörsG ohne entsprechenden Beschluss der Hauptversammlung aufgrund der Grundsätze über den Missbrauch der Vertretungsmacht unwirksam sein kann.

I.) Die Regeln über den Missbrauch der Vertretungsmacht

Nach § 82 I AktG kann die Vertretungsbefugnis des Vorstands nicht eingeschränkt werden. Zwar ist es nach § 82 II AktG möglich, die Geschäftsführungsbefugnis des Vorstands im Innenverhältnis durch Gesetz oder Satzung einzuschränken. Diese Beschränkungen entfalten im Außenverhältnis jedoch grundsätzlich keine Wirkung. Der Vorstand kann daher die Gesellschaft rechtsgeschäftlich durch Verträge wirksam verpflichten, über deren Abschluss er im Innenverhältnis nicht entscheiden darf. Ob eine positive Entscheidung über die Vornahme des Rechtsgeschäftes durch die zuständige Instanz getroffen wurde, ist für dessen Wirksamkeit also unerheblich. Selbst für die Gesellschaft nachteilige

---

458 Bzw. der entsprechenden Norm in den jeweiligen LandesVwVfGe, nachfolgend soll aus Vereinfachungsgründen stets nur das VwVfG zitiert werden.

Rechtsgeschäfte kann der Vorstand grundsätzlich wirksam und mit Absicht abschließen. Indem § 82 I AktG dem Vorstand die unbeschränkte und unbeschränkbare Befugnis zur Vertretung der Gesellschaft einräumt, übernimmt er den handelsrechtlichen Grundsatz, dass das Interesse der Allgemeinheit an Verlässlichkeit im Rechtsverkehr dem Interesse des Vertretenen an einer nach außen wirksamen Koppelung der Vertretungs- an die Geschäftsführungsbefugnis vorgeht[459].

Dieses Interesse des Rechtsverkehrs besteht jedoch nur dann, wenn der Dritte, mit dem der Vorstand die Rechtsgeschäfte abschließt, schutzwürdig ist. Andernfalls ist das Interesse der Gesellschaft daran, dass der Vertreter die internen Bindungen beachtet, höher zu bewerten. Aufbauend auf diesen Überlegungen sind die Grundsätze über den Missbrauch der Vertretungsmacht entwickelt worden[460].

Sowohl die dogmatischen Grundlagen als auch die Voraussetzungen für das Vorliegen eines Falls des Missbrauchs der Vertretungsmacht sind im Detail immer noch umstritten. Es ist unklar, welche objektiven und subjektiven Voraussetzungen auf der Seite des Vertreters und des Dritten vorliegen müssen. So wurde früher teilweise gefordert, dass der Vertreter bewusst gegen die internen Geschäftsführungsregeln verstoßen und dadurch zum Nachteil des Vertretenen handeln muss[461]. Nach anderer Ansicht soll bereits ein fahrlässiger Verstoß ausreichen[462]. In jüngerer Zeit wird zunehmend auf das Vorliegen von subjektiven Voraussetzungen und die Notwendigekeit eines Nachteils für den Vertretenen verzichtet[463]. Danach reicht es aus, wenn der Vertreter durch die Ausübung seiner Vertretungsmacht eine objektive Pflichtverletzung begeht[464]. Eine solche Pflichtverletzung liegt insbesondere etwa dann vor, wenn der Vorstand gesetzliche oder in der Satzung verankerte Beschränkungen seiner Geschäftsführungsbefugnis missachtet[465]. Ein vorsätzliches Handeln des Vorstands ist dabei nicht erforderlich.

Diese Ansicht wird damit begründet, dass der Missbrauch der Vertretungsmacht nicht als Tatbestand der unzulässigen Rechtsausübung gemäß § 242 BGB zu klassifizieren ist, sondern vielmehr als ein reines Problem des Vertretungsrechts und des Verkehrsschutzes. Der Verkehrsschutz erfordert aber nur ein

---

459 *Hüffer*, § 82 Rn 1.
460 Allgemein dazu *Staudinger/Schilken*, § 167 Rn 93 ff; speziell für das AktG: *Habersack* in GroßkommAktG, § 82 Rn 9.
461 Z.B. RGZ 134, 67 (72); BGHZ 50, 112 (114); wohl auch noch *Hüffer*, § 82 Rn 7.
462 Umfassende Darstellung mwN bei *Staudinger/Schilken*, § 167 Rn 94 ff.
463 Etwa BGH NJW 1996, 589 (590); OLG Zweibrücken NZG 2001, 763.
464 *Schramm* in MünchKomm, § 164 Rn 103; *Staudinger/Schilken*, § 167 Rn 95 mwN; *Steinbeck*, WM 1999, 885 (890 ff); *Zöllner* in Baumbach/Hueck; § 37 Rn 28.
465 *Habersack* in GroßkommAktG, § 82 Rn 12.

schutzwürdiges Vertrauen beim Dritten. Die Schutzwürdigkeit dieses Vertrauens kann aber nicht davon abhängen, ob der Vertreter bewusst oder unbewusst seine Vertretungsmacht überschreitet, sondern nur von subjektiven Umständen auf Seite des Dritten[466].

Fraglich ist jedoch, wann der Dritte nicht schutzbedürftig ist. Fest steht, dass der Missbrauchstatbestand sicher erfüllt ist, wenn der Dritte vom Vollmachtsmissbrauch des Vertreters wusste, selbst wenn er nicht im Wege der Kollusion mit ihm zusammen arbeitet. Aber auch wenn der Missbrauch der Vertretungsmacht durch den Vertreter für den Dritten evident war, sollen die Rechtsfolgen über den Missbrauch der Vertretungsmacht eintreten[467]. Denn wenn sich die Pflichtverletzung dem Dritten aufgrund massiver Verdachtsmomente aufdrängen musste, er jedoch keine Schritte unternommen hat, um die Berechtigung des Vertreters zu überprüfen, kann er kein schützenswertes Vertrauen in die Vertretungsbefugnis der Vertreters geltend machen.

Sofern ein Fall des Missbrauchs der Vertretungsmacht vorliegt, bestimmen sich die Rechtsfolgen nach den Vorschriften über den vollmachtlosen Vertreter. Die §§ 177 ff BGB sind also entsprechend anzuwenden[468]. Das bedeutet, dass ein Vertrag zunächst gemäß § 177 BGB schwebend unwirksam ist und noch nachträglich genehmigt werden kann. Bei der Aktiengesellschaft ist für die Erteilung der Genehmigung dasjenige Organ zuständig, dem aufgrund seiner Geschäftsführungsbefugnis die Entscheidungskompetenz zugestanden hätte. Sofern der Vorstand also ohne einen notwendigen Beschluss der Hauptversammlung gehandelt hat, kann nur die Genehmigung der Hauptversammlung dem Vertrag zur Wirksamkeit verhelfen. Sofern die Genehmigung nicht erteilt wird, ist der Vertrag unwirksam.

Die Regeln über den Missbrauch der Vertretungsmacht gelten auch für einseitige Rechtsgeschäfte. Denn dem Empfänger eines einseitigen empfangsbedürftigen Rechtsgeschäftes fehlt ebenfalls schützenswertes Vertrauen, wenn er sich auf die durch das Rechtsgeschäft angeblich geschaffene Rechtslage beruft, obwohl er weiß, dass der Vertreter seine Vertretungsbefugnis überschritten hat. Die Folgen des Missbrauchs der Vertretungsmacht bei einem einseitigen Rechtsgeschäftes richten sich dann nach § 180 BGB.

Nach § 180 1 BGB ist ein einseitiges Rechtsgeschäft, das ein Vertreter ohne Vertretungsmacht vornimmt, grundsätzlich unwirksam. Etwas anderes gilt allerdings, wenn der Empfänger des Rechtsgeschäftes damit einverstanden gewesen

466 *Staudinger/Schilken*, § 167 Rn 95.

467 *Staudinger/Schilken*, § 167 Rn 97; *Habersack* in GroßkommAktG, § 82 Rn 13 jeweils mwN .

468 BGH NZG 2002, 517; OLG Zweibrücken, NZG 2001, 763.

ist, dass der Vertreter ohne Vertretungsmacht handelt. Dieses Einverständnis kann auch durch konkludentes Handeln erfolgen, etwa indem der Erklärungsempfänger sich auf die neue Rechtslage beruft. Voraussetzung für ein Einverständnis ist jedoch, dass der Empfänger das Fehlen der Vertretungsmacht kennt oder zumindest für möglich hält[469].

Wenn § 180 BGB beim Vorliegen eines Missbrauchs der Vertretungsmacht entsprechend angewendet wird, muß sich das nach § 180 2 BGB erforderliche Einverständnis nicht auf die fehlende Vertretungsmacht, sondern auf den Missbrauch der Vertretungsmacht beziehen. Der Dritte musste also wissen oder zumindest für möglich halten, dass der Vertreter seine Befugnisse überschreitet. Diese Voraussetzungen des „Einverständnisses" dürften in der Regel vorliegen, wenn dem Dritten der Mißbrauch der Vertretungsmacht evident war und er sich trotzdem auf die Wirksamkeit des Rechtsgeschäftes beruft. In diesem Fall kann daher der Vertretene entsprechend § 177 I BGB das einseitige Rechtsgeschäft nachträglich genehmigen und ihm so zur Wirksamkeit verhelfen.

II.) Die Anwendbarkeit der Regeln über den Missbrauch der Vertretungsmacht im Verwaltungsverfahren

Es ist umstritten, ob die Grundsätze über den Missbrauch der Vertretungsmacht auch im Verwaltungsverfahren angewendet werden können. Teilweise wird die Anwendung ohne nähere Begründung und nur unter Berufung auf ein Urteil des Reichsgerichts verneint[470]. Demnach könnte der Vorstand im Verwaltungsverfahren die Gesellschaft uneingeschränkt vertreten. Ein Antrag des Vorstands auf Widerruf der Zulassung zum amtlichen Markt wäre daher stets und auch ohne entsprechenden Beschluss der Hauptversammlung wirksam und gültig.

Diese Ansicht kann jedoch nicht überzeugen. Nach § 12 I Nr. 3 VwVfG handeln im Verwaltungsverfahren für juristische Personen deren gesetzliche Vertreter. Das Verwaltungsrecht verweist damit auf die jeweiligen zivilrechtlichen Regelungen. So ergibt sich einerseits aus dem materiellen Recht, wer der gesetzliche Vertreter ist. Aber es gelten im Verwaltungsrecht auch die zivilrechtlichen Grundsätze über Vertretungsmängel[471]. Aus verwaltungsrechtlicher Sicht gibt es also keine Gründe, die Regeln über den Missbrauch der Vertretungsmacht im Verwaltungsverfahren nicht anzuwenden. Auch zivilrechtlich sind keine Argu-

469 *Staudinger/Schilken*, § 180 Rn 4.

470 *Habersack* in GroßkommAktG, § 82 Rn 9 am Ende; *Zöllner* in Baumbach/Hueck; § 37 Rn 28 jeweils unter Berufung auf RGZ 89, 369.

471 So ausdrücklich *Bonk/Schmitz* in Stelkens/Bonk/Sachs, § 12 Rn 15.

mente ersichtlich, warum der Vertretene im Verwaltungsverfahren nicht vor dem Missbrauch der Vertretungsmacht des Vertreters geschützt sein soll. Daher muss auch im Verwaltungsverfahren nach den Regeln über den Missbrauch der Vertretungsmacht das Interesse der Behörde, auf den Bestand einer Verfahrenshandlung vertrauen zu können, mit dem Interesse des Vertretenen an einer ordnungsgemäßen Vertretung abgewogen werden.

Ein solches schützenswertes Interesse der Behörde ist insbesondere bei Antragsverfahren nach § 22 2 VwVfG regelmäßig nicht gegeben. Das Verfahren wird erst durch den Antrag des Antragstellers eingeleitet. Die Durchführung des Verfahrens liegt also zunächst allein im Interesse des Antragstellers, die Behörde steht dem Verfahren neutral gegenüber. Wenn es für die Behörde jedoch evident ist, dass ein Vertreter einen Antrag stellt, ohne dass er zur Entscheidung über die Antragstellung im Innenverhältnis berechtigt gewesen wäre, so kann sie keinerlei Interesse an der Durchführung des Verfahrens haben, selbst wenn es objektiv für den Vertretenen sinnvoll sein mag. Denn die Antragstellung erfolgt ja gerade nicht aufgrund des ausdrücklich manifestierten Interesses des Vertretenen, sondern nur aufgrund des Willens des Vertreters. Daher besteht die Gefahr, dass der Antrag zurückgenommen wird oder ein gegenläufiges Verfahren eingeleitet wird, wenn der Vertretene die eigenmächtige Entscheidung des Antragstellers erkennt und nicht billigt.

Die Analyse der Interessen der Behörde und des Antragstellers zeigt also, dass die Anwendung der Grundsätze über den Missbrauch der Vertretungsmacht gerade im Antragsverfahren sinnvoll ist. Verwaltungsrechtliche Einwände stehen ihr nicht entgegen. Sofern die Behörde also trotz der evidenten Überschreitung der Vertretungsbefugnis aufgrund des Antrags des Vertreters einen Verwaltungsakt erlassen würde, so wäre dieser Verwaltungsakt zunächst rechtswidrig, solange der Vertretene ihn nicht nachträglich entsprechend § 180 2, § 177 I BGB genehmigt[472]. Denn ein ordnungsgemäßer Antrag, der Voraussetzung für den Erlass des Verwaltungsaktes ist, liegt nicht vor. Wenn die Behörde jedoch erkennt, dass der Vertreter seine Vertretungsbefugnis überschreitet, muss sie seinen Antrag gemäß § 180 1 BGB als unwirksam zurückweisen. Hierzu ist sie verpflichtet, da die Behörde aufgrund ihrer Bindung an Recht und Gesetz bewusst keine rechtswidrigen Verwaltungsakte erlassen darf.

472 Zu den Folgen eines fehlerhaften Antrags: *Kopp/Ramsauer*, § 22 Rn 28.

III.) Die Situation beim regulären Delisting

Auch beim Antrag über das reguläre Delisting sind die Regeln über den Missbrauch der Vertretungsmacht zu beachten. Der Zulassungsstelle ist als Behörde, die an Recht und Gesetz gebunden ist, bekannt, dass die Entscheidung über den Antrag über das reguläre Delisting nur von der Hauptversammlung getroffen werden kann. Dies bedeutet, dass die Zulassungsstelle den Antrag zurückweisen muss, wenn es für sie evident ist, dass der Vorstand seine Vertretungsbefugnis überschreitet, weil er ohne entsprechenden Beschluss der Hauptversammlung den Widerruf beantragt. Fraglich ist jedoch, wann ein Überschreiten der Vertretungsmacht evident ist.

Sicherlich liegt ein offensichtlicher Missbrauch der Vertretungsmacht vor, wenn der Vorstand der Zulassungsstelle von sich aus mitteilt, dass kein Hauptversammlungsbeschluss gefasst worden ist. Das Gleiche gilt, wenn die Zulassungsstelle aus den ihr vorliegenden Unterlagen eindeutig erkennen kann, dass kein Hauptversammlungsbeschluss gefasst worden ist. Andererseits ist die Zulassungsstelle nicht verpflichtet, einen Hauptversammlungsbeschluss, von dessen Existenz sie weiß, auf seine Richtigkeit und Wirksamkeit hin zu überprüfen. Derartige Prüfungspflichten der Berechtigung des Vertreters treffen den Dritten und damit die Zulassungsstelle gerade nicht[473]. Sofern ein Hauptversammlungsbeschluss vorliegt, ist der Vorstand nach § 82 I AktG antragsbefugt, unabhängig davon, ob dieser Beschluss rechtmäßig ist oder nicht.

Unklar erscheint jedoch, ob die Zulassungsstelle nicht zumindest eine Erkundigungspflicht hat, wenn der Vorstand ihr gegenüber gar keine Angaben über einen Hauptversammlungsbeschluss macht. Eine solche Erkundigungspflicht wird im Zivilrechtsverkehr abgelehnt. Andererseits darf der Dritte auch nicht die „Augen vor dem Überschreiten der Vertretungsmacht verschließen“[474]. Daher liegt bereits dann ein Missbrauch der Vertretungsmacht vor, wenn sich die Pflichtverletzung des Vertreters aufgrund massiver Verdachtsmomente aufdrängen muss. Ein solches Verdachtsmoment kann darin gesehen werden, dass der Vorstand in

---

473 *Habersack* in GroßkommAktG, § 82 Rn 13. In der Literatur (z.B. *Groß*, ZHR 165 (2001), 141 (157); *de Vries*, S. 63 ff) wird diskutiert, ob die Zulassungsstelle im Rahmen ihrer Entscheidung über den Widerruf der Zulassung auch prüfen muss, ob die gesellschaftsrechtlichen Voraussetzungen für den Antrag über den Widerruf eingehalten worden sind. Diese Frage betrifft den Inhalt der Entscheidung nach § 38 IV BörsG und ist daher eine kapitalmarktrechtliches Problem, das in der vorliegenden Arbeit nicht näher untersucht werden muss. Die hier besprochene Frage betrifft dagegen die Einleitung des Verfahrens und liegt somit an der Schnittstelle zwischen Kapitalmarkt- und Aktienrecht.

474 *Zöllner* in Baumbach/Hueck, § 37 Rn 28.

seinem Antrag keinen Hauptversammlungsbeschluss erwähnt. Denn aus dem Schweigen kann die Zulassungsstelle nicht folgern, dass die innergesellschaftliche Kompetenzverteilung eingehalten worden ist. In diesem Fall ist sie vielmehr verpflichtet, sich zu erkundigen, ob ein Hauptversammlungsbeschluss auch tatsächlich erfolgte. Sofern der Vorstand diese Frage bejaht, kann sie von der Wirksamkeit des Antrags ausgehen. Ohne Erkundigung besteht die Gefahr, dass der Widerruf der Zulassung zum amtlichen Markt nach den Grundsätzen über den Missbrauch der Vertretungsmacht ohne nachträgliche Genehmigung der Hauptversammlung unwirksam wird.

C) Ergebnis

Der fehlende Beschluss der Hauptversammlung über das reguläre Delisting entfaltet grundsätzlich keine Außenwirkung. Die Vertretungsmacht des Vorstands wird ohne einen derartigen Beschluss nicht eingeschränkt. Dies bedeutet allerdings nicht, dass der Antrag des Vorstands ohne Hauptversammlungsbeschluss stets wirksam ist. Denn nach den Grundsätzen über den Missbrauch der Vertretungsmacht muss die Zulassungsstelle entsprechend § 180 1 BGB den Antrag zurückweisen, wenn es für sie evident ist, dass der Vorstand ohne Hauptversammlungsbeschluss handelt. Die Zulassungsstelle ist verpflichtet, sich nach einem entsprechenden Beschluss zu erkundigen. Eine weitergehende Prüfungspflicht trifft sie jedoch nicht.

§ 9 Abfindungsangebot oder Fungibilitätsausgleich

Es ist umstritten, ob es aktienrechtlich notwendig ist, den Aktionären im Zusammenhang mit dem Hauptversammlungsbeschluss über das reguläre Delisting eine Barzahlung zu versprechen. Diese Zahlung könnte entweder als Abfindungsangebot oder als Fungibilitätsausgleich ausgestaltet sein. Ein aktienrechtliches Abfindungsangebot würde denjenigen Aktionären, die gegen das Delisting gestimmt haben, die Möglichkeit geben, ihre Aktien zu einem festen Kurs zu verkaufen und so aus der Gesellschaft auszuscheiden. Fraglich ist, ob ein derartiges Abfindungsangebot von der Aktiengesellschaft oder auch von Dritten abgegeben werden müsste. Nachfolgend sollen zunächst die verschiedenen Begründungsansätze für ein Abfindungsangebot dargestellt und danach kritisch bewertet werden. Anschließend soll noch kurz untersucht werden, ob sich eine gesellschaftsrechtliche Pflicht zur Zahlung eines Fungibilitätsausgleiches begründen lässt.

A) Abfindungsangebot

I.) Dogmatische Begründungen einer Pflicht zur Abgabe eines Abfindungsangebots

1.) Der verfassungsrechtliche Ansatz des BGH

Nachdem sowohl das LG München[475] und das OLG München[476] das Kaufangebot des Großaktionärs im Zusammenhang mit der Entscheidung über das reguläre Delisting als „freiwillig" eingestuft hatten, hat der BGH eine gesetzliche Pflicht zur Abgabe eines solchen Angebots angenommen[477]. Dieses Angebot könne entweder durch die Gesellschaft (in den nach §§ 71 f AktG bestehenden Grenzen) oder durch den Großaktionär erfolgen.

Der BGH hat die Verpflichtung zur Abgabe des Kaufangebots dogmatisch nicht begründet. Er betont ohne Nennung einer rechtlichen Grundlage lediglich, dass ein adäquter Schutz der Minderheitsaktionäre nur durch ein Pflichtangebot

475 NZG 2000, 273 (276).
476 ZIP 2001, 700 (705).
477 BGH, NZG 2003, 280 (283).

erreicht werden könne[478]. Wahrscheinlich hat er sich von dem Gedanken der „DAT/Altana"-Entscheidung leiten lassen, wonach der Aktionär für den Verlust seiner verfassungsrechtlich geschützten Rechtspositionen entschädigt werden muss[479]. Wenn der BGH durch das reguläre Delisting Eigentumspositionen der Aktionäre verletzt sieht, so ist es konsequent den Aktionären einen verfassungsrechtlich durch Art. 14 GG gebotenen Ausgleich für den Eingriff in ihr Eigentum zu zu sprechen. Dieser Ausgleich muss nach Ansicht des BGH in Form eines Pflichtangebots an die Aktionäre erfolgen.

2.) Der Wegfall der gesellschaftlichen Geschäftsgrundlage nach Kleppe

Einen anderen Ansatz zur Begründung einer Barabfindungsofferte stellt Kleppe[480] vor: Durch das Delisting würden die Anleger in ihrer Erwartung, mit der sie ein Engagement in der jeweiligen Aktie eingegangen haben, enttäuscht. Denn sie hätten erwartet, die Aktie bei Bedarf wieder über die Börse verkaufen zu können. Allein diese Enttäuschung könne jedoch noch nicht zur Begründung eines Abfindungsanspruchs ausreichen. Hinzu komme, dass die Aktionäre nicht freiwillig auf die Börsennotiz verzichten würden, sondern die Entscheidung über das Delisting ohne ihre Zustimmung von der Mehrheit der Aktionäre bzw. dem Großaktionär getroffen worden sei. Daher könne man in diesem Fall von einem „Wegfall der gesellschaftsrechtlichen Geschäftsgrundlage" für die überstimmten Minderheitsaktionäre sprechen. Die Rechtsfolge des Wegfalls der gesellschaftsrechlichen Geschäftsgrundlage sei ein Abfindungsrecht der Minderheitsaktionäre. Das Kaufangebot könne sowohl von der Gesellschaft als auch von dem Großaktionär abgegeben werden[481].

3.) Analogie zu § 207 UmwG

Zahlreiche Autoren[482] leiten die Notwendigkeit zur Abgabe eines Abfindungsangebots aus einer Analogie zu § 207 UmwG ab. Danach muss bei einem Formwechsel der formwechselnde Rechtsträger jedem Anteilsinhaber, der gegen den Umwandlungsbeschluss Widerspruch einlegt, den Erwerb der umgewandelten

---

478 *K. Schmidt*, NZG 2003, 601 (603), lobt entsprechend den „Wagemut" des sich zum „Ersatzgesetzgeber aufschwingenden Senats".

479 BVerfGE 100, 289 (303).

480 *Kleppe*, S. 199 f.

481 *Kleppe*, S. 201 ff und 206 f.

482 *Hellwig*, ZGR 1999, 781 (800); *Zetzsche*, NZG 2000, 1065 (1068 f); *Pluskat*, WM 2002, 833 (835); *Kleindiek*, in FS Bezzenberger, S. 653 (666); *Schanz*, Börseneinführung, § 12 Rn 73; *Henze*, S. 168 ff.

Anteile gegen eine angemessene Barabfindung anbieten. Die Folgen des regulären Delistings seien bezüglich der eingeschränkten Fungibilität der Aktien mit der Umwandlung einer Aktiengesellschaft in eine GmbH vergleichbar. Daher müssten auch die für die Umwandlung geltenden Abfindungsregeln analog auf das Delisting angewandt werden.

II.) Stellungnahme

Die Annahme einer gesellschaftsrechtlich verankerten Pflicht, die Entscheidung über das reguläre Delisting mit einem Pflichtangebot zu verknüpfen, ist abzulehnen. Ein derartiges Abfindungsangebot entspricht weder der Zielsetzung von Abfindungsangeboten noch lässt es sich überzeugend dogmatisch begründen.

1.) Die fehlende Notwendigkeit eines Abfindungsangebots

Die gesellschaftsrechtliche Pflicht, widersprechenden Aktionären ein Abfindungsangebot unterbreiten zu müssen, dient dem Ausgleich von Interessenkonflikten zwischen den Mehrheitsaktionären und der jeweiligen Minderheit. Sofern eine Maßnahme mit einer gewissen Intensität in die Interessen oder gar Rechte der Minderheitsaktionäre eingreift, wird diesen vom Gesetzgeber die Möglichkeit eingeräumt die Gesellschaft zu verlassen.

Die Interessen der Minderheitsaktionäre werden beim regulären Delisting dadurch beeinträchtigt, dass sie ihre Aktien nach dem Börsenrückzug nur noch unter erschwerten Bedingungen und vor allem zu einer niedrigeren Bewertung verkaufen können. Diese Umstände reichen jedoch noch nicht aus, um die Notwendigkeit eines Abfindungsangebots zu begründen. Ein solches Abfindungsangebot würde vielmehr eine Systemwidrigkeit im Aktienrecht darstellen. Denn grundsätzlich stellt ein Vorgang im Binnenbereich der Gesellschaft, der die Parameter für die Marktbewertung der Aktie verändert, keinen Anlass dar, den Aktionären einen Abfindungsanspruch gegen die Gesellschaft einzuräumen[483]. So kann die Gesellschaft etwa mit Zustimmung der Mehrheitsaktionäre nach § 179 a AktG das gesamte Gesellschaftsvermögen veräußern. Dieser Vorgang wird die Marktbewertung auf jeden Fall beeinflussen. Ein Abfindungsanspruch der Minderheitsaktionäre besteht jedoch nicht. Auch eine Satzungsänderung, die durch eine Änderung des Unternehmensgegenstandes der Gesellschaft neue Tätigkeitsbereiche eröffnet oder bereits bestehende Tätigkeitsfelder aufgibt, wird die Bewertung des

483 *Mülbert*, ZHR 165 (2001), 104 (138).

Gesellschaft verändern, ohne dass die dagegen stimmenden Minderheitsaktionäre ihre Aktien an die Gesellschaft oder den Großaktionär verkaufen könnten.

Da aktienrechtlich also Maßnahmen, die zwangsläufig zu einer Neu- und auch Schlechter-Bewertung der Aktien der Gesellschaft führen, von der Hauptversammlung grundsätzlich ohne Pflicht zur Abgabe eines Abfindungsangebots beschlossen werden können, gibt es keine Notwendigkeit, ein derartiges Abfindungsangebot bei der Entscheidung über das reguläre Delisting zu fordern. Gründe, warum die Minderheitsaktionäre im Falle des Delistings schutzbedürftiger sind als in den anderen Fällen, sind nicht ersichtlich. Auch der BGH führt keine Argumente auf, warum nur durch ein Pflichtangebot ein „adäquater" Schutz erreicht werden kann.

2.) Kritische Würdigung der vorgeschlagenen Rechtsgrundlagen für einen Abfindungsanspruch

Die in Literatur und Rechtsprechung vorgeschlagenen Begründungen für einen Abfindungsanspruch können unabhängig von der fehlenden Notwendigkeit eines Pflichtangebots auch dogmatisch nicht überzeugen.

Der BGH geht davon aus, dass der Abfindungsanspruch aufgrund des durch das Delisting erfolgten Eingriffs in das Anteilseigentum der Aktionäre besteht. Dem BGH ist zuzustimmen, dass Aktionäre grundsätzlich für den Verlust ihrer verfassungsrechtlich garantierten Rechtspositionen mit dem vollen Wert dieser Positionen zu entschädigen sind. Wie jedoch bereits dargelegt worden ist[484], stellt die Zulassung zum amtlichen Markt gerade keine eigentumsrechtlich relevante Eigenschaft dar. Somit liegt bereits die Voraussetzung für einen verfassungsrechtlich begründeten Abfindungsanspruch nicht vor[485].

Fraglich ist außerdem, ob die vom BGH aus der Eigentumsqualität der Börsenzulassung gezogenen Konsequenzen schlüssig sind. Denn durch das Delisting wird den Aktionären auch nach Ansicht des BGH ja nicht das volle Aktieneigentum entzogen, sondern nur eine Eigenschaft des Anteilseigentums. Dieser Eingriff sei verfassungsrechtlich bedeutsam, da die Schwelle für einen Eigentumseingriff unterhalb des Totalverlusts der Mitgliedschaft liegen kann[486]. Allerdings muss auch in diesem Fall nur das den Aktionären erstattet werden, was sie tatsächlich verlieren. Nach der Lösung des BGH erhalten die Aktionäre jedoch mehr, als ihnen durch das Delisting an Eigentum entzogen wird: nämlich den Ersatz für ihr vollständiges Aktieneigentum. Dafür müssen sie allerdings auch das

484 Siehe § 4 C) II) 2).
485 So auch *Krämer/Theiß*, AG 2003, 225 (240).
486 *Pluskat*, WM 2002, 833 (835).

vollständige Eigentum an den Aktien aufgeben und diese an die Gesellschaft bzw. den Großaktionär verkaufen. Konsequenter wäre es, wenn der BGH den widersprechenden Aktionären nur einen Fungibilitätsausgleich[487] zusprechen würde, da bereits dieser den durch das Delisting nach Ansicht des BGH bewirkten Eigentumsverlust ausgleichen würde. Ein Pflichtangebot zum Ersatz des vollständigen Aktieneigentums ist daher auch bei der Annahme, die Börsennotiz sei durch Art. 14 GG geschützt, verfassungsrechtlich nicht zu begründen.

Kleppes These, das Delisting führe zum Wegfall der „gesellschaftsrechtlichen Geschäftsgrundlage", ist ebenfalls abzulehnen. Es bleibt unklar, worin und zwischen wem die Geschäftsgrundlage, die durch den Rückzug von der Börse wegfallen soll, besteht. Im Zivilrecht wird die Geschäftsgrundlage, die nunmehr in § 313 BGB positivrechtlich verankert ist, von den gemeinsamen Vorstellungen der Vertragsparteien über das Vorhandensein oder über den künftigen Eintritt bestimmter Umstände gebildet, die für den Vertragsschluss wesentlich sind, ohne dass sie Vertragsbestandteil werden[488]. Ein Wegfall der Geschäftsgrundlage liegt dann vor, wenn sich die gemeinsamen Vorstellungen der Parteien als falsch erweisen und daher das Festhalten an den getroffenen vertraglichen Vereinbarungen unzumutbar erscheint.

Nicht jeder Käufer von Aktien weiß, dass es rechtlich möglich ist, dass die Gesellschaft gegen seinen Willen ein reguläres Delisting beantragt und sich so von der Börse zurückzieht. Diese Unkenntnis beruht jedoch auf mangelnder Information über die Risiken eines Aktienkaufs und fällt in den Verantwortungsbereich des Käufers. Wenn der Käufer von Aktien also darauf vertraut, dass die Aktien für immer an der Börse notiert werden, so ist dieses Vertrauen nicht schutzwürdig[489]. Denn bei der Bestimmung der Geschäftsgrundlage des Aktienkaufs muss in objektivierter Weise von einem umfassend informierten Aktienkäufer ausgegangen werden. Ein Wegfall der Geschäftsgrundlage kann daher nur vorliegen, wenn sich die Rechtslage überraschend ändert, nicht jedoch, wenn im Rahmen der bestehenden Rechtslage die Verhältnisse geändert werden. Solche vorhersehbaren Änderungen der Umstände begründen keine Rechte nach den Grundsätzen über den Wegfall der Geschäftsgrundlage[490]. Selbst wenn man also die Existenz einer gesellschaftsrechtlichen Geschäftsgrundlage annimmt, entfällt sie durch die Durchführung des gesetzlich vorgesehenen und somit auch vorhersehbaren Delistings nicht, da diese im geltenden Recht angelegte Möglichkeit ebenfalls zur Geschäftsgrundlage des Aktienkaufs gehört.

---

487 Die Möglichkeit eines Fungibilitätsausgleiches erwägt auch *Zetzsche,* NZG 2000, 1065 (1069).

488 *Palandt-Heinrichs,* 62. Auflage, § 313 Rn 3 ff mwN.

489 aA *Kleppe,* S. 197 f.

490 BGH, WM 1972, 656ff.

Auch die Ableitung eines Pflichtangebots aus einer Analogie zu § 207 UmwG kann nicht überzeugen[491]. Bereits mehrfach wurde dargelegt, dass das reguläre Delisting mit der Umwandlung einer Aktiengesellschaft in eine GmbH nicht in analogiefähiger Weise vergleichbar ist[492]. Neben diesen allgemeinen Einwänden gegen eine Analogie umwandlungsrechtlicher Vorschriften auf das reguläre Delisting spricht bezüglich des Abfindungsangebots auch die systematische Stellung von § 207 UmwG gegen eine analoge Anwendung dieser Vorschrift. Denn die Regelung steht im allgemeinen Teil der Vorschriften über den Formwechsel von Gesellschaften. § 207 UmwG sieht daher ein Abfindungsangebot nicht nur für den Fall der Umwandlung einer Aktiengesellschaft in eine GmbH vor, sondern auch für den umgekehrten Fall der Umwandlung einer GmbH in eine Aktiengesellschaft[493]. Darin zeigt sich, dass die Fungibilität der Geschäftsanteile bzw. Aktien kein entscheidendes Kriterium für die Gewährung des Abfindungsanspruchs sein kann. Denn selbst im Falle der Umwandlung einer GmbH in eine Aktiengesellschaft, was auch ohne Börsennotiz zu einer größeren Fungibilität der neu geschaffenen Aktien führt, muss die formwechselnde Aktiengesellschaft ein Pflichtangebot nach § 207 UmwG unterbreiten. Somit kann § 207 UmwG auf das reguläre Delisting nicht analog angewandt werden, weil die in § 207 UmwG geregelten Vorgänge in den für die Regelung relevanten Punkten gerade nicht mit dem Börsenrückzug vergleichbar sind. Auf die verschiedentlich erörterte Frage, ob ein umwandlungsrechtlich fundiertes Abfindungsangebot den Wertungen des § 29 I 2 UmwG widerspricht, braucht daher nicht näher eingegangen werden[494].

B) Fungibilitätsausgleich

Ein Abfindungsangebot gäbe den Aktionären die Möglichkeit, sich im Fall des regulären Delistings vollständig aus der Gesellschaft zurückzuziehen. Dies dürfte nicht immer den Interessen der Aktionäre entsprechen, vor allem dann nicht,

---

491 So im Ergebnis auch *de Vries*, S. 119.

492 Siehe § 4 F).

493 Siehe nur *Decher* in Lutter UmwG, § 207 Rn. 5 ff.

494 *Mülbert,* ZHR 165 (2001), 104 (137f) sieht in dem Umstand, dass nach § 29 I 2 UmwG die Verschmelzung einer börsennotierten mit einer nichtbörsennotierten Akteingesellschaft grundsätzlich kein Abfindungsangebot nach sich zieht, einen Beleg gegen ein umwandlungsrechtlich abgeleitetes Abfindungsangebot bei einem regulären Delisting. Dieser Argumentation hält *Henze,* S. 170 zu Recht entgegen, dass § 29 UmwG nur für Verschmelzungsvorgänge gilt, mit denen das reguläre Delisting in keiner Weise vergleichbar sei, weil bei der Verschmelzung zwei Rechtsträger beteiligt seien. Daher könnten aus § 29 I 2 UmwG keine Wertungen bezüglich des Abfindungsangebots beim regulären Delisting abgeleitet werden.

wenn sie an eine langfristig positive Entwicklung des Unternehmens auch nach dem Delisting glauben. Denkbar wäre daher, dass den Aktionären, die zwar gegen ein reguläres Delisting gestimmt haben, sich jedoch nicht vollständig von ihrer Beteiligung trennen möchten, ein Fungibilitätsausgleich bezahlt wird, der die mit dem Rückzug von der Börse verbundene Verschlechterung der Bewertung ausgleicht. Die Möglichkeit eines solchen Fungibilitätsausgleichs wird nur vereinzelt in der Literatur diskutiert[495]. Auch der BGH erwägt einen Fungibilitätsausgleich nicht, obwohl sein – freilich nicht überzeugender – dogmatischer Ansatz eher einen Fungibilitätsausgleich als einen Abfindungsanspruch begründen könnte[496]. Nach Ansicht der Literatur ist ein Fungibilitätsausgleich nicht notwendig, da die widersprechenden Aktionäre die Möglichkeit hätten das Abfindungsangebot anzunehmen. Außerdem sei es schwierig, den Gegenwert für die Handelbarkeit der Anteile und damit die Höhe des Fungibilitätsausgleichs zu bestimmen[497].

Diese Gründe für die generelle Ablehnung eines Fungibilitätsausgleichs können jedoch nicht überzeugen. Unabhängig von der Frage, ob ein Abfindungsangebot gesellschaftsrechtlich notwendig ist, sind Situationen denkbar, in denen ein Fungibilitätsausgleich den Interessen der Minderheitsaktionäre eher gerecht werden kann als die mit dem Verkauf der Aktien notwendigerweise verbundene Abfindung. Gleichfalls muss die Frage, ob der Fungibilitätsausgleich der Höhe nach bestimmbar ist, von der Frage, ob er dem Grunde nach dogmatisch begründbar ist, unterschieden werden. Ansätze für eine solche dogmatische Begründung sollen nachfolgend dargestellt und untersucht werden.

I.) Die direkte Anwendung von § 243 II 2 AktG

Der Fungibilitätsausgleich würde eine Zahlung darstellen, durch die die Aktionäre einerseits eine Kompensation für ihren durch den Wegfall der Börsennotiz verursachten Vermögensnachteil erhielten und andererseits jedoch weiterhin Aktionär blieben. Ein Anknüpfungspunkt für eine derartige Zahlung stellt § 243 II 2 AktG dar. § 243 II AktG legt fest, unter welchen Voraussetzungen ein Hauptversammlungsbeschluss nicht anfechtbar ist, durch den ein Aktionär für sich oder einen Dritten Sondervorteile zum Schaden der Gesellschaft oder der anderen Aktionäre zu erlangen sucht. Ein solcher Beschluss ist nach § 243 II 2 AktG nicht

495 *Zetzsche*, NZG 2000, 1065 (1069); *Kleppe*, S. 165 und 245; im Zusammenhang mit dem „kalten“ Delisting auch *Steck*, AG 1998, 460 (464).
496 Siehe § 9 A) II) 2); so auch *Wilsing/Kruse*, WM 2003, 1110 (1112).
497 So die Argumente von *Kleppe*, S. 165 und 245.

anfechtbar, wenn den anderen Aktionären bei der Beschlussfassung ein Anspruch auf eine Kompensationszahlung für ihren Schaden gewährt wird. Diese Kompensation unterscheidet sich grundlegend von einer Abfindung nach § 305 AktG, weil die Aktionäre die Abfindung nur unter Aufgabe ihrer Mitgliedschaft wahrnehmen können, die Kompensation die Aktionärsstellung dagegen nicht berührt[498]. Der Fungiblitätsausgleich könnte daher als Ausgleichszahlung im Sinne von § 242 II 2 AktG angesehen werden.

Fraglich ist jedoch, ob die Voraussetzungen, unter denen nach § 243 II AktG eine Ausgleichszahlung möglich ist, beim Beschluss über das reguläre Delisting vorliegen. Dies wäre dann der Fall, wenn das reguläre Delisting den Mehrheitsaktionären einen Sondervorteil zum Schaden der übrigen Aktionäre bieten würde. Ein Sondervorteil wäre gegeben, wenn das reguläre Delisting zu einer sachwidrigen Bevorzugung des Mehrheitskaktionärs gegenüber den übrigen Aktionären führen würde[499]. Das LG München hat eine derartige Bevorzugung durch das Delisting verneint. Durch den Rückzug von der Börse würden alle Aktionäre in gleicher Weise betroffen[500].

Dieser Argumentationsweise ist zuzustimmen. Tatsächlich wird der Mehrheitsaktionär durch das reguläre Delisting nicht in sachwidriger Art und Weise bevorzugt. Die mit dem Delisting verbundenen Kostenvorteile für die Gesellschaft kommen allen Aktionären gleichermaßen zugute. Die Nachteile des Delistings, nämlich die erschwerten Verkaufsmöglichkeiten der Aktien, treffen ebenfalls alle Aktionäre gleich. Zwar mag es leichter sein, größere Aktienpakete außerhalb der Börse zu handeln als kleinere, jedoch erlangt dadurch der Mehrheitsaktionär keinen Sondervorteil zum Schaden der übrigen Aktionäre. Denn auch ohne einen Börsenrückzug könnte der Großaktionär sein Aktienpaket leicht außerbörslich plazieren, so dass das reguläre Delisting keine Verbesserung seiner Situation bewirkt[501].

Somit liegen die Voraussetzungen des § 243 II 1 AktG bei einem Beschluss über das reguläre Delisting nicht vor. Ein möglicher Fungibilitätsausgleich kann nicht durch die direkte Anwendung von § 243 II 2 AktG begründet werden.

---

498 *Hüffer*, § 243 Rn 38 mwN.
499 *Hüffer* in MünchKomm, § 243 Rn 79 mwN.
500 LG München, NZG 2000, 273 (275).
501 *de Vries*, S. 110 f

II.) § 243 II 2 AktG als allgemeines Rechtsprinzip des Aktienrechts?

Es wäre denkbar, dass sich aus § 243 II 2 AktG ein für das Aktienrecht allgemeingültiges Rechtsprinzip ableiten lässt. Dann könnte ein Fungibilitätsausgleich mit einer Analogie zu § 243 II 2 AktG oder auch zu dem in dieser Vorschrift zum Ausdruck kommenden Rechtsprinzip begründet werden[502].

Einen derartigen Ansatz verfolgt Mülbert. Er leitet aus § 255 II AktG und § 243 II 2 AktG ein „rein vermögensmäßig konzipiertes Schutzsystem" des Aktienrechts ab. Danach müssen Aktionäre, die weniger als 25 % des Grundkapitals auf sich vereinigen, Beschlüsse hinnehmen, wenn ihre Vermögensnachteile entsprechend § 243 II 2 AktG ausgeglichen werden[503]. Im Ergebnis soll die Mehrheit jeden Beschluss fassen können, solange sie die Minderheit angemessen abfindet[504]. Mülbert selbst wendet sein Konzept des vermögensbezogenen Aktionärsschutzes auf das Delisting nicht an, da er bereits die Notwendigkeit eines Hauptversammlungsbeschlusses für die Entscheidung über das reguläre Delisting ablehnt[505] und somit die Voraussetzungen für eine analoge Anwendung von § 243 II 2 AktG für ihn nicht vorliegen. Wer jedoch eine Hauptversammlungskompetenz für die Entscheidung über das reguläre Delisting bejaht, muss eine derartige Analogie entsprechend Mülberts Konzept zumindest erwägen.

Allerdings findet Mülberts Ansatz im derzeitigen Aktienrecht keine Stütze. Die Regelung des § 243 II 2 AktG ist gerade nicht verallgemeinerungsfähig. Dies zeigt sich bereits in ihrer systematischen Stellung im Gesetz. Als Satz 2 bezieht sich die Vorschrift nur auf Beschlüsse, welche die strengen Tatbestandsmerkmale des § 243 II 1 AktG aufweisen. Sofern sich die Ausgleichsregelung auf alle Beschlüsse der Hauptversammlung hätte erstrecken sollen, wäre es für den Gesetzgeber naheliegend gewesen, anstatt § 243 II 2 AktG einen weiteren Absatz in § 243 AktG zu schaffen, der auch für § 243 I AktG Geltung gehabt hätte. Daher ist es zweifelhaft, ob § 243 I AktG, der sämtliche Beschlüsse der Hauptversammlung betrifft, eine Regelungslücke aufweist. Auch erscheint es rechtspolitisch verfehlt, dass selbst ein Aktionär, der 24,9 % der Stimmen auf sich vereinigt, sämtliche Entscheidungen der Mehrheit klaglos hinnehmen soll, solange die Mehrheit bereit ist, sich die Verfolgung ihrer Pläne „das Nötige kosten zu lassen"[506]. Mit der herrschenden Meinung ist daher davon auszugehen, dass die Regelung des § 243 II 2 AktG wenig geglückt ist und entsprechend ihrem Wortlaut und ihrer Stellung nur in den eng begrenzten Fällen des § 243 II 1 AktG angewandt werden

502 Diese Möglichkeit erwähnt auch *Kleppe,* S. 165.

503 *Mülbert,* S. 259 ff, S. 347 ff.

504 So die Zusammenfassung der Thesen Mülberts von *Hirte,* WM 1997, 1000 (1008).

505 *Mülbert,* ZHR 165 (2001), 104 (129 ff).

506 *Hüffer* in MünchKomm, § 243 Rn 91

kann[507]. Eine analoge Anwendung der Vorschrift auf den Beschluss über das Delisting, der dem Mehrheitsaktionär keinen Sondervorteil gewährt, ist daher nicht möglich, so dass sich auch auf diese Weise ein Fungibilitätsausgleich dogmatisch nicht begründen lässt.

C) Ergebnis

Der Beschluss der Hauptversammlung über das reguläre Delisting muss weder an ein Abfindungsangebot für die diesem Beschluss widersprechenden Aktionäre noch an einen Fungibilitätsausgleich gekoppelt werden. Ein Abfindungsangebot würde sich in das bestehende gesellschaftsrechtliche System der Pflichtangebote nur schwer einfügen. Außerdem erscheint es zweifelhaft, ob ein derartiges Abfindungsangebot überhaupt dogmatisch begründet werden kann. Die in Literatur und Rechtsprechung vorgeschlagenen Begründungen eines solchen Abfindungsangebots können jedenfalls nicht überzeugen und sind daher abzulehnen. Auch für einen – unter Umständen wünschenswerten – Fungibilitätsausgleich findet sich keine dogmatische Grundlage im Aktienrecht.

507 *K. Schmidt* in GroßkommAktG, § 243 Rn 52, 59; *Zöllner* in KölnKomm, § 243 Rn 141; *Hüffer* in MünchKomm, § 243 Rn 92 mwN.

§ 10 Rechtsschutz gegen die Entscheidung der Hauptversammlung

Das Aktienrecht sieht verschiedene Möglichkeiten vor, wie die überstimmten Aktionäre einen Beschluss der Hauptversammlung gerichtlich überprüfen lassen können. Im letzten Abschnitt der Arbeit soll nun untersucht werden, mit welchen Verfahren ein Beschluss der Hauptversammlung über das reguläre Delisting angegriffen werden kann und welche Maßstäbe bei der Überprüfung dieses Beschlusses auf seine Rechtmäßigkeit angelegt werden.

A) Spruchverfahren

Sofern ein Beschluss der Hauptversammlung mit einem Abfindungsangebot verknüpft werden muss, kann die Höhe des Abfindungsangebots in einem Spruchverfahren überprüft werden (§ 306 AktG, §§ 305 ff UmwG). In diesem Spruchverfahren wird die Höhe des Abfindungsangebots durch das Gericht verbindlich festgelegt. Auf diese Weise wird verhindert, dass der gesamte Beschluss aufgehoben und mit einem erhöhten Abfindungsangebot von der Hauptversammlung neu gefasst werden muss.

Der BGH hat in seiner Delisting-Entscheidung ausgeführt, dass die prozessrechtlichen Vorschriften über das Spruchverfahren bezüglich der Höhe des Abfindungsangebots bei einem regulären Delisting angewandt werden können und müssen[508]. Auch in der Literatur wird die Möglichkeit einer zivilgerichtlichen Kontrolle des Abfindungsangebots nach den Vorschriften über das Spruchverfahren teilweise bejaht[509]. Voraussetzung für die Zulässigkeit eines Spruchverfahrens ist jedoch, dass überhaupt eine gesellschaftsrechtliche Pflicht zur Abgabe eines Abfindungsangebots existiert. Ein freiwilliges Kaufangebot kann aufgrund der verfassungsrechtlich garantierten Privatautonomie nicht durch ein Spruchverfahren überprüft werden[510]. Wie jedoch im vorherigen Paragraph der Arbeit dargelegt worden ist, besteht gerade keine gesellschaftsrechtlich begründete Pflicht für den Großaktionär oder die Gesellschaft, die Entscheidung über das reguläre

508 BGH, NZG 2003, 280 (283).

509 *Vollmer/Grupp,* ZGR 1995, 459 (477); *Zetzsche,* NZG 2000, 1065 (1070); *Henze,* S. 177 ff.

510 So zurecht LG München, NZG 2000, 273 (276).

Delisting an ein Pflichtangebot zu koppeln. Daher ist die Anwendung des Spruchverfahrens auf den Beschluss über den Börsenrückzug ausgeschlossen.

B) Anfechtungsklage

Jeder Beschluss der Hauptversammlung kann mittels der Anfechtungsklage einer gerichtlichen Überprüfung unterzogen werden. Anfechtungsbefugt ist jeder Aktionär, der die in § 245 Nr. 1-3 AktG genannten Voraussetzungen erfüllt. Grundsätzlich ist es also notwendig, dass der klagende Aktionär an der Hauptversammlung teilgenommen und gegen den Beschluss Widerspruch zur Niederschrift erklärt hat (§ 245 Nr. 1 AktG). Die einzelnen Anfechtungsgründe sind in § 243 AktG näher statuiert. Nachfolgend soll untersucht werden, welche Anfechtungsgründe bei einem Beschluss der Hauptversammlung über das reguläre Delisting vorliegen können.

I.) Anfechtung wegen Verletzung des Gesetzes oder der Satzung (§ 243 I AktG)

Die Anfechtung kann nach § 243 I AktG darauf gestützt werden, dass der Beschluss der Hauptversammlung das Gesetz oder die Satzung der Gesellschaft verletzt. Der Verstoß kann dabei entweder in der Verletzung von Verfahrensvorschriften oder von materiellem Recht liegen. Ein Verfahrensfehler liegt vor, wenn die gesetzlichen oder in der Satzung festgelegten Vorschriften über das Zustandekommen von Beschlüssen verletzt worden sind. Es sind keine Verfahrensfehler erkennbar, die typischerweise beim Beschluss über das Delisting auftreten können. Daher soll auf mögliche Verfahrensfehler nicht näher eingegangen werden[511].

Die Anfechtung wegen Unvereinbarkeit des Beschlusses mit materiellem Recht kommt vor allem in Betracht, wenn der Inhalt oder Gegenstand des Beschlusses gegen Vorschriften des Aktiengesetzes oder der Satzung verstößt. Dabei kann der Beschluss einerseits konkrete Einzelvorschriften verletzen. Von größerer Bedeutung ist jedoch, dass der Beschluss auch dann anfechtbar ist, wenn die durch den Beschluss getroffene Regelung gegen gesellschaftsrechtliche Generalklauseln verstößt[512]. Zu diesen bei der Beschlussfassung zu beachtenden Generalklauseln gehören die gesellschaftsrechtliche Treuepflicht und das in § 53a AktG verankerte Gleichbehandlungsgebot. Nachfolgend soll untersucht

---

511 Ein Überblick findet sich etwa bei *Hüffer*, § 243 Rn 11 ff mwN.

512 *Hüffer*, § 243 Rn 21.

werden, ob und auf welche Art und Weise die Entscheidung der Hauptversammlung über das reguläre Delisting gegen diese beiden gesellschaftsrechltlichen Grundsätze verstoßen kann, so dass eine Anfechtungsklage gegen den Beschluss erfolgreich wäre.

1.) Anfechtung des Delistingbeschlusses wegen Verletzung gesellschaftsrechtlicher Treuepflichten

a) Grundlagen gesellschaftsrechtlicher Treuepflichten

Während für Personengesellschaften und für die GmbH das Bestehen gesellschaftsrechtlicher Treuepflichten seit langem anerkannt ist, wurde eine solche Treupflicht für die Aktionäre einer Aktiengesellschaft erst in den letzten Jahrzehnten bejaht[513]. Inzwischen hat sich jedoch in Rechtsprechung[514] und Schrifttum[515] die Auffassung durchgesetzt, dass auch bei der Aktiengesellschaft das Gesellschaftsverhältnis eine Sonderverbindung schafft, die einerseits gemeinsame Interessen begründet, andererseits aber in vielfältiger Weise die gegenseitige Beeinträchtigung der gemeinsamen Interessen durch die Aktionäre ermöglicht. Um derartige Beeinträchtigungen zu vermeiden, wird eine umfassende Treuepflicht des einzelnen Aktionärs angenommen, die sowohl gegenüber der Gesellschaft als auch gegenüber seinen Mitaktionären besteht.

Aus der gesellschaftsrechtlichen Treuepflicht ergeben sich für die Aktionäre in dreifacher Weise Verpflichtungen[516]: Zum einen die Pflicht zur Förderung des gemeinsamen Zwecks der Gesellschaft, insbesondere die Förderung des von der Gesellschaft betriebenen Unternehmens; dann die Pflicht zur Rücksichtnahme auf die Interessen der Mitaktionäre und schließlich die Pflicht, die mit der Aktionärsstellung verbundenen Rechte und Einflussmöglichkeiten verantwortungsvoll auszuüben. Diese Pflichten erfahren eine Konkretisierung bei der Stimmrechtsausübung in der Hauptversammlung. So verlangt die gesellschaftsrechtliche Treuepflicht, dass bestimmte Entscheidungen nur dann getroffen werden dürfen, wenn sie „durch sachliche Gründe im Interesse der Gesellschaft gerechtfertigt sind“[517].

---

513 Zur Entwicklung der Dogmatik der Treupflicht bei unterschiedlichen Rechtsformen: *K. Schmidt*, Gesellschaftsrecht, § 20 IV 2 mwN.

514 Den „Durchbruch“ brachte die „Linotype“-Entscheidung BGHZ 103, 184 ff, weiterführend dann etwa BGH, NJW 1992, 3167 (3171), BGHZ 129, 136 ff („Girmes“); zum Girmes-Fall näher *Heermann*, ZIP 1994, 1243 ff.

515 Nachweise bei *K. Schmidt*, Gesellschaftsrecht, § 20 IV 2 oder bei *Bungeroth* in MünchKomm, vor § 53 a in Fn 8.

516 *Raiser*, § 12 Rn 47.

517 So BGHZ 71, 40 (46); näher dazu sogleich.

Im Übrigen dürfen keine Beschlüsse gefasst werden, die eine willkürliche Benachteiligung der Minderheit bewirken oder ihre Interessen in unangemessener Weise zurücksetzen[518].

Entsprechend diesen unterschiedlichen Ausprägungen der gesellschaftsrechtlichen Treuepflicht gibt es zwei Maßstäbe, an Hand derer Hauptversammlungsbeschlüsse zu überprüfen sind. Bei bestimmten Entscheidungen wird eine materielle Beschlusskontrolle vorgenommen und die wirtschaftliche Sinnhaftigkeit des Beschlusses kontrolliert. Sämtliche Hauptversammlungsentscheidungen werden dagegen daran gemessen, ob durch den jeweiligen Beschluss die Mehrheit ihre Stimmrechtsmacht zu Lasten der Minderheit missbraucht hat.

b) Materielle Beschlusskontrolle

aa) Die materielle Beschlusskontrolle in der Rechtsprechung

Die Rechtsprechung geht davon aus, dass die Hauptversammlung aufgrund der gesellschaftsrechtlichen Treuepflicht bestimmte Maßnahmen nur dann beschließen darf, wenn sie zum Wohle der Gesellschaft erforderlich und verhältnismäßig sind. Eine Anfechtungsklage hat daher dann Erfolg, wenn die beschlossene Maßnahme in die Mitgliedsrechte der Aktionäre eingreift und entweder nicht durch das Gesellschaftsinteresse sachlich gerechtfertigt ist oder zwar gerechtfertigt ist, aber nach Abwägung des Gesellschaftsinteresses und der Interessen der Mitglieder unverhältnismäßig ist[519].

Unklar ist, bei welchen Entscheidungen der Hauptversammlung im Rahmen der Anfechtungsklage eine derartige materielle Beschlusskontrolle stattzufinden hat. Der BGH hat eine materielle Beschlusskontrolle bei Hauptversammlungsentscheidungen bislang nur im Falle des Bezugsrechtsausschlusses bejaht[520]. Andererseits hat der BGH eine inhaltliche Kontrolle des Beschlusses der Hauptversammlung über die Auflösung der Aktiengesellschaft audrücklich verneint[521]. Da es den Aktionären freistünde, jederzeit über die Desinvestition des in die Gesellschaft eingebrachten Vermögens zu entscheiden, trage der Auflösungsbeschluss seine Rechtfertigung „in sich". Auch die nachträgliche Einführung eines Höchststimmrechts nach § 134 I 2 AktG braucht nicht inhaltlich überprüft zu werden[522],

518 *Hüffer* in MünchKomm, § 243 Rn. 66.
519 So die Zusammenfassung der Kriterien der Rechtsprechung von *Hüffer* in MünchKomm, § 243 Rn. 57 mwN.
520 BGHZ 71, 40 (45 f); BGHZ 83, 319 (321 ff) .
521 BGHZ 103, 184 (189).
522 BGHZ 70, 117 (121 ff).

da eine solche Einführung vom Gesetz vorgesehen ist, ohne dass besondere Pflichten zur Rücksichtnahme auf die betroffenen Aktionäre statuiert seien.

Sämtliche bisherigen Entscheidungen zum Beschluss über das reguläre Delisting haben ebenfalls eine materielle Beschlusskontrolle abgelehnt. So führt das LG München aus, dass der Beschluss über das Delisting seine Rechtfertigung in sich trage und es nicht Aufgabe der Gerichte sei, Entscheidungen der Hauptversammlung auf ihre wirtschaftliche Vernunft hin zu überprüfen[523]. Auch das OLG München geht davon aus, dass Beschlüsse, die mit der nach dem Gesetz erforderlichen Mehrheit und unter Beachtung des vorgeschriebenen Verfahrens zustande gekommen sind, ihre Rechtfertigung in sich tragen. Außerdem würden durch das reguläre Delisting die Rechte der Aktionäre nicht in ähnlich gravierender Weise beschnitten wie in den Fällen, in denen der BGH eine Inhaltskontrolle durchgeführt habe[524]. Im Gegensatz zum OLG München ist der BGH der Ansicht, dass durch das reguläre Delisting die Rechte der Aktionäre verletzt werden. Er sieht in dieser Verletzung sogar den Grund für die Entscheidungskompetenz der Hauptversammlung. Trotzdem lehnt auch der BGH eine materielle Kontrolle ab, freilich mit der nur knappen Begründung, dass die Entscheidung über das Delisting unternehmerischen Charakter habe und somit im freien, nicht überprüfbaren Ermessen der Aktionäre stehen soll[525].

bb) Stellungnahme

Die Rechtsprechung hat die generelle Beantwortung der Frage, welche Beschlüsse einer materiellen Überprüfung unterliegen, bislang vermieden. Statt dessen wurde stets nur erörtert, ob die für den jeweiligen Beschlussinhalt vorhandenen gesetzlichen Regelungen für eine Inhaltskontrolle Raum lassen.

In der Literatur wurde dagegen der Versuch unternommen, allgemeine Tatbestandsmerkmale für überprüfbare Beschlussgegenstände aus der Rechtsprechung abzuleiten. In vielen Details herrscht dabei große Unsicherheit. Im Ergebnis steht allerdings fest, dass zumindest nur solche Beschlüsse inhaltlich überprüft werden können (nicht jedoch unbedingt müssen), durch die in die Mitgliedsrechte der Aktionäre eingegriffen wird[526]. Durch den Beschluss müssen also „die Stellung der Minderheitsgesellschafter, ihr Einfluss auf das Unternehmen oder ihre Chan-

523 LG München, NZG 2000, 273 (275).
524 OLG München, ZIP 2001. 700 (704).
525 BGH, NZG 2003, 280 (283).
526 *Hüffer*, § 243 Rn 24 .

cen auf Beteiligung am Unternehmensertrag beeinträchtigt werden“[527]. Exemplarisch zeigt sich dies beim Ausschluss des Bezugsrechts bei einer Kapitalerhöhung, da dieser Ausschluss sowohl zu einer Verringerung der Einflussmöglichkeiten der ausgeschlossenen Aktionäre als auch zu einer „Verwässerung“ ihrer vermögensrechtlichen Ansprüch gegen die Gesellschaft führen kann.

Wie bereits oben dargestellt worden ist[528], stellt das reguläre Delisting gerade keinen Eingriff in die Mitgliedsrechte der Aktionäre dar. Daher ist bereits aus diesem Grund eine materielle Beschlusskontrolle der Entscheidung über das reguläre Delisting abzulehnen[529]. Aber auch wenn man mit dem BGH davon ausgehen wollte, dass das Delisting zu einer Verletzung von Aktionärsrechten führt, folgte daraus nicht zwangsläufig die Notwendigkeit einer inhaltlichen Überprüfung des Beschlusses. Denn § 38 IV BörsG zeigt, dass nach dem Willen des Gesetzgebers das reguläre Delisting grundsätzlich zulässig ist, sofern bestimmte Aspekte des Anlegerschutzes beachtet werden. Aufgrund dieser speziellen Vorschrift trägt der Delisting-Beschluss seine Rechtfertigung in sich[530]. Wenngleich nicht davon auszugehen ist, dass die Aktionäre grundsätzlich aus Gründen, die im Interesse der Gesellschaft liegen, das Delisting beschließen werden, können diese Gründe nicht im Rahmen einer Anfechtungsklage überprüft werden.

c) Treuwidriger Missbrauch der Stimmrechtsmacht

aa) Grundsätzliches

Wie soeben gezeigt wurde, dürfen die Aktionäre aufgrund der gesellschaftsrechtlichen Treuepflicht bestimmte Beschlüsse, durch die in die Mitgliedsrechte einzelner Aktionäre eingegriffen wird, nur dann fassen, wenn es das Wohl der Gesellschaft erfordert. Bei sämtlichen Beschlüssen muss dagegen das Verbot, das Stimmrecht missbräuchlich auszuüben, von den jeweiligen Mehrheitsaktionären[531] beachtet werden. Kein Beschluss der Hauptversammlung darf also die

527 *Raiser,* § 16 Rn 163; ähnlich auch die Zusammenfassung der Rechtsprechung bei OLG München, ZIP 2001, 700 (704): „Nur bei schweren Eingriffen in die mitgliedschaftliche und vermögensrechtliche Stellung der Aktionäre (...)“

528 Siehe § 4 B) I) und II).

529 Mit dieser Begründung auch OLG München, ZIP 2001, 700 (704); *Henze,* S. 161; *Martinius/Schiffer,* DB 1999, 2460 (2461).

530 So auch *Hellwig,* ZGR 1999, 781 (800).

531 Die Treupflichten gelten auch für Minderheitsaktionäre, die nur zufällig die Mehrheit bei einer Abstimmung erreichen, BGHZ 129, 136 ff.

Minderheit willkürlich benachteiligen oder deren Interessen in unangemessener Weise zurücksetzen[532].

Wann ein missbräuchliches und somit anfechtbares Abstimmungsverhalten vorliegt, kann nur unter Abwägung aller Umstände des Einzelfalls entschieden werden[533]. Fest steht zumindest, dass es nicht erforderlich ist, dass die Mitgliedsrechte der Aktionäre durch den Beschluss verletzt werden. Auch eine willkürliche Beeinträchtigung sonstiger Rechte und Interessen der Minderheitsaktionäre kann ausreichen. Dabei ist es irrelevant, ob die Beeinträchtigung der Minderheitsaktionäre zu einem Vorteil für die Mehrheitsaktionäre führt. Insofern kann also auch ein Vermögensverlust der Minderheitsaktionäre aufgrund einer Wertminderung ihrer Aktien Merkmal eines rechtsmissbräuchlichen Abstimmungsverhaltens sein. Allerdings setzt der Missbrauchstatbestand weiter voraus, dass die Mehrheitsaktionäre in Schädigungsabsicht handeln. Sie müssen den Beschluss also mit der Absicht oder zumindest mit dem direkten Vorsatz gefasst haben den Minderheitsaktionären zu schaden.

bb) Stimmrechtsmissbrauch bei der Entscheidung über das reguläre Delisting

Die Rechtsprechung hat im „Macrotron"-Fall in allen Instanzen eine Missbrauchskontrolle der Entscheidung über das reguläre Delisting zwar vorgenommen, im Ergebnis jedoch einen Missbrauch der Stimmrechtsmacht durch den Großaktionär jeweils verneint[534]. Es seien keine Anhaltspunkte ersichtlich, dass „die Beklagte ungerechtfertigt auf Kosten der Minderheit und nicht aus betriebswirtschaftlichen, von dem Streubesitz hinzunehmenden Überlegungen den Beschluss zum Delisting gefasst" habe[535].

In der Literatur wird unter dem Schlagwort des „schnellen Kassemachens" diskutiert, ob ein Missbrauch der Stimmrechtsmacht dann vorliegen könnte, wenn die Entscheidung über das reguläre Delisting in engem zeitlichem Zusammenhang mit der Börseneinführung erfolgt[536]. Danach soll es missbräuchlich sein, wenn eine Aktiengesellschaft einen Teil ihres Kapitals über einen Börsengang an Anleger abgibt und sich dann nach kurzer Zeit wieder von der Börse zurückziehen will. Denn es sei nicht akzeptabel, dass die neu gewonnenen Kapitalanleger bereits kurze Zeit nach ihrem Einstieg in ihrem Vertrauen auf ein andauerndes Investment mit der Möglichkeit des Börsenhandels enttäuscht würden und

532 *Hüffer in* MünchKomm, § 243 Rn. 66.
533 *Raiser*, § 12 Rn 28.
534 LG München, NZG 2000, 273 (275); OLG München, ZIP 2001, 700 (705); BGH, NZG 2003, 280 (283).
535 So OLG München, ZIP 2001, 700 (705).
536 *Schwark/Geiser*, ZHR 161 (1997), 739 (764); *Kleppe*, S. 188 f; *Henze*, S. 165.

Kurseinbußen erdulden müssten. Daher wird vorgeschlagen, dass eine Delisting-Entscheidung, die innerhalb von sechs Monaten nach dem Börsengang erfolgt, grundsätzlich treuwidrig und somit anfechtbar sein soll[537].

Die Befürworter eines Stimmrechtsmissbrauchs beim „schnellen Kassemachen" gehen davon aus, die Anläger besäßen ein schützenswertes Vertrauen darauf, dass eine Aktie dauerhaft an der Börse gehandelt werden wird. Warum dieses Vertrauen bei „Börsenneulingen" besonders groß sein soll, erklären sie nicht. Vielmehr könnte umgekehrt argumentiert werden, dass man gerade von Traditionsgesellschaften an der Börse, nicht jedoch von jungen Unternehmen mit ungewisser Zukunftsperspektive und daher unsicherem zukünftigem Kapitalbedarf erwarten könne, dass sie auch weiterhin notiert werden. Das LG München hat dementsprechend im Hinblick auf eine seit 1988 am geregelten Markt und seit 1996 im amtlichen Handel notierte Gesellschaft ausgeführt, dass bei einer „so jungen" Gesellschaft nicht davon ausgegangen werden könne, dass sie von der Börsenzulassung gleichsam wesensmäßig geprägt ist. Die Börsenzulassung könne auch nur eine historische Episode in der Unternehmensentwicklung darstellen. Daher hätten die Anleger gerade aufgrund der relativen Kürze der Börsennotiz kein schutzwürdiges Vertrauen auf deren Fortbestand[538].

Tatsächlich können die Aktionäre unabhängig von der Dauer der Börsennotiz grundsätzlich nicht darauf vertrauen, die Aktie werde weiterhin an der Börse notiert werden. Wie bereits dargelegt wurde[539], haben die Aktionäre weder gegenüber der Gesellschaft noch gegenüber der Börse einen Anspruch auf Beibehaltung der Börsennotiz. Sie müssen damit rechnen, dass die Zulassung zum amtlichen Markt der Gesellschaft von der Zulassungsstelle jederzeit unter bestimmten Umständen entzogen werden kann. Außerdem ist ihnen beim Kauf der Aktien bekannt[540], dass die Hauptversammlung den Rückzug von der Börse beschließen kann. Diese Möglichkeit müssen sie daher bei der Entscheidung über den Kauf der Aktie abwägen und bei der Beurteilung des Börsenkurses berücksichtigen. Da die Möglichkeit, dass die Hauptversammlung gegen ihren Willen über das reguläre Delisting beschließt, somit für die Aktionäre vorhersehbar ist, verletzt ein derartiger Beschluss, selbst wenn er kurze Zeit nach dem Börsengang getroffen wird, nicht in willkürlicher Art und Weise ihre Interessen und ist daher auch nicht treuwidrig und anfechtbar[541].

---

537 *Kleppe*, S. 189.

538 LG München, NZG 2000, 273 (275).

539 Siehe § 4 B) I).

540 Sofern sie diese Möglichkeit nicht kennen, ist diese Unkenntnis ebenfalls nicht schützenswert, vgl. § 4 C).

541 Von der Frage, ob ein Beschluss über das reguläre Delisting innerhalb kurzer Zeit nach Börseneinführung missbräuchlich ist, muss die Frage unterschieden werden, ob

Etwas anderes könnte nur für den Fall gelten, dass die Gesellschaft oder der Mehrheitsaktionär im Verkaufsprospekt oder in sonstigen Verlautbarungen wissentlich den falschen Eindruck erweckt hat, die Gesellschaft solle langfristig an der Börse notiert bleiben. Die bloße Durchführung einer Kapitalerhöhung reicht für die Erzeugung eines derartigen Anscheins jedoch noch nicht aus[542], da mit ihr keine Aussage über den zukünftigen Kapitalbedarf der Gesellschaft und somit ihr Interesse am Fortbestand der Börsennotiz verbunden ist. Sofern allerdings ein gesteigertes Vertrauen der Aktionäre auf den Fortbestand der Notierung aufgrund des Verhaltens der Gesellschaft oder des Großaktionärs besteht, kann der Beschluss über das reguläre Delisting je nach Lage des Einzelfalles ausnahmsweise treuwidrig und somit anfechtbar sein.

2.) Anfechtung des Beschlusses über das reguläre Delisting wegen Verletzung des aktienrechtlichen Gleichbehandlungsgrundsatzes

Neben der gesellschaftsrechtlichen Treupflicht besteht das in § 53 a AktG verankerte aktienrechtliche Gleichbehandlungsgebot. Danach sind alle Aktionäre unter gleichen Voraussetzungen gleich zu behandeln. Ein Beschluss der Hauptversammlung verstößt dann gegen § 53 a AktG, wenn er zu einer Ungleichbehandlung zwischen den Aktionären führt und diese Ungleichbehandlung nicht durch die tatsächlichen oder rechtlichen Verhältnisse der betroffenen Aktionäre gerechtfertigt ist[543]. In diesem Fall ist der Beschluss nach § 243 I AktG anfechtbar[544].

Die Entscheidung über das reguläre Delisting verstößt nicht gegen den aktienrechtlichen Gleichbehandlungsgrundsatz[545]. Sämtliche Aktionäre werden durch das Delisting in gleicher Weise betroffen, da sie nun ihre Aktien nicht mehr über die Börse verkaufen können. Die mit dem Fungibilitätswegfall verbundene Bewertungsanpassung der Aktien trifft ebenfalls alle Aktionäre entsprechend ihrer Beteiligungsquote in gleicher Weise. Eine Ungleichbehandlung der Aktionäre wird durch den Beschluss über das reguläre Delisting also nicht bewirkt. Der De-

---

der Antrag auf Durchführung des Delistings erfolgreich sein wird. Nach manchen Börsenordnungen (z.B. § 53 a V BörsO der Niedersächsischen Börse zu Hannover oder § 53 a V BörsO der Hanseatischen Wertpapierbörse Hamburg) ist dem Antrag auf Widerruf nämlich nicht stattzugeben, „wenn zwischen der Börsenzulassung oder der letzten Kapitalerhöhung und dem Wiederruf der Zulassung ein unangemessen kurzer Zeitraum liegen würde“ .

542 So aber *Henze*, S. 165.

543 *Hüffer* in MünchKomm, § 243 Rn. 67.

544 Ganz hM, siehe nur *Raiser*, § 12 Rn 62; *Hüffer*, § 243 Rn 12 mwN.

545 So auch LG München, NZG 2000, 273 (275); *Kleppe*, S. 166.

listing-Beschluss kann daher nicht wegen Verletzung von § 53 a AktG angefochten werden.

II.) Anfechtung wegen Sondervorteilen (§ 243 II AktG)

Gemäß § 243 II 1 AktG kann ein Beschluss der Hauptversammlung dann angefochten werden, wenn durch den Beschluss Aktionäre Sondervorteile auf Kosten der Gesellschaft oder der anderen Aktionäre erlangen. Im Verhältnis zu § 243 I AktG ist § 243 II AktG ein eigenständiger Anfechtungstatbestand, der allerdings nur selten praktische Bedeutung erlangt. Denn die unzulässige Verfolgung von Sondervorteilen führt in der Regel zu einer Ungleichbehandlung oder zu einem Verstoß gegen die gesellschaftsrechtlichen Treuepflichten, so dass entsprechende Hauptversammlungsbeschlüsse bereits nach § 243 I AktG anfechtbar sind[546].

Für das reguläre Delisting entfaltet § 243 II AktG keine Bedeutung. Wie bereits dargelegt worden ist[547], bringt das reguläre Delisting keinem Aktionär besondere Vorteile auf Kosten der anderen Aktionäre. Daher kann eine Anfechtung des Beschlusses über das reguläre Delisting nicht auf § 243 II AktG gestützt werden.

C) Ergebnis

Die Entscheidung über das reguläre Delisting kann mit der Anfechtungsklage einer gerichtlichen Prüfung unterzogen werden. Allerdings wird der Beschluss der Hauptversammlung im Rahmen der Anfechtungsklage keiner umfassenden inhaltlichen Überprüfung unterzogen. Auch die gerichtliche Kontrolle, ob das Stimmrecht bei der Entscheidung missbräuchlich eingesetzt worden ist, wird zumeist negativ ausfallen. Letztendlich wird das Gericht hauptsächlich überprüfen, ob die formellen Voraussetzungen für eine ordnungsgemäße Beschlussfassung eingehalten worden sind.

---

546 *Hüffer* in MünchKomm, § 243 Rn. 73.
547 Siehe § 9 B) I).

Zusammenfassende Thesen

A) Grundlagen

1. Unter dem vollständigen regulären Delisting wird der Widerruf der Zulassungen zu den amtlichen Märkten an allen deutschen Börsen aufgrund eines Antrages der Aktiengesellschaft gemäß § 38 IV BörsG verstanden.
2. Die Entscheidung für den Antrag auf ein reguläres Delisting wird dann getroffen, wenn eine Abwägung ergibt, dass die mit einer Börsennotiz verbundenen Nachteile für die Gesellschaft die Vorteile der Börsennotiz für die Gesellschaft übertreffen. Aus Sicht der Gesellschaft hat die Börse eine Finanzierungshilfefunktion. Sofern die Börse nicht mehr für die Finanzierung der Gesellschaft wichtig ist, kann daher ein reguläres Delisting sinnvoll sein.
3. Während das Kapitalmarktrecht die Durchführung des regulären Delistings regelt, bestimmt sich der Entscheidungsprozess über das reguläre Delisting nach gesellschaftsrechtlichen Vorschriften.

B) Die Entscheidungskompetenz über das reguläre Delisting

4. Die Frage, welches Organ innerhalb der Aktiengesellschaft über das reguläre Delisting entscheidet, ist im Gesetz nicht ausdrücklich beantwortet. Sie muss daher durch Auslegung der gesetzlichen Kompetenznormen beantwortet werden.
5. Der BGH leitet Entscheidungskompetenzen der Hauptversammlung aus § 119 II AktG ab. Er geht davon aus, dass es Maßnahmen gibt, bei denen der Vorstand nicht nur nach § 119 II AktG berechtigt, sondern sogar verpflichtet ist, eine Entscheidung der Hauptversammlung herbeizuführen.
6. Gemäß den Grundsätzen der „Holzmüller"-Entscheidung soll eine derartige Ermessensschrumpfung des Vorstands dann vorliegen, wenn eine Maßnahme „so tief in die Mitgliedsrechte der Aktionäre und deren im Anteilseigentum verkörpertes Vermögensinteresse" eingreift, dass „der Vorstand vernünftigerweise nicht annehmen kann, er dürfe über sie in eigener Verantwortung entscheiden". Durch das reguläre Delisting verändern sich sowohl die rechtlichen als auch die tatsächlichen Rahmenbedingungen für die Aktiengesellschaft und die Aktionäre. Diese Auswirkungen des regulären Delistings sind

jedoch strukturell nicht vergleichbar mit den Auswirkungen der Maßnahmen, über die in der „Holzmüller"-Entscheidung zu urteilen war. Daher kann aus der „Holzmüller"-Entscheidung keine Zuständigkeit der Hauptversammlung für die Entscheidung über das reguläre Delisting abgeleitet werden.

7. Der BGH nimmt bei der Entscheidung über das reguläre Delisting eine Ermessensschrumpfung gemäß § 119 II AktG an, weil durch das Delisting durch Art. 14 GG geschützte Eigentumspositionen der Aktionäre verletzt werden sollen. Entgegen der Ansicht des BGH kann aus der „DAT/Altana"-Entscheidung jedoch nicht gefolgert werden, dass die Börsennotiz zu den eigentumsrechtlich geschützten Eigenschaften des Anteilseigentums gehört. Auch aus der Dogmatik des Art. 14 GG ergibt sich nicht, dass die Zulassung zum amtlichen Markt eine eigentumsrelevante Rechtsposition ist. Die Begründung des BGH für die Ermessensschrumpfung kann daher nicht überzeugen.
8. Die grundsätzliche Annahme des BGH, dass in bestimmten Fällen nach § 119 II AktG eine Vorlagepflicht des Vorstands besteht, ist abzulehnen. Denn eine solche Ermessensschrumpfung widerspricht einerseits dem dualen System der Zuständigkeiten innerhalb der Aktiengesellschaft, wonach entweder der Vorstand oder die Hauptversammlung die Initiativ- und Entscheidungskompetenz haben. Die Annahme einer Ermessensreduktion würde zu einer Aufspaltung von Initiativ- und Entscheidungskompetenz führen. Auch die ratio legis des § 119 II AktG spricht gegen die Möglichkeit einer Ermessensschrumpfung.
9. § 119 I AktG enthält kein Analogieverbot. Die Bedeutung des Passus, dass die Hauptversammlung über „die im Gesetz ausdrücklich bestimmten Fälle" entscheidet, muss aus der Gesetzgebungsgeschichte abgeleitet werden. Das Ziel des Gesetzgebers war es, die Stellung der Hauptversammlung als „Grundorgan" der Gesellschaft abzuschaffen. Bei neuen rechtlichen und wirtschaftlichen Entwicklungen kann eine Zuständigkeit der Hauptversammlung daher durchaus durch Analogie zu geschriebenen Kompetenznormen abgeleitet werden.
10. Die herrschende Meinung geht davon aus, dass es eine ungeschriebene Zuständigkeit der Hauptversammlung für „Strukturmaßnahmen" gibt. Diese Zuständigkeit wird durch eine Gesamtanalogie zu den geschriebenen Kompetenznormen gebildet.
11. Ob die Entscheidung über das reguläre Delisting eine Strukturmaßnahme ist, ist in der Literatur umstritten. Mit unterschiedlichen Begründungen wird das reguläre Delisting teilweise als Strukturmaßnahme angesehen, teilweise wird das Vorliegen einer Strukturmaßnahme beim regulären Delisting verneint.

12. Das Beispiel des regulären Delistings zeigt deutlich, warum die Ableitung einer ungeschriebenen Hauptversammlungskompetenz durch Bildung einer Gesamtanalogie zu den geschriebenen Hauptversammlungszuständigkeiten weder vom Ergebnis noch von der Methode überzeugen kann. Zum einen ist der Begriff der „Strukturmaßnahme“ undefiniert und wohl auch undefinierbar. Es bestehen daher sehr unterschiedliche Auffassungen, welche Merkmale eine „Strukturmaßnahme“ aufweisen muss. Bei der Diskussion, ob das reguläre Delisting eine Strukturmaßnahme ist, können weite und enge Strukturbegriffe unterschieden werden. Häufig sind sich die Autoren jedoch nicht bewusst, dass ihr Begriff der Strukturmaßnahme nicht mit dem von anderen Autoren übereinstimmt.
Auch methodisch ist die Gesamtanalogie abzulehnen. Die Existenz einer ungeschriebenen Generalkompetenzklausel für Strukturmaßnahmen ist nicht mit dem Prinzip der punktuellen Einzelzuständigkeiten der Hauptversammlung vereinbar. Außerdem kann den geschriebenen Hauptversammlungszuständigkeiten kein einheitlicher Rechtsgedanke entnommen werden bezüglich der Frage, ob ein fehlender Beschluss der Hauptversammlung die Vertretungsmacht des Vorstands einschränkt oder nicht.
13. Eine Zuständigkeit der Hauptversammlung für die Entscheidung über das reguläre Delisting kann auch nicht über eine Anlogie zu § 240 UmwG begründet werden. Denn die Umwandlung einer Aktiengesellschaft in eine GmbH ist in den für den Gesetzgeber maßgeblichen Punkten mit dem regulären Delisting nicht vergleichbar. Dies zeigt sich bereits daran, dass auch die Umwandlung einer nicht börsennotierten Aktiengesellschaft in eine GmbH der Zustimmung der Hauptversammlung bedarf.
14. Aus § 180 II AktG kann ebenfalls keine Zuständigkeit der Hauptversammlung für die Entscheidung über das reguläre Delisting abgeleitet werden. Die nachträgliche Vinkulierung schränkt die Rechte der Aktionäre, ihre Aktien frei übertragen zu können, ein. Durch das Delisting werden die Rechte der Aktionäre, ihre Aktien übertragen zu können, jedoch nicht berührt, sondern lediglich die tatsächlichen Möglichkeiten einer solchen Übertragung.
15. Die Zuständigkeit der Hauptversammlung für die Entscheidung über das reguläre Delisting stellt jedoch eine Annexkompetenz zu § 119 I Nr. 6 AktG dar. Annexkompetenzen beziehen sich auf Vorbereitungs- und Durchführungsmaßnahmen von ausdrücklich zugewiesenen Kompetenzen. Die Möglichkeit von Annexkompetenzen besteht stets dann, wenn einem Rechtssubjekt oder Organ nur punktuelle Kompetenzen zugewiesen sind. Dies ist bei den Kompetenzen der Hauptversammlung der Fall. Die Hauptversammlung hat die Kompetenz, über sämtliche Fragen der Finanzierung der Gesellschaft zu entscheiden. Da aus Sicht der Gesellschaft die Börse dazu dient Finanzie-

rungsmaßnahmen zu erleichtern, stellt der Börsengang eine Vorbereitungsmaßnahme für künftige Finanzierungsmaßnahmen dar. Für die Entscheidung über den Börsengang ist daher die Hauptversammlung zuständig. Dann muss die Hauptversammlung aber auch für die Entscheidung über den Rückzug von der Börse zuständig sein, denn dadurch wird eine Entscheidung gegen eine Finanzierungshilfe getroffen.

C) Mehrheitserfordernis

16. Da die Entscheidung über das reguläre Delisting eine Entscheidung der Hauptversammlung im Rahmen ihrer Annexkompetenzen zu § 119 I Nr. 6 AktG ist, bestimmt sich das Mehrheitserfordernis nach den Vorschriften über Kapitalerhöhungen. Entsprechend § 183 I AktG muss daher die Entscheidung mit einer Mehrheit von drei Viertel des bei der Beschlussfassung vertretenen Grundkapitals getroffen werden.

D) Berichtspflicht

17. Eine ungeschriebene Berichtspflicht für „Strukturentscheidungen" aufgrund einer Gesamtanalogie zu den ausdrücklich normierten Vorschriften über Berichte des Vorstands ist abzulehnen.
18. Eine Berichtspflicht im Vorfeld der Entscheidung über das reguläre Delisting kann auch nicht aus § 186 IV 2 AktG abgeleitet werden, weil das Delisting für die Aktionäre nicht die Auswirkungen einer Kapitalerhöhung unter Ausschluss des Bezugsrechtes hat.

E) Handelsregistereintragung

19. Der Beschluss der Hauptversammlung über das reguläre Delisting muss nicht in das Handelsregister eingetragen werden. Durch die Einsicht der Protokolle der Hauptversammlungen kann sich jedermann ausreichend darüber informieren, ob ein derartiger Beschluss gefasst worden ist oder nicht.

F) Die Auswirkungen eines fehlenden Hauptversammlungsbeschlusses auf die Vertretungsmacht des Vorstands

20. Beschlüsse über Kapitalerhöhungen beeinflussen grundsätzlich nicht die Vertretungsmacht des Vorstands.
21. Allerdings kann ein Antrag des Vorstands gemäß § 38 IV BörsG bei fehlendem Beschluss der Hauptversammlung nach den Grundsätzen über den Missbrauch der Vertretungsmacht unwirksam sein. Die Grundsätze über den Missbrauch der Vertretungsmacht gelten auch im Verwaltungsverfahren. Die Behörde ist nicht schutzwürdig hinsichtlich des Bestands einer Erklärung des Vorstands. Sofern für die Behörde daher offensichtlich ist, dass ein Beschluss der Hauptversammlung über das reguläre Delisting nicht stattgefunden hat, muss sie den Antrag zurückweisen.

G) Abfindungsangebot und Fungibilitätsausgleich

22. Eine gesellschaftsrechtliche Pflicht der Gesellschaft zur Abgabe eines Abfindungsangebots besteht nicht. Sie kann mangels Grundrechtsqualität der Börsennotiz weder aus Art. 14 GG noch aus dem „Wegfall der gesellschaftlichen Geschäftsgrundlage“ noch aus § 207 UmwG abgeleitet werden.
23. Auch ein Anspruch auf Fungibilitätsausgleich besteht nicht. § 243 II 2 AktG ist auf das Delisting weder direkt noch entsprechend anwendbar, da durch das Delisting kein Aktionär einen Sondervorteil erhält.

H) Rechtsschutz gegen die Entscheidung der Hauptversammlung

24. Die Entscheidung der Hauptversammlung über das reguläre Delisting kann angefochten werden. Eine materielle Beschlusskontrolle findet jedoch nicht statt. Die Entscheidung wird lediglich darauf überprüft, ob Aktionäre bei der Entscheidung treuwidrig ihre Stimmrechtsmacht missbraucht haben oder ob durch den Beschluss der aktienrechtliche Gleichbehandlungsgrundsatz verletzt wird. Eine Verletzung von § 53 a AktG ist durch das Delisting jedoch ausgeschlossen, da durch das Delisting alle Aktionäre gleich betroffen sind. Auch eine treuwidrige Stimmrechtsausübung dürfte nur in seltenen Fällen zu bejahen sein.

Literaturverzeichnis

Achterberg, Norbert, Die Annex-Kompetenz, DÖV 1966, 695

Adolff, Johannes / Tieves, Johannes, Über den rechten Umgang mit einem entschlusslosen Gesetzgeber: Die aktienrechtliche Lösung des BGH für den Rückzug von der Börse, BB 2003, 797 ff.

Albach, Horst / Corte, Christiane / Friedewald, Rolf / Lutter, Marcus / Richter, Wolf, Deregulierung des Aktienrechts: Das Drei-Stufen-Modell, Gütersloh 1988

Altmeppen, Holger, Ausgliederung zwecks Organschaftsbildung gegen die Sperrminorität?, DB 1988, 49 ff.

Baumbach, Adolf / Hopt, Klaus J., Handelsgesetzbuch, mit GmbH & Co., Handelsklauseln, Bank- und Börsenrecht, Transportrecht (ohne Seerecht), 30. Auflage, München 2000

Baumbach, Adolf / Hueck, Alfred, GmbH-Gesetz, 17. Auflage, München 2000 (zit. *Bearbeiter* in Baumbach/Hueck)

Brodmann, Erich, Aktienrecht, Berlin und Leipzig 1928

Bullinger, Martin, Ungeschriebene Kompetenzen im Bundesstaat, AöR 96 (1971), 237 ff.

Bungert, Hartwin, Delisting und Hauptversammlung, BB 2000, 53 ff.

Bürgers, Tobias, Aktienrechtlicher Schutz beim Delisting?, NJW 2003, 1642 ff.

Canaris, Claus-Wilhelm, Handelsrecht, 23. Auflage, München 2000

Claussen, Carsten P., Bank- und Börsenrecht, 2. Auflage, München 2000

de Vries, Kolja, Delisting, Köln 2002

Dietz, Steffen, Die Ausgliederung nach dem UmwG und nach Holzmüller, Frankfurt am Main u.a. 2000

Dreier, Horst (Hrsg.), Grundgesetz Kommentar, Band 1, Art. 1-19 , Tübingen 1996 und Band 2, Art. 20-82, Tübingen 1998 (zit. Dreier-*Bearbeiter*)

Emmerich, Volker / Habersack, Mathias, Aktien- und GmbH-Konzernrecht, 2. Auflage, München 2001 (zit. *Bearbeiter* in Konzernrecht)

Engisch, Karl, Einführung in das juristische Denken, 8. Auflage, Stuttgart 1983

Ettinger, Jochen, Stock-Options, Köln 1999

Geßler, Ernst, Einberufung und ungeschriebene Hauptversammlungszuständigkeiten, in: Festschrift für Walter Stimpel, Berlin u.a. 1985, S. 771 ff.

ders. / Hefermehl, Wolfgang / Eckardt, Ulrich / Kropff, Bruno, Aktiengesetz: Band I, §§ 1-75, München 1984; Band II, §§ 76-147, München 1974; Band IV, §§179-240, München 1994; Band V, §§ 241-290, München 1986; Band VI, §§ 291-410, München 1994 (zit *Bearbeiter* in Geßler/Hefermehl)

Geyrhalter, Volker / Gänßler, Peggy, Gesellschaftsrechtliche Voraussetzungen eines formalen Delistings, NZG 2003, 313 ff.

Godin / Wilhelmi, Aktiengesetz vom 6. September 1965, bearbeitet von Hans Wilhelmi und Sylvester Wilhelmi, 3. Auflage, Berlin 1965

Goldschmidt, Friedrich, Die Aktiengesellschaft, München 1927

Groß, Wolfgang, Kapitalmarktrecht. Kommentar zum Börsengesetz, zur Börsenzulassungs-Verordnung, zum Verkaufsprospektgesetz und zur Verkaufsprospekt-Verordnung, München 2000

ders., Rechtsprobleme des Delisting, ZHR 165 (2001), 141ff.

Großkommentar zum Aktiengesetz, herausgegeben von Klaus J. Hopt und Herbert Wiedemann, 3. Auflage, Berlin u.a. 1970 ff. und 4. Auflage, Berlin u.a. 1992 (zit. *Bearbeiter* in GroßkommAktG)

Grupp, Alexander, Börseneintritt und Börsenaustritt: Individuelle und institutionelle Interessen, Berlin 1995

Heermann, Peter W., Stimmrechtsvertretung in der Hauptversammlung und Schadensersatzhaftung, ZIP 1994, 1243 ff

Heinsius, Theodor, Organzuständigkeit bei der Bildung, Erweiterung und Umorganisation des Konzerns, ZGR 1984, 383 ff.

Hellwig, Hans-Jürgen, Möglichkeiten einer Börsenreform zur Stärkung des deutschen Kapitalmarktes, ZGR 1999, 781 ff.

ders. / Bormann Michael, Die Abfindungsregeln beim Going Private – Der Gesetzgeber ist gefordert!, ZGR 2002, 465 ff.

Henn, Günter, Handbuch des Aktienrechts, 7. Auflage, Heidelberg 2002

Henze, Hartwig, Holzmüller vollendet das 21 Lebensjahr, in: Festschrift für Peter Ulmer zum 70. Geburtstag am 2. Januar 2003, Berlin 2003

Henze, Marc, Delisting, Baden-Baden 2002

Hirte, Heribert, Geldausgleich statt Inhaltskontrolle – Vermögensbezogener Aktionärsschutz in der börsennotierten Aktiengesellschaft, WM 1997, 1001 ff.

Hoffmann-Becking, Michael (Hrsg.), Münchner Handbuch des Gesellschaftsrechts, Band 4 – Aktiengesellschaft, 2. Auflage, München 1999 (zit. *Bearbeiter* in Münch.Hdb.GesR IV)

Holzborn, Timo / Schlößer, Daniel, Systemwechsel beim going private, BKR 2002, 486 ff
ders., BGH verschärft Delisting-Voraussetzungen, WM 2003, 1105 ff
Hommelhoff, Peter, Die Konzernleitungspflicht: zentrale Aspekte eines Konzernverfassungsrechts, Köln u.a. 1982
ders., Vom Aktien- und Börsenrecht zum Kapitalmarktrecht?, ZHR 141 (1977), 389 ff.
Horbach, Matthias, Verfahrensfragen bei Holzmüller-Beschlüssen der Hauptversammlung, BB 2001, 893 ff.
Hübner, Ulrich, Die Ausgliederung von Unternehmensteilen in aktien- und aufsichtsrechtlicher Sicht, in: Festschrift für Walter Stimpel, Berlin u.a. 1985, S. 791 ff.
Hüffer, Uwe, Aktiengesetz, 5. Auflage, München 2002

Ihrig, Hans-Christoph / Wagner, Jens, Corporate Governance. Kodex-Erklärung und ihre unterjährige Korrektur, BB 2002, 2509 ff.
Ipsen, Björn, Staatsrecht I Staatsorganisationsrecht, 14. Auflage, Neuwied und Kriftel 2002

Jäger, Axel, Thema Börse (8): Investor Relations und Publizität, NZG 2000, 186 ff.
Jarass, Hans D. / Pieroth, Bodo, Grundgesetz für die Bundesrepublik Deutschland: Kommentar, 3. Auflage, München 1995
Joost, Detlev, „Holzmüller 2000“ vor dem Hintergrund des Umwandlungsgesetzes, ZHR 163 (1999), 164 ff.

Kleindiek, Detlev, „Going Private“ und Anlegerschutz, in: Festschrift für Gerald Bezzenberger zum 70. Geburtstag am 13. März 2000, Berlin u.a. 2000, S. 653 ff.
Kleppe, Martin, Anlegerschutz beim Rückzug eines Unternehmens von der Börse, Köln 2002
Klette, Dieter, Die Rechtsfolgen eines zu niedrigen Emissionskurses beim genehmigten Kapital, BB 1968, 1101 ff.
Kölner Kommentar zum Aktiengesetz, herausgegeben von Wolfgang Zöllner, 2. Auflage, Köln u.a. 1986 ff. (zit. *Bearbeiter* in : KölnKomm)
Kopp, Ferdinand / Ramsauer, Ulrich, Verwaltungsverfahrensgesetz, 7. Auflage, München 2000
Kramer, Lutz Robert / Theiß, Simone, Delisting nach der Macrotron-Entscheidung des BGH, AG 2003, 225 ff

Kruse, Tobias, Gerichtliche Kontrolle des obligatorischen Aktienkaufangebots beim börsenrechtlichen Delistingverfahren?, NZG 2000, 1112 ff.

Kort, Michael, Bekanntmachungs-, Berichts- und Informationspflichten bei „Holzmüller"-Beschlüssen der Mutter im Falle von Tochter-Kapitalerhöhungen zu Sanierungszwecken, ZIP 2002, 685 ff

Kümpel, Siegfried, Bank- und Kapitalmarktrecht, 3. Auflage, Köln 2003

ders. / Hammen, Horst / Ekkenga, Jens (Hrsg), Kaptitalmarktrecht – Handbuch für die Praxis, Stand: Lieferung 2/03 vom März 2003

Land, Volker / Hasselbach, Kai, „Going Private" und „Squeeze-out" nach deutschem Aktien-, Börsen- und Übernahmerecht, DB 2000, 557 ff.

Larenz, Karl, Methodenlehre der Rechtswissenschaft, 3. Auflage, Berlin u.a. 1975

Lenenbach, Markus, Kapitalmarkt- und Börsenrecht, Köln 2002

Lutter, Marcus, Die Rechte der Gesellschafter beim Abschluß fusionsähnlicher Unternehmensverbindungen, DB 1973 Beilage 21

ders., Teilfusionen im Gesellschaftsrecht; in: Wirtschaftsfragen der Gegenwart – Festschrift für Carl Heinz Barz zum 65. Geburtstag am 6. Dezember 1974, Berlin u.a. 1974, S. 199 ff.

ders., Zur Binnenstruktur des Konzerns, in: Festschrift für Harry Westermann zum 65. Geburtstag, Karlsruhe 1974, S. 347 ff.

ders., Zur Vorbereitung und Durchführung von Grundlagenbeschlüssen in Aktiengesellschaften, in: Festschrift für Hans-Joachim Fleck zum 70. Geburtstag am 30. Januar 1988, Berlin-New York 1988, S. 169 ff.

ders., 100 Bände BGHZ: Konzernrecht, ZHR 151 (1987), 444 ff.

ders., Gesellschaftsrecht und Kapitalmarkt, in: Festschrift für Wollfgang Zöllner – Band 1, Köln u.a. 1998, S. 363 ff.

ders., Die Erklärung zum Corporate Governance Kodex gemäß § 161 AktG, ZHR 166 (2002), 523 ff.

ders. (Hrsg,), Umwandlungsgesetz – Kommentar – Band I (§§ 1-151) und Band II (§§152-325), 2. Auflage, Köln 2000 (zit. *Bearbeiter* in: Lutter UmwG)

ders. / Drygala, Tim, Rechtsfragen beim Gang an die Börse, in: Unternehmen, Recht und Wirtschaftsordnung, Festschrift für Peter Raisch, Köln u.a. 1995, S. 239 ff.

ders. / Leinekugel, Rolf, Kompetenzen von Hauptversammlung und Gesellschafterversammlung beim Verkauf von Unternehmensteilen, ZIP 1998, 225 ff.

Martens, Klaus-Peter, Die Entscheidungsautonomie des Vorstands und die „Basisdemokratie" in der Aktiengesellschaft, ZHR 147 (1983), 377 ff.

Martinius, Philip / Schiffer, Jack, Anmerkung zum Urteil des LG München I v. 4.11.1999, DB 1999, 2460 ff.

dies., Anmerkung zum Urteil des OLG München v. 14.2.2001, DB 2001, 750 f.

Maunz, Theodor / Dürig, Günter / Herzog, Roman / Scholz, Rupert / Lerche, Peter / Papier, Hans-Jürgen / Randelzhofer, Albrecht / Schmidt-Aßmann, Eberhard, Grundgesetz-Kommentar, Loseblatt, München 1964 ff. (zit. *Bearbeiter* in: Maunz/Dürig)

Mertens, Hans-Joachim, Zur Auslegung und zum Verhältnis von § 76 Abs. 1 und § 58 AktG im Hinblick auf uneigennützige soziale Aktivitäten der Aktiengesellschaft, in: Festschrift für Reinhard Goerdeler zum 65. Geburtstag, Düsseldorf 1987, S. 349 ff.

Mülbert, Peter O., Aktiengesellschaft, Unternehmensgruppe und Kapitalmarkt, 2. Auflage, München 1996

ders., Rechtsprobleme des Delisting, ZHR 165 (2001), 104 ff.

Münchener Kommentar zum Aktiengesetz, Band 8: §§ 278-328, 2. Auflage, München 2000 (zit. *Bearbeiter* in MünchKomm)

Padberg, Max, Der Einfluß von Kapitalerhöhungen auf den Marktwert deutscher Aktiengesellschaften, Köln 1995

Palandt, Bürgerliches Gesetzbuch, 62. Auflage, München 2002

Pluskat, Sorika, Going Private durch reguläres Delisting, WM 2002, 833 ff.

Priester, Hans-Joachim, Die klassische Ausgliederung – ein Opfer des Umwandlungsgesetzes 1994?, ZHR 163 (1999), 187 ff

Prüher, Markus, Optimales Timing von Barkapitalerhöhungen bei asymmetrischer Informationsverteilung, Berlin 2000

Radtke, Michael, Delisting, Rückzug aus dem amtlichen Handel oder dem geregelten Markt auf Wunsch des Emittenten aus kapitalmarktrechtlicher Sicht, Frankfurt u.a. 1998

Raiser, Thomas, Recht der Kapitalgesellschaften, 3. Auflage, München 2002

Rechenberg, Wolf-Georg Freiherr von, Die Hauptversammlung als oberstes Organ der Aktiengesellschaft, Heidelberg 1986

ders., Holzmüller – Auslaufmodell oder Grundpfeiler der Kompetenzverteilung in der AG?, in: Festschrift für Gerold Bezzenberger zum 70. Geburtstag am 13. März 2000, Berlin u.a. 2000, S. 359 ff.

Rehbinder, Eckard, Zum konzernrechtlichen Schutz der Aktionäre einer Obergesellschaft – Besprechung der Entscheidung BGHZ 83, 122 „Holzmüller" – , ZGR 1983, 92 ff.

Rellermeyer, Klaus, Bericht über die Diskussion, ZGR 1984, 412 ff

Renner, Wolfgang, Holzmüller-Kompetenz der Hauptversammlung beim Erwerb einer Unternehmensbeteiligung?, NZG 2002, 1091 ff
Reuschle, Fabian, Viertes Finanzmarktfördergesetz, München 2002
Richard, Jörg / Weinheimer, Stefan, Der Weg zurück: Going Private, BB 1999, 1613 ff.
dies. (Hrsg.), Handbuch Going Private, Heidelberg 2002 (zit. *Bearbeiter* in Handbuch Going Private)

Schäfer, Frank A. (Hrsg.), Wertpapierhandelsgesetz, Börsengesetz mit BörsZulV, Verkaufsprospektgesetz mit VerkProspV, Stuttgart u.a. 1999 (zit. Schäfer-*Bearbeiter*)
Schanz, Kay-Michael, Börseneinführung: Recht und Praxis des Börsengangs, 2. Auflage, München 2002
Schlegelberger, Franz / Quassowski, Leo, Aktiengesetz, 3. Auflage, Berlin 1939
Schmidt, Karsten, Gesellschaftsrecht, 4. Auflage, Köln u.a. 2002
ders., Macrotron oder: weitere Ausdifferenzierung des Aktionärsschutzes durch den BGH, NZG 2003, 601 ff
Schwark, Eberhardt, Börsengesetz – Kommentar zum Börsengesetz und zu den börsenrechtlichen Nebenbestimmungen, 2. Auflage, München 1994
ders., Gesellschaftsrecht und Kapitalmarktrecht, in: Festschrift für Walter Stimpel zum 68. Geburtstag am 29. November 1985, Berlin/New York 1985, S. 1087 ff.
Schwark, Eberhardt / Geiser, Frank, Delisting, ZHR 161 (1997), 739 ff.
Semler, Johannes / Stengel, Arndt (Hrsg.), Umwandlungsgesetz, München 2003 (zit. Semler/Stengel-*Bearbeiter*)
Sommerschuh, Dietrich, Der Emissionskurs bei der Begebung neuer Aktien, AG 1966, 354
Steck, Kai-Uwe, „Going private" über das UmwG – Das Gesellschaftsrecht des „kalten Delisting", AG 1998, 460 ff.
Steinbeck, Anja, Besicherung von Gesellschafterverbindlichkeiten durch die GmbH, WM 1999, 885 ff
Stelkens, Paul / Bonk, Heinz Joachim / Sachs, Michael, Verwaltungsverfahrensgesetz: Kommentar, 5. Auflage, München 1998 (zit. *Bearbeiter* in Stelkens/Bonk/Sachs)
Stern, Klaus, Das Staatsrecht der Bundesrepublik Deutschland, Bd. 1, 2. Auflage, München 1984
Stettner, Rupert, Grundfragen einer Kompetenzlehre, Berlin 1983

Umbach, Dieter / Clemens, Thomas (Hrsg.), Grundgesetz – Mitarbeiterkommentar und Handbuch, Heidelberg 2002 (zit. Mitarbeiterkommentar-*Bearbeiter*)

Vollmer, Lothar, Die Mitwirkungsrechte der Aktionäre beim Abschluß fusionsähnlicher Unternehmensverbindungen, BB Beil. 4/1977

Vollmer, Lothar / Grupp, Alexander, Der Schutz der Aktionäre beim Börseneintritt und Börsenaustritt, ZGR 1995, 459 ff.

von Mangoldt, Hermann / Klein, Friedrich / Starck, Christian, Das Bonner Grundgesetz, 4. Auflage, München 1999 f. (zit. *Bearbeiter* in von Mangoldt/Klein/Starck)

von Münch, Ingo, Staatsrecht, Band 1, 6. Auflage, Stuttgart 2000

von Staudinger, J. / Schilken, Kommentar zum Bürgerlichen Gesetzbuch, §§ 164-240, Neubearbeitung, Berlin 2001

Weißhaupt, Frank, Der „eigentliche" Holzmüller-Beschluß – Über Dogmatik und Anforderungen eines Instruments aktienrechtlicher Zuständigkeitsordnung, NZG 1999, 804 ff.

Werner, Winfried, Zuständigkeitsverlagerungen in der Aktiengesellschaft durch Richterrecht? – Besprechung der Entscheidung BGHZ 83 S. 122 –, ZHR 147 (1983), 429 ff.

Wilsing, Hans-Ulrich / Kruse, Tobias, Die Änderung des § 54 a BörsO/Ffm: Ein Schritt in die richtige Richtung?, NZG 2002, 807 ff.

ders. / ders., Börsenrechtliches Delisting nach Macrotron, WM 2003, 1110 ff

Wirth, Gerhard / Arnold, Michael, Anlegerschutz beim Delisting von Aktiengesellschaften – Zugleich Anmerkung zu LG München, ZIP 2000, 111 ff.

Wolf, Martin, Diskussionsbericht zu den Referaten Joost und Priester, ZHR 163 (1999), 203 ff.

Wollburg, Ralph / Gehling, Christian, Umgestaltung des Konzerns – Wer entscheidet über die Veräußerung von Beteiligungen einer Aktiengesellschaft?, in: Festschrift für Otfried Lieberknecht zum 70. Geburtstag, München 1997, S. 133 ff.

Zetzsche, Dirk, Reguläres Delisting und deutsches Gesellschaftsrecht, NZG 2000, 1065 ff.

Zimmermann, Klaus / Pentz, Andreas, „Holzmüller" – Ansatzpunkt, Klagefristen, Klageantrag; in: Gesellschafterrecht Rechnungslegung Steuerrecht – Festschrift für Welf Müller zum 65. Geburtstag, München 2001, S. 151 ff

Zöllner, Wolfgang, Grundsatzüberlegungen zur umfassenden Umstrukturierbarkeit der Gesellschaftsformen nach dem Umwandlungsgesetz; in: Festschrift für Carsten Peter Claussen, Köln u.a. 1997

ders., Die Anpassung dividendensatzbezogener Verpflichtungen von Kapitalgesellschaften bei effektiver Kapitalerhöhung, ZGR 1986, 288 ff

Verwendete Abkürzungen richten sich nach:

Kirchner, Hildebert, Abkürzungsverzeichnis der Rechtssprache, 4. Aufl., Berlin 1993

Schriften zum Gesellschafts- und Kapitalmarktrecht

Herausgegeben von Lutz Michalski,
Axel Jäger und Klaus-Rudolf Wagner

Band 1 Volker Schulenburg: Bankenhaftung bei geschlossenen Immobilienfonds. Zugleich eine Untersuchung der Wissenszurechnung im Konzern. 2002.

Band 2 Jan Wittenberg: Der Bestandsschutz von Arbeitsverhältnissen im Umwandlungsrecht. 2002.

Band 3 Christian A. Eichner: Management-Buy-Out-Gestaltungen beim Konzern-Spin-Off. Unter besonderer Berücksichtigung der Unternehmenssteuerreform. 2002.

Band 4 Thomas Wunsch: Tracking Stocks - Geschäftsbereichsbezogene Gewinnbeteiligungen bei Aktiengesellschaften. Eine systematische gesellschafts- und steuerrechtliche Betrachtung. 2002.

Band 5 Jan Blumentritt: Die privatrechtlich organisierte Börse. Ein Beitrag zur Diskussion um die Neuordnung des Börsenwesens. 2003.

Band 6 Michael Grüner: Die Beendigung von Gewinnabführungs- und Beherrschungsverträgen. 2003.

Band 7 Holger Pittroff: Die Zurechnung von Stimmrechten gemäß § 30 WpÜG. 2004.

Band 8 Wolfgang Höhn: Ausgewählte Probleme bei Lock-up Agreements. 2004.

Band 9 Gunter Reiff: Gesellschaftsrechtliche Aspekte des regulären Delistings. 2004.

www.peterlang.de

Tobias Kruse

Das „kalte" Delisting börsennotierter Aktiengesellschaften

Frankfurt am Main, Berlin, Bern, Bruxelles, New York, Oxford, Wien, 2003.
206 S.
Europäische Hochschulschriften: Reihe 2, Rechtswissenschaft. Bd. 3679
ISBN 3-631-51009-8 · br. € 39.00*

Nachdem in den 90er Jahren vor allem der Gang an die Börse die juristische Diskussion geprägt hat, ist in den letzten Jahren der Rückzug von der Börse mehr und mehr in den Vordergrund getreten. Das vom Gesetzgeber eigens dafür geschaffene Verfahren konnte sich in der Praxis nicht durchsetzen. Statt dessen dominiert das sogenannte kalte Delisting, d.h. der Börsenrückzug mithilfe umwandlungs- und aktienrechtlicher Umstrukturierungsmaßnahmen. Diese Arbeit geht vor allem der Frage nach, inwieweit AktG und UmwG speziell auch unter dem Gesichtspunkt des Börsenrückzugs ausreichenden Minderheitenschutz gewährleisten und wie dieser gegebenenfalls ergänzt werden muss. Ausführlich wird dabei auch auf die wirtschaftliche Bedeutung der Börsennotierung und ihre Rolle bei einem Börsenrückzug eingegangen.

Aus dem Inhalt: Rückzug von der Börse · Going private · Zulässigkeit des kalten Delistings · Verpflichtet die besondere Verkehrsfähigkeit börsennotierter Aktien zum Fungibilitätsausgleich? · Die neue Squeeze-out-Regelung · Die Gewährleistung des Minderheitenschutzes bei der übertragenden Auflösung · Going private merger · Barabfindungsansprüche in jedem Fall des Rückzugs von der Börse? · Das börsenrechtliche Delistingverfahren · Die Fristenregelung der Frankfurter Wertpapierbörse beim Börsenrückzug · Die Macrotron-Entscheidung des BGH

FSC
www.fsc.org
MIX
Papier | Fördert
gute Waldnutzung
FSC® C083411

Kolibri 360 GmbH
Ferdinand-Jühlke-Straße 7
99095 Erfurt, Deutschland
produktsicherheit@kolibri360.de

Druck:
CPI Druckdienstleistungen GmbH
im Auftrag der
Kolibri 360 GmbH
Ferdinand-Jühlke-Str. 7
99095 Erfurt